"十三五"国家重点图书出版规划增补项目

中国教科书理论研究丛书(第一辑)

教科书生态学

方成智 / 著

广东教育出版社
·广 州·

图书在版编目（CIP）数据

教科书生态学／方成智著．—广州：广东教育出版社，2019.11
（中国教科书理论研究丛书／石鸥主编．第一辑）
ISBN 978-7-5548-3147-2

Ⅰ．①教… Ⅱ．①方… Ⅲ．①教材—生态学—研究 Ⅳ．①G423.3

中国版本图书馆 CIP 数据核字（2019）第 280390 号

责任编辑：李敏怡　尚　宇
责任技编：涂晓东
装帧设计：陈宇丹

教科书生态学
JIAOKESHU SHENGTAIXUE

广东教育出版社出版发行
（广州市环市东路472号12-15楼）
邮政编码：510075
网址：http://www.gjs.cn
广东新华发行集团股份有限公司经销
广州市岭美文化科技有限公司印刷
（广州市荔湾区花地大道南海南工商贸易区A幢）
787毫米×1092毫米　16开本　17.25印张　357 000字
2019年11月第1版　2019年11月第1次印刷
ISBN 978-7-5548-3147-2
定价：58.00元

质量监督电话：020-87613102　邮箱：gjs-quality@nfcb.com.cn
购书咨询电话：020-87615809

序一

没有人会怀疑"书籍是人类进步的阶梯",而这个阶梯中最基础、最坚实的那一部分便是教科书。与高头典章相比,孩童们手捧的小课本似乎是微不足道的。但小课本,大启蒙、大学问。课本虽小,意义重大。习近平总书记指出:要大力"培养能够担当民族复兴大任的时代新人",而教科书正是培养时代新人过程中最重要、最直接,影响最深远的工具。它体现国家意志,承载优秀文化;它传播科学知识,打开每个人心灵的窗口;它于无声处、凝心聚力,培育代代新人,为民族复兴注入持久而深沉的力量。一定程度上可以说,有什么样的教科书,就有什么样的年轻人,也就有什么样的国家未来、民族未来。同样,我们想要什么样的年轻人,想要什么样的国家未来、民族未来,就要建设什么样的教科书。教科书是"小课本",但关于"小课本"的事却是"国家大事"。正因为教科书的重要性,早在 2007 年,教科书研究就被石鸥教授称为"最不该忽视的研究"①,这是对于教科书重要性的清晰认识,也同样是对于教科书研究的热切呼吁。

石鸥教授从 20 世纪 90 年代起就对教科书产生了浓厚兴趣,他边收藏边研究,执着地走到今天,所藏教科书已具博物馆规模,研究成果不断推出,

---

① 石鸥. 最不该忽视的研究:关于教科书研究的几点思考[J]. 湖南师范大学学报(教育科学版),2007(5):5-9.

研究团队日益壮大。2015 年，鉴于教科书研究的重要性，也鉴于石鸥教授领衔团队在教科书研究上的成果和优势，我所在的单位"教育部基础教育课程教材发展中心"与首都师范大学合作，联合成立了"中国基础教育教科书研究与评价中心"，致力于研究基础教育教科书发展和评价中的理论与现实问题。多年来，首都师范大学教科书研究成果丰硕，影响力日益扩大。

摆在读者面前的这套"中国教科书理论研究丛书"，既是石鸥教授团队的又一重要成果，更是理论研究对教科书实践的积极回应，是教科书建设的"及时雨"。确实，很多在教育实践中发现的教科书问题都在提醒我们理论研究的不足，都在倒逼理论研究，都需要扎实的研究为实践提供坚实的理论服务。如何通过教科书传播中华优秀传统文化，培养出德智体美劳全面发展的社会主义建设者和接班人？如何提高教科书质量，满足人民群众对于更高水平、更加优质教育的期盼，让教科书在教学过程中尽可能满足学生多样化发展的需要？如何在教科书中处理好本土化与国际化、政治性与科学性、传承与创新的关系？怎么来评判一本教科书？这些都需要科学的理论支撑。

"中国教科书理论研究丛书"的面世，说明石鸥教授团队对教科书实践的关注。该丛书分为两辑，本次出版的是第一辑，既有对教科书本质、功能和价值等基本理论问题的论述，也包含了从生态学、语言学、美学视角对教科书的专业理论透视和分析，还有专门对教科书研究方法的系统阐述和总结。通过该丛书分领域、专门化地剖析和解读，我们能更清楚地认识教科书这一看似简单实则内涵丰富的文本。该丛书不仅把教科书理论推上一个新的高度，同时也为该领域的一些现实关切和争议问题提供了专业的、科学的解答思路。该丛书的问世对于推动我国教科书研究的科学化进程具有重要意义。

该丛书的第二辑也很值得期待。在第二辑中，各领域的专家将从哲学、伦理学、政治学、心理学、传播学、教科书评价等理论视角和专题领域切入，进一步丰富教科书理论体系。我们有理由相信，这一套"中国教科书理论研究丛书"必将填补我国在教科书研究领域的多项空白，推动我国教科书研究迈上一个新的台阶。恩格斯曾言："一个民族要想站在科学的最高峰，就一刻也不能没有理论思维。"① 经过近几十年的辛勤耕耘，我国教科书研究领域已开辟出一片新天地。祝贺"中国教科书理论研究丛书"的面世，期待以中国话语叙说教科书内容的具有中国特色、中国气派的"教科书学"早日形成。

田慧生　教育部教材局局长
2019 年 10 月

---

① 马克思，恩格斯. 马克思恩格斯选集：第 3 卷[M]. 北京：人民出版社，1999：497.

序二

一

每一个人，都是在阅读，准确地说是在长时间精读教科书中成长起来的。今天我们绝大多数中国人，一生中至少有12年时间与教科书密切相伴，相当于一生的六分之一（据统计，2015年，中国人人均寿命为73岁，2018年全国高中阶段毛入学率达88.8%）。

教科书是对人类知识浓缩提炼的文本，对读者的影响较为深远和持久。莫言对此感受深刻："让我收益最大的是上个世纪（20世纪）50年代末、60年代初期，我大哥家中留下很多中学语文教材，每逢雨天无法下地，我便躲到磨房里去读这些课本……这些教材虽然很薄，但它们打开了农村少年的眼界……对中学语文教材的阅读还是让我受益终生（身）。"

美国学者多伦曾感叹道："这个国家若没有教科书是难以想象的……教科书是基础或根基的东西。"① 著名学者托马斯·库恩认为"任何一门科学中第

---

① 瞿葆奎. 教育学文集·课程与教材：下册[M]. 北京：人民教育出版社，1993：113.

一个范式兴起的附带现象,就是对教科书的依赖"。① 实际上,不仅学科发展离不开教科书,个人发展更与教科书息息相关。每个人的大部分科学知识、人文社会知识都离不开教科书,我们的世界观、人生观、价值观的获得也直接受教科书的影响。

大量优良的教科书培养了我们的良知,唤醒了我们的渴望,引导着我们向善向上。如果我们读过更好的教科书,一定会成长得比现在更善良、更聪慧,我们的社会一定比现在更和谐、更光明。

对于教科书这一特殊的文本,有人批评,有人肯定,有人紧张,有人害怕,有国家外交抗议,有国家内部查禁……但都非常重视。

确实,一个社会如果不看重教科书,怎么会看重学校?怎么会看重教师?继而怎么可能令学术兴盛、道德兴盛、民族兴盛?

教科书是重要的,但教科书也是复杂的——它传承、保护甚至挽救文化,它让人意识到自由对生命的重要。同时,它也可能欺骗、控制和篡改真相。

因此,必须加强教科书研究,尤其当教科书被公众重视到几近过敏以后。

重视教科书研究,是为了提升教科书质量,其终极意义是通过这一特殊文本使读者有更良善、更光明的发展。教科书对学生们的影响是最直接、最深远的。所以,我们必须擦亮眼睛!将要发生的未来取决于此时此刻我们的孩子们正在读什么教科书;明天我们不想收割的作物,请不要在今天的教科书中播种!

重视教科书研究,是为了促进教科书这一独特文本家族的繁荣。真正的教科书文本繁荣,应有强大的学术评论或学术批评支撑。我国教科书文化长时期的不发达,与教科书评论的缺席或教科书研究的弱势息息相关。我们必须承认,目前的教科书研究进展还是比较缓慢的,它在独立、自律、自成系统方面并未取得突破性进展,没有产生有突破意义的新方法,还不能圆满回答教科书实践中的许多重要问题。这或许可以归因于我们关注得太晚,努力不够,研究角度不恰当,又或许因为教科书太过复杂,涉及的学科太多。所

---

① 库恩. 科学革命的结构[M]. 金吾伦,胡新和,译. 北京:北京大学出版社,2003:85.

幸聚焦教科书文本的研究越来越多。

重视教科书研究，就是要打造一个关于教科书、教科书史、教科书作者、教科书读者、教科书理论、教科书实践的对话场域，进而构建教科书批评体系，或直白地说——构建教科书学。教科书学的构建是一项相对独立的研究活动，在中国，这是一处几近空白的学术领域。好在十余年来，有一批同道学者不离不弃地在这块领域辛勤耕作，收获季节稳步到来。教科书学的构建具备了基础条件，时机逐渐成熟。

教科书学时机趋于成熟有几个标志：一是基本完成了严格意义的中国教科书发展历史的清理，基本搭建了教科书主要理论视野的分支框架；二是逐步实现了教科书研究从编书经验、教书经验向教科书理论的转换，使教科书研究从教材编写论、教师备课论中走了出来，逐渐独立门户；三是形成相对系统的知识话语体系和相对稳定的学科结构形态；四是初步实现教科书理论的专业化转变，有稳定的研究领域、实体对象、结构规模、品牌作品，广泛的社会、学术、教育和意识形态效应，具有其他学科所不可替代的价值。当然，最重要的基础性标志是教科书成为高度重视的研究对象，教科书研究成为越来越热门的学术领域。

从教育科学的学术发展轨迹看，进入21世纪以后，时代的变革与学术视野的拓宽，尤其是基础教育课程改革的推进，成就了课程教学论研究的空前繁荣。学校课程及其主要载体教科书的研究，由学术的边缘向学术中心开始移动。近年来，教科书研究迅速红火起来，成为整个教育学领域生长最快、最受关注的热点之一。

这一现象反映了教育科学学术共同体的变化轨迹。

教科书研究逐渐成为新时期教育科学研究寻觅到的一片新的研究天地，这意味着今日对于教科书文本作为学生成长最重要材料的普遍认同，是对教什么、学什么，对知识本身重视程度全面提升的突出表现，是对"什么知识最有价值"（进而是对"谁的知识最有价值"）的具体化操作。过去，教科书文本只有编写经验的传播和只能执行落实的备课体会，没有真正意义的研究可言，而教科书研究让学界视野与思维得以扩大，也是教育科学学术共同体的一大进步与发展。

　　当然，对教科书的研究，很难完全归入教育学现有学科领域，虽然教育学在这里起了主力的作用。对教科书这个客体的研究，肯定主要涉及教育学，但也必然涉及历史学、政治学、语言文字学，涉及物理、化学、地理学，甚至心理学、伦理学、出版学、传播学、管理学、美学、音乐、美术、体育学等各个学科。我们高兴地发现历史学家、科学史专家、文学家，甚至有美术学院的专家，都表现出对教科书研究的高度兴趣。这样的跨学科研究是21世纪以来中国社会科学知识，特别是教育学知识增长的最令人瞩目的特点。由此构建的松散而有效的教科书研究学术共同体，也是一个值得学界高度关注的学术现象。

　　教科书研究是无尽的，永远都有该研究的地方。教科书研究进入学术殿堂并成为严谨的省思决断对象，是学术界可圈可点的事。虽然以前有零散的重要研究，但教科书真正系统的、有规模意义的研究，还是21世纪以来的事。不那么谦虚地说，我们团队在推动这一研究方面发挥了积极的引领作用。我们和全国同仁一道，兢兢业业，不彷徨，不犹豫，执着地往前走，终于走出了可喜的局面——近年来，教科书研究领域已日渐开辟出了一片新天地。教科书研究的中国特色日渐凸显，以中国话语说中国故事，具有中国特色、中国气派、中国风格的教科书学的新时代正在到来。

二

　　教科书是有使命的！从事教科书研究也是有使命，有担当的。因为有什么样的教科书，在一定意义上就有什么样的年轻人，什么样的国家和民族的未来。

　　教科书学是有责任的！从某种意义上来说，它是经世之学，不是书斋里的学问，不是象牙塔中的学问。它必须为每时、每日发生在课堂上的学生的学习承担责任。这种责任基于最重要的两种考虑：一是为了学生的未来，也是民族和人类的未来；二是为了学生的当下，每天的自觉学习和身心成长。

基于这一使命和担当，也基于构建教科书学的目的，多年来，我们借助于丰富的藏品，对教科书的近现代发展史进行了系统而卓有成效的梳理，同时一刻也没有停歇地把精力转向对教科书现实问题的系统探究，旨在为教科书的重大现实问题提供理论解析，同时为教科书学的建构构建基本的分支理论体系和奠定重要的学术基础。

本丛书站在新的学术起点上，通过加强教科书研究共同体建设来深化教科书研究，借鉴政治学、经济学、社会学、历史学、文化学、美学、哲学、管理学、传播学、生态学、语言学等学科理论精华，打破不同理论的界限，自觉构建教科书研究的本体论、认识论、方法论体系，力求从基础上推动教科书研究的发展和创新，为教科书学的建立构建基本框架。

该理论丛书分两辑，第一辑包含教科书概论、教科书语言学、教科书美学、教科书生态学和教科书研究方法。

《教科书概论》涉及整个与教科书有关的学问。它首先充分、高度地肯定了教科书的重要性，把教科书看成是一种经典文化。它在人类文明的发展中产生与发展，又反过来作用于人类文明的发展；它传承文化，也创新文化，使文化经典化。为了让文化能够持久、持续，为了文化的更新、创新，为了守护我们人性中最具文化性的一面，教科书的存在必不可少。多亏了教科书，我们明白了人类常常会思考的大部分存在谜题。一本好的教科书，应该具有特定的内容与形式、结构与功能，以及有意义的类型与秩序；一本好的教科书必须处理好，或至少相对平衡若干基本关系；一本好的教科书应该制造期待，并力求满足它们，它应该激起学生打开它并期望一读到底、一阅到底、一翻到底的冲动。在作者看来，教科书研究或教科书学问自身是相对独立的，不是其他学科的附庸，也不是教科书本身的附属形式。研究本身就是一种创造，具有从它所研究的文本中独立出来的特性。教科书研究当然是研究教科书，但其作用却是教科书自身所无法取代的。教科书研究的任务就是要揭示教科书编写和教学使用中的真相与规律。

语言文字是一种特殊的符号系统。语言学理论包罗万象，并且是不断发展的。因此，聚焦文本内容，从语言角度剖析教科书，是一项复杂又艰巨的任务。《教科书语言学》主要借助语用学,特别是系统功能语言学理论进行语篇分析。在说明语言概念的基础上,对教科书语音、识字、词汇、意义、结构、功能、文类特征等方面进行客观描述和阐释,力求揭示教科书语言的特色或规律,从而为教科书内容分析提供新的研究思路。

教科书引领学生向美,激发学生终生向往并创造美好的事物。教科书本身也应当是美的。美的教科书更能给学生以潜移默化、耳濡目染的深度教育。《教科书美学》是关于教科书美的学问,它以美学视角来审视教科书,既是美学在教科书领域的应用,又是教科书研究向美学的升华。在美学的视野中,教科书文本是一种审美对象的存在,教科书的编写是一种审美创造的过程。教师与学生对教科书的阅读、使用则是一种审美创造和审美接受交叉融合的过程。因而,《教科书美学》一书着重探讨"什么样的教科书是美的""如何对教科书进行审美使用""如何建设美的教科书"等一系列问题,旨在促进美的教科书的建设。

生态学是自然科学与社会科学的交汇点,它广泛运用于各学科的研究,并逐渐成为一种学术时尚。《教科书生态学》一书就是一种生态学运用的尝试。它运用生态学的原理和方法,结合教科书的研究和实践,描述了教科书生态系统的定义和特征,重点剖析了教科书生态系统的构成要素、环境因子,深入分析了教科书生态系统的一般结构、组织结构,从生态、教育、社会三个层面系统地介绍了教科书生态系统的功能,探讨了教科书生态系统的调控机制及危机应对方法,初步构建了教科书生态系统的理论框架,并从生态学视角提出了教科书可持续发展的策略。

《教科书研究方法》在借鉴和吸收国内外教科书研究成果的基础上,通过吸收新兴的哲学、社会学、语言学、心理学,学习科学方法,引入大数据分析、话语分析、符号分析、设计实验等新概念和新范畴,对教科书研究的方法论和教科书研究的基本方法进行了较全面的论述。它着重探讨了教科书研究的四种主要方法:教科书内容分析法、教科书话语分析法、教科书实验研究法、教科书调查研究法,并分别对这四种研究方法的理论来源、主要类型、实施步骤和应用案例进行了深入探讨。

我们这套书主要提供给这样的读者——他（她）对本丛书的意图以及丛书本身怀有足够多的同情心和道义上的支持，进而不苛求它们的片面或一定程度的肤浅。我先在这里感谢他们的宽容，毕竟这套书中有不少是填补空白的研究，许多系统探索在国内尚属首次，片面和肤浅是不可避免的。我相信，如果我们要等一批高水平的、没有瑕疵的教科书研究的理论著作，我们将会等待很长时间，但我们不能等。

我们的研究犹如手电筒，只能照亮黑暗中的一部分，我们没有办法看到整个黑暗中的所有事物与事件。我们知道，一套放之四海而皆准的教科书研究通则或分析模式并不存在。没有固定不变的教科书研究模式，也没有如终极真理般的教科书理论体系。真正具有生命力的教科书研究是随着实践和思维的不断推进而发展的，那是一种进行着的研究。

这是相对原创性的学术探讨，各书作者都有自己的研究思路，我只对形式方面做了一些统一规整，没有对内容进行全面校考。希望读者能够理解。

这套丛书由广东教育出版社出版是有缘由的。广东教育出版社原社长应中伟先生及社领导班子曾经以高度的敏感性和惊人的魄力，与我们研究团队签订了框架协议，我们的研究成果优先在该社出版。这以后，我们的成果源源不绝地由该社推出并获得良好的社会反响：《新中国教科书图文史》（六卷本，2015）荣获全国教育科学成果一等奖、中华优秀读物奖；《红色星火·中国革命根据地教科书》为根据地教科书的研究奠定了重要的文献基础。

这套教科书理论研究丛书的顺利出版，首先要感谢广东教育出版社的陶己社长、李朝明副社长、程煜副社长、卞晓琰副总编辑的大力支持，感谢原来负责这套书的王际兵先生的看重。在他们的努力下，这套书成功立项为"十三五"国家重点图书和国家出版基金图书。

我尤其要感谢现在的责任编辑林蘭，她的敬业精神令人感动，她的沟通能力让一切困难迎刃而解，没有她的精心呵护，很难想象这套书目前的进展。感谢博士生张学鹏为本丛书的操劳与奉献。

最后，我要特别感谢首都师范大学孟繁华校长和教育部教材局田慧生局长的支持和关心。孟繁华教授不论是在首都师范大学教育学院院长任上，还是今天作为大学的一校之长,都对我的教科书研究给予了全面的支持。而作为我国改革开放四十多年里最早引领教科书研究的专家之一,身为全国教科书的高级管理者,田慧生局长在繁忙的公务之余,欣然应允为本丛书撰写序言,既表明他对教科书研究的高度重视,更显示出他对教科书研究的独特眼光,同时也是对我个人一如既往的支持。我把他们的支持,看成是特别的鼓励与期望。

石鸥

2019年10月,于北京童书阁

第一章 教科书生态学导论 / 1

第一节 生态学的形成及演变 / 2
一、生态学的由来及内涵 / 3
二、生态学的发展及趋势 / 4
三、生态学研究的对象、内容及方法 / 9

第二节 教科书研究的兴起及问题 / 13
一、教科书的定义及特征 / 13
二、教科书研究的兴起 / 18
三、教科书发展中的失衡现象 / 24

第三节 教科书生态学的内涵及意义 / 31
一、教育生态学的形成与发展 / 31
二、学校生态学的产生与发展 / 35
三、教科书生态学的内涵及意义 / 36

第二章 教科书生态系统的本体解读 / 39

第一节 教科书生态系统的内涵及特征 / 40
一、教科书生态系统的内涵 / 40
二、教科书生态系统的特征 / 41

第二节 教科书生态系统的人群构成 / 44
    一、教科书的生产者 / 45
    二、教科书的使用者 / 52
    三、教科书的分析者 / 63
第三节 教科书生态系统的物质构成 / 68
    一、材质迥异的文字载体 / 68
    二、纸作为书写材料 / 72
    三、电子存储 / 76
第四节 教科书生态系统的环境因子 / 84
    一、政治因子 / 84
    二、经济因子 / 90
    三、文化因子 / 92

第三章 教科书生态构建的理论基石 / 97
第一节 生态学的基本原理 / 98
    一、生态学的三大定律和四大法则 / 98
    二、生态学的核心概念和基本原理 / 99
    三、生态学的应用思路 / 104
第二节 知识生态学 / 105
    一、知识生态学相关概念 / 105
    二、知识生态学遵循的原则 / 108
    三、知识生态学研究的意义 / 109
第三节 生态哲学与生态主义 / 110
    一、生态哲学概述 / 110
    二、生态主义的形成与发展 / 114
    三、生态主义的基本特征和基本理念 / 117
    四、生态主义对学校课程的影响 / 119

第四章 教科书生态系统的组织框架 / 121

第一节 结构与结构的生态机理 / 122
  一、结构的内涵及意义 / 122
  二、教科书生态系统结构的机理 / 124

第二节 教科书生态系统的一般结构 / 132
  一、教科书生态系统的层次结构 / 132
  二、教科书生态系统的种群结构 / 137
  三、教科书生态系统的时空结构 / 149

第三节 教科书生态系统的组织结构 / 157
  一、教科书的编写与审定 / 157
  二、教科书的出版与发行 / 161
  三、教科书的供应与选用 / 166
  四、教科书的评价 / 174

第五章 教科书生态系统的现实功效 / 181

第一节 教科书生态系统的生态功能 / 182
  一、教科书生态系统的物种流 / 182
  二、教科书生态系统的能量流 / 185
  三、教科书生态系统的物质循环 / 188
  四、教科书生态系统的信息流 / 191

第二节 教科书生态系统的教育功能 / 192
  一、传承科学文化知识 / 192
  二、促进学生全面发展 / 196
  三、提高学校教育质量 / 205

第三节 教科书生态系统的社会功能 / 208
  一、培养政治认同,维持政权合法化 / 208
  二、传播国家主流意识,形塑国民意识形态 / 210
  三、维持社会稳定,构建和谐社会 / 211

第六章 教科书生态系统的适时调控 / 213
第一节 教科书生态系统的调控 / 214
　　一、生态系统的调控及稳态机制 / 214
　　二、教科书生态系统的调控原则 / 217
　　三、教科书生态系统调控的途径 / 217
第二节 教科书生态系统的危机及应对 / 219
　　一、危机，生态危机，教科书生态危机 / 220
　　二、教科书生态危机的表征及成因 / 225
　　三、教科书生态危机的应对 / 228
第三节 教科书生态系统的可持续发展 / 234
　　一、教科书生态系统的良性运行 / 235
　　二、教科书生态系统的维持与稳定 / 237
　　三、教科书生态系统的反思和评价 / 239

主要参考文献 / 243

后　记 / 256

第一章

教科书生态学导论

"生态学"最早由勒特于1866年提出，是研究生物体与其周围环境相互关系的科学。此后，一些著名的学者从不同视角对生态学进行了广泛的研究，形成了庞大的学科体系。生态学逐渐成为自然科学和社会科学的桥梁，研究生态学的原理和方法被广泛用于解决社会中的各种实际问题。

　　1932年，美国沃勒首次提出"课堂生态学"概念，开生态学原理运用于教育研究之先河。1976年，美国克雷明正式提出了"教育生态学"这一术语，以生态学的观点来研究教育与外部生态环境之间以及教育内部各环节、各层次之间相互作用的规律和机理。21世纪后，教育生态学研究范围更为广阔，各种研究纷呈。这些正是教科书生态学得以成长的坚实基础。

第一节　生态学的形成及演变

　　自工业革命以后，人类社会发展迅猛。随着科学技术的飞速发展，尤其是互联网的普及，世界逐渐变成一个"地球村"。作为目前人类唯一的繁衍、生存、发展的栖息地，环境保护已引起人类高度关注，生态建设已成为热门话题。优化人类生产生活环境，促进人与自然、社会的持续发展，已成为全世界的共同要求。生态学就是在这样的背景下产生和发展起来的。

一、生态学的由来及内涵

（一）生态学的由来

"生态学"（Ökologie）一词，起初是1866年由勒特将两个希腊词Οικοθ（住所、生活所在地）和Λογοθ（学科）合并构成的。1866年，德国博物学家恩斯特·海克尔最早把生态学定义为"研究动物与其有机及无机环境之间相互关系的科学"，特别是动物与其他生物之间有益和有害的关系。从此，生态学发展的序幕被揭开。

1935年，英国坦斯利率先提出了"生态系统"的概念，后来美国年轻的学者林德曼在对梦斗塔湖生态系统进行了详细考察之后提出了生态金字塔能量转换的"十分之一定律"。由此，生态学成为一门有自己的研究对象、任务和方法的较为完整和独立的学科。生态学已经创立了自己独立研究的理论主体，即从生物个体与环境直接影响的小环境到生态系统不同层级的有机体与环境关系的理论。它们的研究方法经过描述—实验—物质定量三个过程。系统论、控制论、信息论的概念和方法的引入，促进了生态学理论的发展，20世纪60年代形成的系统生态学成为系统生物学的第一个分支学科。如今，生态学由于与人类生存和发展紧密相关，进而产生了多个研究热点，如生物多样性的研究、全球气候变化的研究、受损生态系统的恢复与重建研究、可持续发展研究等。

其后，有些博物学家认为生态学与普通博物学不同，具有定量和动态的特点，他们把生态学视为博物学中的理论科学；持生理学观点的生态学家则认为生态学是普通生理学的分支，它与一般器官系统生理学不同，重在整体水平上探讨生命过程与环境条件的关系；从事植物群落和动物行为工作的学者分别把生态学理解为生物群落的科学和环境条件影响下的动物行为科学；侧重进化观点的学者则把生态学解释为研究环境与生物进化关系的科学。

后来，学者们在生态学定义中又增加了生态系统的观点，把生物与环境的关系归纳为物质流动及能量交换。20世纪70年代后，生态学被进一步概括为物质流、能量流及信息流。

（二）生态学的定义

关于生态学的定义，仁者见仁，智者见智。随着时代的发展，其内涵也在不断发展。最早给生态学下定义的是德国的博物学家恩斯特·海克尔在1866年的定义为"生态学是研究生物体与其周围环境（包括非生物环境和生物环境）相互关系的科学"①。随后，1927年，英国著名的生态学家埃尔顿称生态学为"与动物的社会学和经济学有关的科学自然历史"②。

第二次世界大战以后，1954年，澳大利亚生态学家安德烈沃斯认为"生态学是研究有机体的分布和多度的科学"。1956年，美国生态学家奥多姆认为"生态学是研究生态系统的结构与功能的科学"。后来，奥多姆在1997年又修正了自己的定义，"生态学是综合研究有机体、物理环境与人类社会的科学"③。

1980年，我国著名生态学家马世俊教授认为"生态学是研究生命系统之间相互作用及其机理的科学"④。

综上所述，生态学这一名词的定义已有一百多年的历史，随着生态学研究的不断深化，其定义也发生了相应的变化，有学者认为生态学由于内涵太丰富而难以用一个概念来包容。尽管如此，学界比较一致认同的观点：生态学是研究生物及其环境关系的科学。

二、生态学的发展及趋势

生态学是人类实践活动的产物，随人类社会的发展而发展。生态学的发展史大致可概括为三个阶段：生态学的萌芽期、生态学的独立期和生态学的成熟期。⑤

（一）生态学的萌芽期

公元前2世纪到公元16世纪的欧洲文艺复兴时期，是生态学思想的萌芽时期。早在原始社会时期，人类为了更好地生存，不得不熟悉各种动植物的习性，以获取更多的食物；观察周边的自然现象和环境，选择适合居住的栖息之地。总之，在远古时期，人类就自觉或不自觉地积累着生物的习性和生态特征等有关生

---

① 高志强，郭丽君. 学校生态学引论[M]. 北京：经济管理出版社，2015：1.
② 戈峰. 现代生态学[M]. 2版. 北京：科学出版社，2008：1.
③ 杨持. 生态学[M]. 2版. 北京：高等教育出版社，2008：1.
④ 戈峰. 现代生态学[M]. 2版. 北京：科学出版社，2008：1.
⑤ 孙儒泳，李博，诸葛阳，等. 普通生态学[M]. 北京：高等教育出版社，1993：5-9.

态学的知识，这便是生态学思想的萌芽。这些在我国和希腊古代的一些书籍中早有记载。例如，《诗经》中记载了一些动物之间的相互作用，如"维鹊有巢，维鸠居之"，描述了鸠巢的寄生现象。《尔雅》中有草、木两章，记载了176种木本植物和50多种草本植物的形态和生活环境。公元前100年左右，我国农历已确立了二十四节气，它们反映了作物、昆虫等生物现象与气候之间的关系。后来，北魏贾思勰撰写的《齐民要术》、明代李时珍撰写的《本草纲目》中也涉及不少生态方面的知识。①

在西方，古希腊的安比杜列斯就注意到植物营养与环境的关系，而亚里士多德及其学生对动植物进行了分类。亚里士多德根据栖息地把动物分为水栖和陆栖两大类，又根据食性把动物分为肉食、食草、杂食及特殊食性四类。哲学家提奥弗拉斯特不但注意到气候、土壤与植物生长和病害的关系，同时还注意到不同地区植物群落之间的差异。古罗马的柏里尼把动物分为陆栖、水生和飞翔三大生态群落。

可见，早在原始社会时期，尽管"生态学"一词还没出现，生态学思想已经萌芽。

（二）生态学的独立期

16世纪到20世纪50年代是生态学走向独立发展的时期。1670年，现代意义上第一个化学家——英国的波义耳进行了低气压对动物的效应的试验，这标志着动物生理生态学的开端。1735年，法国昆虫学家雷米尔率先研究积温与昆虫发育的关系，积累了昆虫生态学大量资料。从此在植物生态研究方面引入了积温概念，后经康多勒努力，奠定了现代积温理论的基础。1792年，德国植物学家魏德诺在《草学基础》中，详细讨论了气候、水分与高山深谷对植物分布的影响，植物地理学已现雏形。1807年，德国植物学家洪堡德在《植物地理学知识》中，提出植物群落、群落外貌等概念，结合气候和地理因子描述物种的分布规律。1798年，马尔萨斯的《人口论》促进了达尔文"生存斗争"及"物种形成"理论的诞生，并推动了"人口统计学"及"种群生态学"的发展。

进入19世纪之后，生态学快速发展。1859年，达尔文《物种起源》一书的

---

① 李维炯. 生态学基础［M］. 北京：北京邮电大学出版社，2005：5.

出版，生物与环境关系的研究成为热点，不少生物学家开展了环境诱导生态变异的实验生态学研究工作。1866年，恩斯特·海克尔首次提出生态学的定义。1877年，德国莫比乌斯创立"生物群落"概念。1890年，梅里亚姆首创生命带假说。1896年，施罗特始创个体生态学和群体生态学两个生态学概念。1895年，丹麦哥本哈根大学瓦尔明的《植物分布学》（1909年经作者本人改写，易名为《植物生态学》）和1898年德国波恩大学施姆普的《植物地理学》两部划时代著作，全面总结了19世纪末以前植物生态学的研究成就，这两部书被公认为生态学的经典著作，标志着生态学作为一门生物学分支科学的诞生。

20世纪初到50年代，动植物生态学并行发展，大量生态学著作出版。20世纪50—60年代，传统生态学开始向现代生态学过渡。动物生态学方面，亚当斯的《动物生态学的研究指南》（1913年），埃尔顿的《动物生态学》（1927年），谢尔福德的《实验室和野外生态学》（1929年）和《生物生态学》（1939年），查普曼的以昆虫为重点的《动物生态学》（1931年），博登海默的《动物生态学问题》（1938年）等教科书和专著，催生了动物生态学的建立和发展。1937年，我国费鸿年的《动物生态学纲要》出版，这是我国第一部动物生态学著作。苏联的首部《动物生态学基础》也于1945年由卡卡罗夫完成并出版。但直到1949年由阿里、爱默生等合写的《动物生态学原理》出版时，动物生态学才被认为进入成熟期。①

总之，这一时期，生态学已成为具有特定研究对象、研究方法和理论体系的独立学科。1935年，坦斯利提出生态系统的概念以后，生态学由植物群落研究向生态系统研究方向迈进，生态系统的研究取得了重大进展，基本的生物生态学学科体系已建立。欧德姆在《生态学基础》中明确提出了个体生态学、种群生态学、群落生态学和生态系统生态学的学科体系。

（三）生态学的成熟期

20世纪60年代至今，是生态学深入发展、走向成熟的年代。第二次世界大战以后，和平与发展成为时代的主流，社会的政治、经济、文化、教育、科学技术等获得了迅猛发展，高新科学技术是一把"双刃剑"，它在给人类带来幸福的

---

① 孙儒泳，李博，诸葛阳，等. 普通生态学［M］. 北京：高等教育出版社，1993：6.

同时，也导致了环境恶化、人口膨胀、资源短缺和全球性气候变暖等一系列重大问题。这些促进了生态学的进一步发展。同时当代数学、物理、化学和工程技术等逐步向生态学的渗透，尤其是信息技术、追踪测定技术、遥感技术等的高度发展，为生态学的成熟与发展提供了便利。现代生态学发展的主要趋势如下：[①]

1. 生态系统生态学是现代生态学研究的主流

当前，生态学已由早期的个体生态学、种群生态学、群落生态学走向现代的生态系统生态学、景观生态学、全球生态学。第二次世界大战结束后，一系列国际性研究项目极大地促进了生态系统生态学的发展，如20世纪60年代世界科协提出的"国际生物学计划"（IBP），70年代联合国教育、科学及文化组织主持的"人与生物圈计划"（MAB），80年代国际科学联合会发起的"国际地圈—生物圈计划"（IGBP）等，先后有100多个国家参与其中；这些研究都是以生态系统为基础，重点研究全球主要生态系统的结构、功能以及人类活动对生态系统的影响。特别是近20年，伴随着全球生态学理论的形成和逐步完善，生态系统生态学更是被推到了中心地位。以生态系统为中心的特点也反映在生态学教科书上。奥德姆的《生态学基础》（*Fundamentals of Ecology*，1953年首次出版，1983年该书改名为《基础生态学》），开创了以生态系统为骨干的体系。自此以后，单独讨论植物生态学和动物生态学的教科书出版数量大大减少。2009年，该书沿用最初的书名《生态学基础》被世界各国所采用，影响了全球几代生态学家。

2. 现代生态学在研究方法上，从描述性科学走向实验、机制和定量研究

系统生态学的发展使得生态学由定性描述发展到定量研究。相关著作有帕滕等的《生态学中的系统分析和模拟》（1971年）、史密斯的《生态学模型》（1975年）、乔根森的《生态模型法原理》（1983年第一版，1988年再版）和奥德姆的《系统生态学引论》（1983年）等。现代生态学面临的资源、环境、社会等重大问题，传统的方法已难以满足研究的需要，电子仪器、同位素示踪技术、"3S"技术（全球定位系统、遥感、地理信息系统）、生态数学模型等已纷纷应用于生态学研究。

---

① 戈峰. 现代生态学[M]. 2版. 北京：科学出版社，2008：5-8.

3. 分子生态学的兴起是20世纪末生态学发展最重要的特征之一

作为近年来兴起的一门前沿学科，分子生态学是分子生物学与生态学交叉融合的产物，是以分子遗传为标志研究和解决生态学和进化问题，极大地提高了生态学的科学性；其诞生的标志是1992年《分子生态学》的创刊，它对生态学的研究产生了重大影响。另外，分子生态学近些年来关注和研究的热点问题之一是转基因生物释放后的生态效应。

4. 现代生态学向宏观和微观两极发展，宏观虽是主流，但微观同样重要

宏观方向发展到景观生态学、区域生态学、全球生态学等，微观方向主要表现为分子生态学、化学生态学、生理生态学等的兴起。

当前生态学发展的另一个特点是形成了进化生态学。它是生态学、行为学和进化论相结合的产物，最早由奥里恩斯于1962年提出，20世纪70年代获得较显著发展，如埃姆伦（1973年）、皮亚纳（1974年）、夏洛克斯（1984年）和苏联学者施瓦茨（1977年）所写的著作都以《进化生态学》或类似书名出版。与进化生态学紧密相关的是行为生态学，主要研究生态学中的行为机制和动物行为的存活价值、适合度和进化的意义。

5. 应用生态学的迅速发展是现代生态学的另一重要趋势，新的生态学的分支学科不断涌现

20世纪70年代后应用生态学最重要的领域是生态学与环境问题研究相结合，它不仅带动了污染生态学的发展，还帮助了保护生态学、生态毒理学、生物监察、生态系统的恢复和重建，促进生物多样性的保护等，主要著作有安德森的《环境生态学》（1981年）、帕克的《生态学与环境管理》（1980年）、波卢宁的《生态系统的理论与应用》（1986年）、国际自然与自然资源保护联合会（IUCN）的《世界保护对策：生物资源保护与持续发展》（1980年）等。

此外，经济生态学、生态工程、人类生态学、农业生态学、城市生态学、渔业生态学、放射生态学等都是生态学应用的重要领域。

总之，现代生态学的发展趋势是由定性研究趋向定量研究，由静态描述趋向动态分析；逐渐向多层次的综合研究发展；与其他某些学科的交叉研究日益显著，研究人类活动下生态过程的变化已成为当今生态学的重要内容。生态学可促进人类更好地认识、管理、恢复、创建生态系统，应该成为未来人类与自然生态系统共存的理论依据和行动指南。今后的研究重点为全球变化、生物多样性保护、退化生态系统恢复与人工生态设计、可持续发展生态学等。

三、生态学研究的对象、内容及方法

（一）生态学研究的对象和内容

生态学的形成和发展显示了生态学研究对象和内容的复杂性。早期生态学主要研究生物与环境之间的相互关系，经典生态学主要研究有机体及其对环境的影响，现代生态学主要研究生态系统和生物圈内各组织层次中组成成分之间，尤其是生物与环境、生物与生物之间的相互作用。

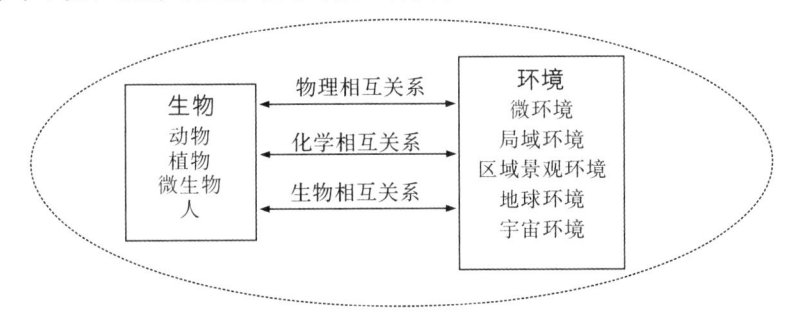

图1-1 生态学研究的对象和内容示意图①

综合来看，生态学研究对象和内容可从以下三个方面来理解：

（1）生态学是研究生物与环境、生物与生物之间相互关系的一门生物学分支学科。

如按现代生物学的组织层次来划分，生态学的研究对象为基因、细胞、器官、有机体、种群、群落、生态系统等；研究内容为它们与环境之间的相互关系。

如按生物类群来划分，生态学的研究对象为植物、微生物、昆虫、鱼类、鸟类、兽类等单一的生物类群；研究内容为它们与环境之间的相互关系。

（2）生态学尽管向宏观和微观两个方向发展，但其研究中心为种群、群落和生态系统，属宏观生物学范畴。

（3）生态学研究的重点在于生态系统和生物圈中各组分之间的相互作用。

---

① 章家恩．生态学常用实验研究方法和技术[M]．北京：化学工业出版社，2007：1．

生态学的研究范围很广泛，生物大分子、基因、细胞、个体、种群、群落、生态系统、景观、生物圈（全球）都是生态学的研究对象，这些研究对象异常复杂，这使得生态学发展成一个庞大的学科体系，具体如下：[①]

依据所研究的生物类别分类：微生物生态学、植物生态学、动物生态学、人类生态学等。

依据生物系统的结构层次分类：个体生态学、种群生态学、群落生态学、生态系统生态学等。

依据生物栖居的环境类别分类：陆地生态学和水域生态学，前者又可分为森林生态学、草原生态学、荒漠生态学、土壤生态学等，后者可分为海洋生态学、湖沼生态学、流域生态学等；更进一步还可划分为植物根际生态学、肠道生态学等。

此外，生态学与非生命科学相结合的学科有数学生态学、化学生态学、物理生态学、地理生态学、经济生态学、生态经济学、森林生态会计等；与生命科学其他分支相结合的有生理生态学、行为生态学、遗传生态学、进化生态学、古生态学等。

应用性分支学科有农业生态学、医学生态学、工业资源生态学、环境保护生态学、环境生态学、生态保育、生态信息学、城市生态学、生态系统服务、景观生态学等。

（二）生态学研究方法

当今的生态学已发展为分支学科众多的庞大体系，其研究内容和范围非常广泛，研究方法十分复杂，但大致可以分为以下三大类：第一，野外观测与调查；第二，实验方法；第三，数学模型与计算机模拟。

1. 野外观测与调查

野外观测与调查源自生态学的博物学传统。生态学的研究对象、种群和群落都离不开特定的自然生境，生态现象与自然环境息息相关。生态现象的影响因素繁多，各因素之间彼此联系，既相互影响同时又随环境和时间的变化而变化。因此，要想客观、全面地认识生态学现象和生态过程，唯有通过野外观测与调查的

[①] 孙儒泳，李博，诸葛阳，等. 普通生态学 [M]. 北京：高等教育出版社，1993：9.

方式。野外观测与调查包括野外考察和定位观测两种。

（1）野外考察。野外考察是对特定的生态环境要素时空分异格局和规律的考察。该方法首先必须明确要考察的生态环境的边界，即空间活动范围，其次要明确考察的对象，再次是设计考察的方案和具体的指标，最后是做好各考察对象与生态环境在各种条件相互作用的观测记录。

确定种群或群落的生态环境边界的一个重要方面是物种生物学特性。以动物种群为例，穴居类动物其居住领地的活动范围相对较小，而迁徙类动物的活动范围则非常广大。因此，对动物种群活动的考察可能要用遥测、标志追踪技术。

此外，野外考察种群或群落的特征，观测生态环境条件，不可能总在原地内进行，必须采用适合于各类生物的规范化抽样调查方法。例如，动物种群调查中取样方法有样方法、标志重捕法、去除取样法，而植物种群和群落调查中取样方法有样方法、无样方取样法等。不管是何种抽样，其抽取样地的大小、数量及空间配置都必须符合统计学原理，以保证数据的真实、可靠。①

（2）定位观测。定位观测是对某种群或群落结构功能与其生态环境相互关系的时态变化的考察。该方法首先要确定一块可供长期观测的固定样地，研究对象的整体特征要能在该样地得到充分反映。定位观测时限有长有短，依据研究对象和目的而异，短的只要几天，长的则需要几个月、几年、几十年，甚至几百年。例如，中国科学院在1988年开始启动"中国生态系统研究网络"项目，迄今为止，在全国共设立了42个野外定位观测站，其中农田生态系统观测站16个、森林生态系统观测站11个、草地生态系统观测站3个、沙漠生态系统观测站3个、沼泽生态系统观测站2个、湖泊生态系统观测站3个、海洋生态系统观测站3个、城市生态系统观测站1个。它们是我国生态系统监测和生态环境研究基地，也是全球生态环境变化监测网络的重要组成部分，其目的是监测中国生态环境变化，综合研究中国资源和生态环境方面的重大问题，发展资源科学、环境科学和生态学。

2. 实验方法

实验方法源自生态学的生理学传统。根据其对实验检验因子的控制程度，实

---

① 章家恩. 生态学常用实验研究方法和技术[M]. 北京：化学工业出版社，2007：4.

验方法可分为原地实验和受控实验两类。①

(1) 原地实验。原地实验,亦称就地实验,是指在自然条件下,通过采取某种措施,如仅控制某一因子,来观测其不同水平的生态效应。在牧场可以通过围栏来研究牧群活动对草场中种群或群落的影响;在森林或草地群落里人为排除其中的某个种群或引进某个种群,从而辨识该种群对群落及生态环境的影响。该方法是野外考察和定位观测的重要补充,不仅有助于阐明某些因素的作用和机制,还可作为设计生态学有控实验或生态模拟的参考或依据。

(2) 受控实验。是仿真自然生态系统,一般在室内进行,是近代生态学研究的主要手段。该方法严格控制实验条件,研究某一个或几个因子对生物的作用,如应用人工气候箱研究不同的温湿度对昆虫发育和死亡的影响。随着科学技术的发展,当前的受控实验的规模不断扩大,水平日趋完善。当然,受控实验不管怎样设计,总会有不同程度的干扰存在,很难完全再现真实的、复杂多变的自然环境,因而这种实验得出的数据和结论,最后都要通过自然界的验证才能有效。

3. 数学模型与计算机模拟

生态学家皮洛认为"生态学本质上是一门数学"②。20 世纪 60 年代以后,随着研究方法理论和电子计算机技术的快速发展,系统概念和计算数学的方法逐步渗入生态学研究领域。利用数学模型来研究生态现象已成为新时代生态学发展的一种趋势。电子计算机的模拟试验,可以超越原地实验的时空限制,不仅拓宽了研究领域,加快了研究进度,而且非常有利于检验理论是否有效。

数学模型建立的方法可分为两大类:一类是机理分析方法,另一类是测试分析方法。前者是根据对现实对象特性的认识,分析其因果关系,找出反映内部机理的规律,建立的模型常有明确的物理或现实意义。后者将研究对象视为一个"黑箱"系统,内部机理无法直接寻求,可以测量系统的输入输出数据,并以此为基础运用统计分析方法,按照事先确定的准则在某一类模型中选出一个与数据拟合得最好的模型,这种方法又称为系统辨识。将这两种方法结合起来

---

① 李维炯. 生态学基础 [M]. 北京:北京邮电大学出版社,2005:10.
② 戈峰. 现代生态学[M]. 2 版. 北京:科学出版社,2008:3.

也是常用的建模方法，即用机理分析建立模型的结构，用系统辨识确定模型的参数。

模型方法的操作步骤：第一，精确描述模式；第二，通过深入观测，明确所观察模式生物和环境的形成过程，建立机制模型，并进行理论解释；第三，根据一定的前提条件，采用经理论化的逻辑推导揭示出新的现象；第四，理论解释一旦建立，就可以引导人们进行有目的的观察或实验。

数学模型也仅仅是对现实生态学系统的抽象处理，每种模型都不是完美的，都有其限度和有效范围。生态学系统建模，并没有绝对的法则，但必须从确定对象系统过程的真实性出发，充分把握其内部相互作用的主导因素，提出适合的生态学假设，再采用恰当的数学形式来加以表达或描述。

第二节 教科书研究的兴起及问题

教育是立国之本，教科书是学校教育之本，它肩负着传递社会价值、承载教育规程、支撑目标实现的重任，在学校教育中起着重要的作用。可以说，教科书的质量直接决定着教育的质量。教科书研究逐渐成为当前教育学领域研究的热门话题。

一、教科书的定义及特征

（一）教科书的定义

由于教育现象及其复杂性，学者们对教育学理论中诸多术语的概念众说纷纭，教科书的概念也不例外。

1. 国内对教科书的界定

我国近代教科书源自清末基督教士的来华传教活动。我国近代实施新教育时将教材分"科"编辑，教学活动分"科"进行，因而有"教科书"一说。1905年清朝设立学部，1906年学部开始编译及审定教科书，先后公布"第一次审定初高小暂用教科书凡例"，颁布"初小国文教科书"与"修身教科书"，这是我国正式官文中第一次出现"教科书"一词。

一般来说，现代汉语中对教科书的解释如下：

现行的《中国大百科全书·教育卷》（1985年版）中，教科书是根据教学大纲（或课程标准）编订的，系统地反映学科内容的教学用书。①

《辞海·教育心理分册》（1985年版）中，教科书也叫"课本"。教材之一。指按照教学大纲编选的教学用书。②

最新的《现代汉语词典》（2017年版）中，教科书是按照教学大纲编写的为学生上课和复习用的书。③

当然，还有很多学者从不同角度探讨教科书的含义。比较有代表性的有：

曾天山认为：教科书是教学过程中教师用来协助学生学习达到教学目标的知识信息材料的工具书之一④。

钟启泉认为：教科书是学校或任何学习集团在学习一定领域的知识时所运用的教材，以更利于教学的方式（而）编辑的图书。⑤

石鸥认为现代意义上的教科书应该符合三个标准：第一，它们是根据学制，依学年学期编写的，即有年级之分；第二，有与之配套的教授书或教学参考书；第三，依照课程计划按学科课程分门别类地编写使用，即分科成书。⑥

台湾学者蓝顺德认为：教科书是指依政府明令公布之课程标准（纲要），选择适当材料编辑而成书本形式之教材，作为学校教师教学及学生学习之主要依据，其体例大都为"分年级""分学科""分单元（课）"。

2. 国外对教科书的解释

在英国，教科书（textbook）的含义有广义和狭义之分。广义上，教科书含意非常广泛，它可以任指特别为学生学习准备的书、教师选定的学校用书等；狭

---

① 中国大百科全书编辑部. 中国大百科全书·教育卷[M]. 北京：中国大百科全书出版社, 1985: 144.
② 辞海编辑委员会. 辞海·教育心理分册[M]. 上海：上海辞书出版社, 1985: 5.
③ 中国社会科学院语言研究所词典编辑室. 现代汉语词典[M]. 7版. 北京：商务印书馆, 2017: 659.
④ 曾天山. 教材论[M]. 南昌：江西教育出版社, 1997: 7-8.
⑤ 钟启泉. 现代课程论[M]. 上海：上海教育出版社, 2003: 377.
⑥ 石鸥. 百年中国教科书论[M]. 长沙：湖南师范大学出版社, 2013: 2.

义的教科书指"在教学中使用的教材",即 Class Text 。Textbook 中包含 Core Book（系统、简约的学习中使用的核心教材）,Topic Book（根据特定学习主体编写的教材）和 Recourse Book（统计资料等学习资料书）。①

德国学者施穆克认为,教科书是学校的教育工作中,根据各州教学大纲,从一定的教育观念出发为学生提供个别学科活动素材的辅助材料。②

《美国大百科全书》将教科书定义为：从严格的意义上讲,教科书是为了学习的目的通过编制加工并通常用简化方法介绍主要知识的书。③ 美国的出版学会则认定,凡目的在提供学校班级使用,而且是以教学的需求来编排、装订的,不论是课本、工作簿,或是与教学有关的测验、手册、地图及其他相关材料,均可称之为教科书。

法国巴黎文学研究与促进中心主任里绍多根据四个条件来界定教科书的概念：教科书是包含各种教育学科训练所需、结构设计系统严谨、符合教与学的过程需要、可以持作为学习依据并帮助学生记忆的工具书。它要具备四项条件：第一,具有资讯价值（数量、选择、科学价值）；第二,其提供的资料内容适合环境、文化和意识形态；第三,其提供的资料具有可接受性；第四,教科书内容具有学习的连贯性,有相关的评量工具,能与学校主张的教学模式配合,并能配合教师与学生的条件。④

苏联学者巴拉诺夫认为"教科书是最重要的教学手段,是教学过程中不可缺少的最重要的教学手段,是根据教学大纲并考虑学生掌握知识在年龄上的可能性规定教材的内容"⑤。

日本学者认为,教科书是"根据教学大纲加以排列的,作为各门学科的主要教材而供应学习现场的书"⑥。

上述观点从不同的角度揭示了教科书的特性,可见教科书的内涵是多么的丰富。

---

① 高峡. 小学社会课研究与实验[M]. 北京：北京师范大学出版社,2004：94.
② 钟启泉. 现代课程论[M]. 上海：上海教育出版社,1989：691-692.
③ 周士林. 世界教科书概况[J]. 教材通讯,1985（6）：28-29.
④ 江山野. 简明国际教育百科全书·课程[M]. 北京：教育科学出版社,1991：1-79.
⑤ 巴拉诺夫. 教育学[M]. 北京：人民教育出版社,1976：140.
⑥ 筑波大学教育学研究会. 现代教育学基础[M]. 上海：上海教育出版社,1986：251.

教科书的概念是动态的，与社会的发展紧密联系，有广义和狭义之分。从广义上说，教科书主要是为师生教学提供内容信息和方法参考，尤其是为学生的学习提供平台或环境，因此，教科书是专门为教学而编制的基本材料。教科书是课程与教学之间的主要联结，是学生获取知识的主要来源，是达成教学目标的工具。从狭义上说，教科书的编写要依据课程标准（或教学大纲），其对教科书的编写和使用具有很强的直接规约作用，教科书必须反映课程标准（或教学大纲）规定的不同年级课程的基本学科知识，因此，教科书是根据课程标准（或教学大纲）按年级课程编排，并配有相应的指导用书供教学使用。本书所指的教科书是狭义的教科书。

（二）教科书的特征

教科书作为国家意志、民族文化、社会进步和科学发展的集中体现，是实现培养目标的最直接的载体。教科书读者众多，深受读者信赖甚至依赖，对读者影响深远。一代又一代的青少年手捧着这小小的文本成长起来，在一定意义上，有什么样的教科书，就有什么样的年轻人，也就有什么样的国家和未来。教科书的特征具体如下：

1. 教科书的科学性

教科书的首要功能是传递人类文化知识经验的精华，反映现代科技发展水平，因此，教科书所选择的内容，首先要保证其科学性和逻辑性，中小学教科书更是如此。其次，教科书与其他知识载体相比较，区别在于教科书是为教学服务的，教科书设计既要适合教学论要求，又要在整体上形成知识网络或知识链；一方面要保持自身的系统性，另一方面要与直接关联的教科书在内容上相衔接。总之，教科书必须形成有机联系。

2. 教科书的教诲性

按社会学的说法，教科书的教诲性就是其规训性，教科书的教诲性用教育学的说法，即主流价值观的确立，两种说法都是关于应该做什么不应该做什么的说理，是对错标准的提供。教科书通过对学生进行知识宣讲，从中产生善恶原则；教科书本身意味着应当如何看待不同的人、事和现象，应当获得或不获得哪些知识、学问和价值，应当用什么样的标准去评价思想、社会和人。甚至可以说，教科书的功能就在于划定某一可能的宣讲范围，准入、选择并张扬某些观点和思想,使它们经典化,同时遗忘某些观点和思想,使它们消失于学生的视野之外。[①] 总之,教科书作为品德教育的重要途径,具有重大的教育价值。

3. 教科书的教学性

教学性是教科书的重要属性。编制教科书是为了教学,而且编制要符合学生的认知特性,深入浅出,循序渐进,这是教科书不同于一般科学著作的特性,它明确反映在教科书的结构和内容上。教科书既是教本,也是学本。它既要适合教师教学的需要,方便教师的教;又要激发学生学习的兴趣,促进学生的学。教科书内容的选择、主题的设计、结构的组织等各方面都既要具备"可教性",又要具备"可学性",唯有如此,才能体现教科书的价值,实现教科书的功能。

4. 教科书的文化性

文化性是教科书的固有属性。教科书既是一种教学文本,同时也是一种文化产品。它不仅是科学知识的载体,更是民族文化的重要载体。在我国近现代的历史进程中,教科书一直履行着继承和发扬我国优秀文化传统的重任,在培养下一代的过程中也发挥着文化传承和文化创新等教育功能。

5. 教科书的规范性

教科书尽管随社会的进步而变化,但教科书发展历史表明,教科书的基本结构也已形成,尤其是中小学教科书,强调知识的基础性、基本性,因此教科书内容显得相对稳定。另外,在教科书的编制体例、印刷规格、符号、质量要求等方面都有相对统一的标准。

6. 教科书的艺术性

教科书作为学生获取知识能力的支持工具,它就应当有利于学生认知、理解、吸收、消化、运用,为此教科书在表达上要求符合审美特性,如在编排方式上,尽量多安排插图、表格等,增加教科书的趣味性和可读性。

7. 教科书的实践性

与其他知识载体相比较,教科书不仅以一般的实践为基础,而且是科学实践、生产实践、生活实践、教学实践综合作用的产物,是各种社会实践宏观规律

---

① 石鸥,李祖祥. 教科书的空无内容与教师的应对[J]. 现代教师教育研究,2009(2):28-32.

的综合反映，仅靠理论思辨或某一种社会实践是难以编制出优质教科书的。

8. 教科书的发展性

教科书本身的成长是一个反复使用、实践修改和不断完善的过程，同时，随着知识信息的激增，社会的进化，教育的发展，教科书需要不断更新换代，才能适应社会的需要。

9. 教科书的民族性与国际性

教科书深刻反映民族文化和心理意识，这一点在人文科学教科书上反映最为明显，民族教科书、乡土教科书的兴起反映了教科书民族化的趋势。另外，伴随世界政治、经济、文化教育交流与合作的广泛与加深，教科书在国际范围内的交流与合作也得到加强，主要表现在外语教科书及自然科学教科书等方面的合作交流。

总之，教科书的独特性决定了教科书建设是一个高度专业化、精细化、团队合作的过程，需要我们去研究和解决不计其数的问题，比如教科书内容选什么不选什么，就是一个极为重大的问题。中国教科书百年来的发展历史就是不断改编不断完善的历史。要知道，在教科书的编制中，忽视（某些内容）和重视（某些内容）是同时启动的。编者选择关注知识的某些部分。编者所能看见的，只是他所想要看到的东西。然而，在"应选"与"不选"或"选后修改"之间的界线既不甚分明又与时俱动、不易掌握，这就必然会遇到教科书内容处理上的困难。教科书是实现培养目标的最基本的手段，这种文本的真正发展和完善，如果说不比其他文本更需要，至少应和其他文本一样，需要强大的学术批评和学术研究支撑。①

二、教科书研究的兴起

教科书是教学活动的主要依据，也是学生学习的主要材料。教科书是学校课程的具体化，它的发展变化与学校课程的发展变化紧密相连。作为历史的一部分，教科书不仅复活了古老的文化，而且回响着时代的声音。②

---

① 石鸥，石玉. 论教科书的基本特征[J]. 教育研究，2012（4）：92-97.
② 石鸥，吴小鸥. 中国百年教科书图说[M]. 长沙：湖南教育出版社，2009：1.

(一) 教科书在学校教育中处于核心地位

从世界范围来看,教科书目前依然是各个国家学校教育中最主要的教学工具。教育的发展,课程的发展,都与教科书的选择和写作携手并进①。

1931 年,美国全国教育研究学会当年年刊的主题是《美国教育中的教科书》,年刊导论中提到"因为教科书在美国教育课程中的重要地位被广泛认同,学会全力支持以教科书作为年刊主题,这是因为教科书在数以千计的教室中决定了教学的内容和过程。"70 年后,该学会在 2001 年的年刊又以《美国的教科书和学校教育》为主题,认为:"教科书是学校教育的心脏,没有教科书就没有学校。这个事实是讨论教科书及其问题的核心。"

时至今日,教科书的地位重要如昔。台湾学者柯华葳、周祝英的研究指出:无论是国民小学还是中学,教室活动中绝大部分的活动仍然是和教科书相关的讲述、考试、问答和作业。最近一些国家的学者研究表明,在教科书上所进行的投资对教育质量产生的效果比其他任何方面都要明显。因此,教科书作为学校教育中最重要的教材或教材系列的主体部分,是衡量一个国家或地区基础教育水准的重要标志②。从某种意义上讲,教科书编制的质量是教育目标达成的最重要因素之一,也是基础教育课程改革成败的最关键要素之一。教育想要取得长足的进步,必须要在教科书的编写上下一番功夫。不管怎样,教科书决定了学生能学到什么。它们决定了课程设置,同时也决定了学生如何在众多的科目中学到知识。对于很多学生而言,教科书是他们早期接触中最早或者是唯一的书籍和阅读材料。公众认为教科书是权威、精确和必需的。教师根据它们来组织课程和安排科目。③

概言之,教科书是学校教育中最基本、最重要的知识的载体,在中小学教育教学中,教科书有不可替代的地位。

---

① 江山野. 简明国际教育百科全书·课程[M]. 北京:教育科学出版社,1991:6.
② 钟启泉,崔允漷,张华. 为了中华民族的复兴 为了每位学生的发展:《基础教育课程改革纲要(试行)》解读[M]. 上海:华东师范大学出版社,2001:189.
③ TYSON – BERNSTEIN H. A conspiracy of good intentions:the textbook fiasco[J]. American Educator the Professional Journal of the American Federation of Teachers,1988:127.

(二) 国外教科书研究概况

从国际上看，20世纪80年代以后，随着课程改革的深入，欧美、日本等许多国家和地区作为课程载体的教科书研究逐渐形成热潮。发达国家及一些国际组织非常重视教科书研究，具体表现为专门研究机构的成立以及形式多样的教科书研究活动的开展。

1. 注重组织和制度层面建设

教科书研究的制度化建设，主要源于联合国教育、科学及文化组织（以下简称"UNESCO"）的大力推动。UNESCO希望通过教科书的改革和研究来促进国际合作，增进国际了解。早在1946年，UNESCO筹备委员会就出版了《从教科书看世界》，对第二次世界大战期间教科书的修订资料进行收集；而后又多次召集教科书研究的研讨会、双边和多边咨询会议，特别重视对历史、地理和社会等科目的教科书的研究。为扩大影响，进一步推进教科书的国际化研究，UNESCO与德国合作，于1992年创办了国际教科书研究网站。另外，UNESCO属下的国际教育局也建立了世界各国教育研究的资料库，其中就包含教科书使用、发展和认可方式的相关研究报告。此外，世界银行和其他一些慈善基金组织在加强教科书的国际交流与合作上也作出了巨大的努力，促进了教科书的研究与发展。

在上述组织的推动下，一些国家（如美国、德国、日本等）的教科书研究已经制度化，依托独立的机构或大学开展教科书研究。

以美国为例，1989年美国成立了教科书委员会，其主要任务是研究公立学校中历史和社会科类教科书的使用。该委员会的学术交流较为频繁，学术研究非常严谨，对历史教科书和社会科课程的评价以及多元文化下的公民教育等问题的研究成绩突出。总之，20世纪80年代以来，美国的教科书研究论文多达几十万篇。

德国教科书的研究范围广泛，成果众多。早在1951年，乔治·埃克特创办了德国国际教科书研究所，其成立宗旨：第一，通过国际性教科书研究，比较各国教科书在历史、政治和地理中的呈现，并提出客观建议；第二，举办教科书研究和修订的专家会议；第三，对教科书作者、编者和出版者提出建议；第四，储备专家评论和支持研究工作；第五，通过出版和演讲传播教科书研究的发现和实际经验给社会大众。该机构致力于克服冲突与偏见，鼓励和平教育，研究焦点经常放在大规模政治和种族冲突的领域，如东南欧、以色列与巴基斯坦。该机构每年出版《国际教科书研究》等刊物，涉及内容非常广泛，如比较教材研究，历史地理教育的模式化和文化不公平研究等，都是开展教科书国际研究的重要资料。特别值得一提的是，该机构还建有一个国际教科书图书馆，共有图书约16万册，汇集了100多个国家的中小学教科书，是目前世界上最大的中小学教科书图书馆，是欧洲乃至世界的教科书研究中心。[①]

从制度方面来看，不少国家对教科书研究非常重视，成立了专门的研究机构，建立网站、资料库，召开专业研讨会等，教科书研究正在向专门化、专业化迈进。

2. 教科书研究类型及趋势

从研究类型来看，1992年，德国魏因布伦纳将教科书的研究分为三类：第一，过程导向研究，研究教科书完整生命周期；第二，产品导向研究，研究教科书文化与意识形态层面及教学工具层面；第三，接受导向研究，处理教科书对师生和各种社会团体的影响。

从研究趋势来看，早期的教科书被人们视为"圣经"，是人类文化的结晶，绝对不容有错，所以当时的教科书研究多半持正面、肯定的态度，注重教科书"功能"的发挥与"技术"的改进。

20世纪60年代以后，以丹斯等人为代表，采取历史探究和内容分析等取向，对教科书进行意识形态的批判。1960年，丹斯在研究中指出：英国学校的教科书有意遗漏重要信息，课程主题对其他国家特质的描述缺乏平衡，使用充满偏见的字眼。他的研究具有开创性，但当时并没有引起人们的注意。直到20世纪70年代后，随着社会批判学派的兴起，教科书意识形态研究才逐渐受到重视。

1970年后，教科书的研究范围开始扩展，从内容分析到教科书的发展、生产、使用都有涉及，但不平衡。多数研究仍偏好历史与意识形态的内容分析，对教科书和教学实施关系的探讨远远不够。

过去几十年来教科书研究的形式变化不大，意识形态的分析与批判是研究主流，人文社会学科尤为如此。而对教科书的设计、编写、生产、分配等的研究则

---

① 陈月茹. 中小学教科书改革研究[M]. 北京：教育科学出版社，2009：16.

相当缺乏。总之，从社会学视角来开展教科书研究的非常多，而从教育学视角来研究教科书则比较少。

（三）国内教科书研究情况

从国内看，教科书研究作为国内相对比较年轻的研究领域，吸引了众多研究者的视线，不少学位论文都以此为选题，特别是近几年达到一个高潮。

1. 台湾地区的教科书研究

台湾学者自20世纪80年代起开始教科书研究，比较出名的有陈伯璋、欧用生、黄政杰、蓝顺德等人。1992年6月，台湾地区"编译馆"成立"教科书资料中心"，该中心系统地收藏了不同年代的中外教科书3万多册，对台湾教科书的研究起了推波助澜的作用。

总体上，台湾地区教科书的研究趋势与国外大体相似。一是研究数量随年代递增，如在1984—2003年间，台湾地区的博士、硕士论文中关于教科书研究的总计有272篇，其中1984—1993年仅有37篇，1994—1998年有46篇，1999—2003年则有189篇。二是研究主题以直接对教科书内容进行分析为主，教科书出版和运用方面的研究比较少。在上述272篇教科书研究论文中，其中关于内容分析研究的有169篇，占62.13%；涉及教科书发展过程研究的只有103篇，占37.87%。三是研究方法以内容分析法为主。上述272篇论文以内容分析法作为研究手段的最多，约占半数以上；其次是调查法，约占四分之一；实验法运用得最少。四是研究科目以社会科最多。在上述研究中，社会学科及语文学科最多，约占总数的三成，其次是自然学科和艺术学科，最后是数学学科。近些年来，台湾地区关于教科书的研究方兴未艾。

2. 中国大陆的教科书研究

中国大陆对教科书的研究起步较晚。人们对这一问题的积极关注基本上是从教科书实行开放政策，即教科书由"国定制"改为"审定制"之后。20世纪90年代以来，国内一些学者开始关注并开展教科书研究，主要有曾天山、吴康宁、吴永军、傅建明、高凌飚、任丹凤、毕苑等人，对教科书的发展历史、功能和地位、制度建设、内容和结构、评价等方面进行探讨。研究视角以历史学、社会学为主。研究方法主要采用"内容分析法"，对教科书内容价值取向进行社会学分析。总的来说，研究基础比较薄弱。

目前国内的教育学界研究教科书影响比较大的首推首都师范大学石鸥教授团队，现任国家基础教育课程教材专家工作委员会委员的石鸥教授带领他的团队一直致力于教科书的研究。早在20多年前，石鸥教授就开始收集清末民初以来的各种老课本，到目前已累计收藏近3万册。近年来，石鸥教授带领他的团队，依托他个人收藏的大量教科书实物，先后推出了《百年中国教科书图说》（上、下册）（2009年）、《中国近现代教科书史》（上、下册）（2012年）、《百年中国教科书论》（2013年）、《新中国中小学教科书图文史》（六卷本）（2015年）等系列大型教科书研究成果，先后获北京市哲学社会科学优秀成果一等奖、教育部人文社科优秀成果二等奖、全国教育科学研究优秀成果一等奖，在学术界产生了较大的影响。此外，石鸥教授还筹建了全国第一家教科书博物馆，受到了政府和国家领导人的关注，吸引了包括美国、日本、新加坡等国家以及香港、台湾、澳门等地区的专家和学者前来参观。

教科书研究已经不仅是学术研究的热点话题，更是国家重点关注的教育问题。改革开放以来，特别是党的十八大以来，以习近平同志为核心的党中央明确表示：教材建设是国家事权，要建立健全国家教材制度。党中央高度重视教材建设，出台了诸多教科书相关政策并成立了相关机构。

2016年10月，中共中央颁发了《关于加强和改进新形势下大中小学教材建设的意见》，全面部署大中小学的教材建设。2017年7月3日，我国正式成立了国家教材委员会，主任由时任国务院副总理刘延东兼任，成员由22位有关部门的部长及27位各大高校的专家组成，负责指导且统筹全国范围内的教材建设工作。国家教材委员会设有部门委员和专家委员，同时，按学科专业和学段，设置了语文、历史、思想政治、科学等10个专家委员会，成员涵盖学科专家、课程和教科研专家、一线教师。这一机构规格之高，在中华人民共和国教材建设史上尚属首例，其所负职责可以概括为管总、把关、协调。管总就是管规划、管制度、管保障；把关就是审查国家课程设置和制定课程标准，审查意识形态属性较强的国家规划教材，把好思想关、理念关、科学关；协调就是推动各地区各部门的协调联动形成合力。2017年，教育部还成立教材局、组建课程与教材研究所，建设包括6000多名专家的大中小学教材编审专家库，形成了以国家教材委员会为统领，专家委员会、教材局、课程与教材研究所等各司其职、紧密配合的"多位一体"教材工作组织体系。面临新的形势,国家对教材的重视程度有增无减。正如时任国务院副总理刘延东所说:要把国家教材建设作为战略性、基础性工程抓紧抓实抓好,加强社会主义核心价值观和优秀传统文化、民族精神教育,帮助学生扣好人生第一粒扣子。① 教科书研究任重而道远。

在国家重视和专家学者的推动下,教科书研究逐渐成为我国教育理论研究中的"显学",近年来不少博士、硕士毕业论文都以"教科书"为主题开展研究。通过中国知网检索,2014—2016 年,我国以"教科书"为主题的博士、硕士毕业论文有 420 篇。②③

近年来,我国学者从宏观和微观层面对中小学教科书进行了广泛的研究。宏观层面的研究主要包括教科书的功能和地位、教科书制度建设、教科书的结构、教科书的评价等;微观层面的研究主要包括教科书内容的社会学分析、教科书插图研究、教科书话语呈现方式研究、从文化角度对教科书文本呈现的内容进行分析、中外教科书的比较研究、新旧教科书的比较研究、单一学科教科书的比较研究等。

从研究视角来看,从历史学、社会学、出版学的角度研究教科书较多,教育学的研究较少。从研究阶段来看,清末民初的研究较多,而民国中后期研究,特别是不同体制背景下教科书发展的研究较少。从学科类型来看,语文、历史和品德等人文社会类教科书研究较多,科学等自然科学类及实用技术类教科书研究较少。从研究方法来看,立足于第二手资料的研究较多,而立足于教科书文本的实证研究较少。从学校类型来看,普通中小学教科书研究较多,高等学校教科书研究较少。

三、教科书发展中的失衡现象

在中国,教科书名称首次出现是在 19 世纪 70 年代后期。1877 年 5 月,在华基督教传教士第一次大会在上海召开,大会成立了"学校教科书委员会"

---

① 国务院办公厅. 国务院办公厅关于成立国家教材委员会的通知[EB/OL]. (2017 - 07 - 03). http://www.gov.cn/zhengce/content/2017 - 07/06/content_ 5208390. htm.
② 石鸥. 教科书评论(2015)[M]. 北京:首都师范大学出版社,2016:297 - 306.
③ 石鸥. 教科书评论(2016)[M]. 北京:首都师范大学出版社,2017:299 - 310.

(School and Textbook Series Committee，中文名称为"益智书会"），这是中国近代第一个编辑出版教科书的专门机构。它先后编辑了两套学校教学用书，分别供初等学校和高等学校使用，包括数学、天文、地质、化学、动植物等内容。"教科书"一词自此在我国逐渐流传开来。可以说，我国已有100多年的现代意义的教科书历史，教科书经历了从西方引进到自主编写，从国家审定到多样化发展等多个阶段，其中既有辉煌的成就，也存在不少问题，从生态学视角来看，教科书在发展过程中存在以下失衡现象。

（一）教科书内容选择上的失衡现象

教科书内容的选择是教科书编制中最重要、最核心的工作，历来被人们尤其是统治阶级所重视。教科书是学校教育中最重要的文本，是某一课程的核心教学材料。一般来说，教科书内容的选择应根据课程目标、学生的兴趣和身心发展水平、社会发展需要等方面综合考虑。然而在教科书发展过程中，教科书在内容选择上往往失之偏颇。

1. 过分强调政治控制，强化意识形态，泛政治化

教育的本质是为社会培养各种各样的人才，国家和社会力图通过学校教科书来培养理想的公民，因此，教科书内容的选择必然要反映它所属社会的主流意识形态，这本身无可厚非，但不能走向极端。然而，教科书在内容选择上，泛政治化的现象时有发生。

例如，民国时期南京政府成立以后，国民党加强意识形态的严格控制，推行党化教育，通过学校教科书阐释党义，教科书被全面纳入国家控制范围之内，教科书发展趋向沉闷。[①] 中华人民共和国成立之初，中小学教科书渗透着浓厚的政治倾向，人民教育出版社把"政治标准第一，艺术标准第二"作为编辑课文时的首要原则，教科书在内容选择上突出"政治挂帅"，强调无产阶级意识形态的灌输，这种情况在中华人民共和国成立初期对中学地理教科书的批判、中学语文教科书中《背影》一课的去留的讨论等问题上都有明显的体现；1966—1976年

---

① 石鸥，吴小鸥. 中国近现代教科书史（上册）[M]. 长沙：湖南教育出版社，2012：359.

更是走向极端,教科书被异化成政治的工具。①

2. 过分追求学术标准,难度较大,学生难以承受

教科书是"从一定社会文化里选择出来的材料",是经过特殊筛选,加以组织化的人类知识经验。教科书既是"教本",又是"学本",既要体现某门学科的发展水平,又要符合学生的年龄特点。教科书的难度取决于教科书的广度和深度,前者是指教科书内容的多少,即教科书容量;后者是指教科书内容要求的高低。长期以来,我国中小学教科书存在难度较大的问题,以至于2010年有十多名院士联名写信,要求降低中小学教材的难度。2011年,时任广东省教育厅厅长罗伟其直言中小学教材太难,"超出了学生在这个年龄段的平均认知水平"。中华人民共和国成立以来,教育部曾多次下文,三令五申要求精简课程与教材、减轻学生负担、促进学生健康。这几年尽管我国中小学教科书难度有所降低,但效果并不明显。

有关专家的调查研究显示,我国中小学教科书总体上难度处于世界中等水平,但在广度、深度和不同知识主题的难度上表现出不同特征。有的学科教科书容量不大,但内容深,表现出"窄而深"的取向,如物理学科,其总体难度居中,但实验难度居首。有的学科教科书知识点覆盖面宽,知识点多,但内容较浅,表现出"大而宽""浅而散"的倾向,如数学学科,小学数学教科书难度适中,初高中数学教科书偏难。初中数学中"空间几何图形与统计"内容知识点不足,高中数学中"集合"领域知识点过多,"集合""向量几何"内容过难。教科书难度呈现出不均衡的特征。②

3. 课本中人物的性别比例严重失衡,重男轻女现象严重

人类社会是由数量基本平衡的男女两性共同构成的,学校则是性别社会化的重要场所。学校中的知识形式,无论是显性的或隐藏的,都与权利、经济资源和社会控制有关③。教科书作为学校中最重要的文本,在对男女人物的选择、呈现

---

① 石鸥,方成智. 中国近现代教科书史(下册)[M]. 长沙:湖南教育出版社,2012:162-198.

② 张晓娇. 如何科学调整中小学教材难度[N]. 光明日报,2014-05-20.

③ 颜庆祥. 教科书政治意识形态分析:两岸高(初)中历史教科书比较[M]. 台北:五南图书出版有限公司,1997:36.

与评价上,都直接或间接地表现出传统的重男轻女的社会特征。以中学历史教科书为例,它是以政治领域为主要场景,以男人为基本角色的历史演绎,课本所记载的主要是男性为主导的社会政治、经济、军事等公共领域大事,而女性所承担的人类再生产和所从事的家务劳动在历史学家宏大叙事中未能体现,历史学科的知识体系中鲜有女性。①

再以小学语文教科书为例,男性在教科书中出现的数量与频率要远高于女性。例如,江苏教育出版社2004年修订出版的小学语文教科书(六年制)共12册,这套苏教版小学语文教科书里共展示了219个社会角色,其中男性角色172个,占总数的78.54%,而女性角色仅有47个,占总数的21.46%。另外,根据不同时期的语文教科书研究者的统计:男女人物在课文中出现的频率都是男高女低。同时,教科书中的女性角色随着学校等级递增而减少,即小学教科书中女性角色较多,到了中等以上的学校,教科书中女性角色愈来愈少。②

2016年3月8日,UNESCO发布《全球教育检测报告》,其中指出性别偏见在全球各国教科书中盛行,女性在教科书和课程中出现的次数太少。例如,在印度,只有6%的初级英语、印地语、数学、科学和社会学课本的插图出现女性,超过半数的课本插图出现男性。印度小学的六本数学书中,没有一个妇女被描述成主管、工程师、店主或者商人。2012年对伊朗的研究发现,由伊朗教育部设计的教科书中,男性角色占据80%。2009年澳大利亚的研究表明,澳大利亚教科书中57%的角色为男性,在与法律或与秩序有关的课文角色中,男性的数量是女性的两倍,在政治和政府领域,男性角色的数量是女性的四倍。可见,教科书中性别失衡是一个普遍性的问题。

(二) 教科书出版发行上的失衡现象

中小学教科书的出版发行,涉及出版社、新华书店、教育行政管理部门、学校、教师、学生、家长等众多部门和人,牵涉面广、利益较大,是事关国计民生的大事,既影响人才培养,又关系社会稳定,历来受国家政府的重视。中华人民共和国成立以来,政府做了大量工作,在教科书的出版发行上形成了自己的特

---

① 史静寰. 走进教材与教学的性别世界[M]. 北京:教育科学出版社,2004:11.
② 乔晖. 小学语文教科书的性别偏见:从女性主义视角出发[J]. 教育学术月刊,2008(7):26-28.

色，但也存在不少问题。

1. 出版发行一家独大，不利于教科书的良性竞争

中华人民共和国成立后很长一段时间我国推行教科书"国定制"，1950年12月，人民教育出版社成立，它专门负责编写全国统一使用的中小学教科书。在这种"统编教材"机制下，其他出版机构纷纷退出中小学教科书市场，逐渐形成了人民教育出版社的中小学教科书一枝独秀的局面。即使是推行教科书多样化的今天，人民教育出版社在全国中小学教科书市场的占有率仍然在50%以上，它在中小学教科书领域的"领头羊"地位仍然是其他出版社无法撼动的。[①]

人民教育出版社对中小学教科书市场的垄断有利有弊。好处在于政府能够确保主流意识形态在学校教育中的有效贯彻，同时有利于印制和发行渠道在较低的经济水平下做到统一高效，传达国家意志，整合民众的价值观，提高教育质量等。但这种一枝独秀和垄断也有很大的弊端。一是难以适应中国的国情，我国幅员辽阔，不同地区的经济、文化、教育等的发展极不平衡，各地学校之间千差万别，全国统一用一本教科书，确实有诸多不适应。二是难以适应不同个性的学生的需求，不利于因材施教，不利于促进每个学生的最佳发展。三是导致人们对教科书的盲从。国家统编教材被广大的教师、学生、家长和社会公众当成"圣经"，教科书不但是学生的教师，也是教师的教师，其内容绝对不会出错。表现在教学实践中，许多教师只研究教科书，而从不关心教学大纲、课程标准，教科书怎么说，就一定得怎么教，不敢"越雷池半步"。长此以往，这种情况将造成教学的窄化与浅化，束缚了教师教学创造性，影响了学生创造力的提高，也容易导致学生对教科书乃至所有书本的盲目崇拜，不利于学生全面发展。四是缺乏竞争，不利于教科书健康发展，也有碍于教科书质量的进一步提高。

2. 形式单一，仍然是纸质教科书打天下，鲜有数字教科书

当今社会，信息技术飞速发展给我们生活带来了巨大的改变。教科书出版领域也感受到数字化技术带来的冲击。整体、配套的教科书资源应该是中小学教科书出版所追求的。整套的教科书资源包括传统的学生用书（课本）、教师教学用

---

① 方成智. 艰难的规整：新中国十七年（1949—1966）中小学教科书研究[D]. 长沙：湖南师范大学，2013：162.

书（教学参考书）、教学挂图、学生活动手册、试听材料，还有数字化时代的多媒体及网络资源等。

然而现实并不乐观，目前的中小学教科书出版市场，除个别出版社、个别学科（如人民教育出版社等少数出版社及英语等少数学科）有教科书资源的立体开发外，绝大部分出版社对教科书的开发仍停留在单纯的纸质文本上，与教科书配套的电子出版物（光盘、电子教案、Flash 动画等）以及各种网络数字资源（网络论坛、网络课堂、网络社区、电子杂志、相关资源链接等）都相当缺乏。此外，与教科书相关的一系列后续服务，如新教材培训、师资培训、教材推广、教学研讨等方面也十分欠缺，尚未形成全方位、立体化的教科书出版格局。①

（三）教科书选用评价上的失衡现象

教科书可以说是我国目前发行量最大的文本。据统计，2018 年我国在校的中小学生约 1.89 亿人，每年全国教材教辅的出版产值高达 300 亿元。因此，众多出版社都想进入中小学教材市场。近年来，全国已有 82 家出版社获准参与中小学教材编写，2400 种小学教材、1200 多种初中教材进入教育部全国九年义务教育阶段"用书目录"。②可以说，现在中小学的每一科教材都有几个甚至十几个版本参与竞争。面对如此多的教材，如何选用适合的教材是地方教育部门需要解决的问题。尽管全国各地都成立了中小学教科书选用委员会，教育部多次下文，提出要"逐步建立规范有序、公正透明、民主科学的教材选用机制"，但是由于缺乏相关的具体措施，在实际操作过程中，"利用多种手段不规范选用教材的问题屡禁不止，从而造成'根据教材质量和特色进行选择'形同虚设，教材发行、选用渠道和市场秩序混乱，这种不公平竞争大大挫伤了一些严格按照国家规定操作的出版单位乃至教材编写队伍的积极性"③。

1. 强调地方保护，不公平竞争盛行

近年来，一些省级教育行政主管部门为了保护各自的利益，任意删减教育部的《全国中小学教学用书目录》。而一些教科书出版、发行机构为了在激烈的竞

---

① 刘丽群，刘景超. 我国中小学教科书出版现状、问题及发展探讨［J］. 出版广角，2012（6）：51-53.
② 张英，林怡静. 多家出版社联合反对发改委教材租型招标［N］. 南方周末，2008-03-06.
③ 胡军. 中小学教材选用机制之我见［J］. 教育理论与实践，2004（10）：54-56.

争中取得有利地位，不惜采取一些不正当的手段，如大打价格战、任意加大回佣、暗中行贿、拉关系等，干扰正常的教科书选用程序。

2. 弱化教科书选用委员会职能，教科书选用失范

一是教科书选用程序不透明。2000—2008 年，教育部等有关部门对中小学教科书管理体制，即教科书编审体制、出版发行体制、选用及价格体制等进行了调研，就教科书选用而言，调查发现，目前中小学教科书的选用政策和方法还未被学校和教师所了解，教科书选用的意义也未被广大教师所认识。被调查人员中，有 48.1% 的人不清楚当地是否有教科书选用委员会，有 46.4% 的人不了解教科书选用的程序，甚至有 7.1% 的选用委员认为自己不了解教科书选用的程序。二是中小学教科书选用委员会委员遴选草率。据调查，中小学教科书选用委员中有 35.6% 的人表示自己对备选教科书有一些了解，还有 4.3% 的人表示自己不了解备选教科书，8.1% 的人没有表态。① 这说明一些地方对教科书选用委员的遴选把关不严，草率从事，从而导致教科书选用失范。

3. 突出行政干预，导致选者不用、用者不选

虽说教育部早在 2005 年就在文件中明确提出了教科书选用权下放，但在实际的教科书选用中，由于各种利益驱动，一些教学用书目录以外的书被硬性摊派进入学校，校长的选择权相当有限，学校无法按自身需求订购教科书。另外，作为教科书使用者一方的教师，很少有参与选择教科书的机会，即使偶尔有，也没有最终的决定权。由此造成：选教材的人不用教材，用教材的人不选教材。② 这样如何去深化教学改革呢？

4. 忽视学生的存在，学生话语权缺失

目前我国的中小学教科书选用委员会里没有学生代表，这是不对的。事实上，广大学生是教科书的直接使用者，教科书选用的最终目的是促进"每一位学生的发展"。作为教学活动的主体，学生对所用的教科书怎么样、好不好，是最有发言权的。学生相当于顾客，应该有自由选择自己喜欢的东西的权利。尽管他们对于教科书的评价可能片面、含糊、肤浅，但那才真正反映了学生的心声。而

---

① 《基础教育教材建设丛书》编委会. 中小学教材选用情况的调查报告[M]. 北京：人民教育出版社，2008.
② 韩冬云. 中小学校教材选用存在的问题及其对策[J]. 教学与管理，2007 (19)：16-18.

委员们所做的工作，不管其程序多么科学，思维多么严密，态度多么认真，都是从成年人的角度来思考问题的，偏差在所难免。

总之，教科书是时代变化的晴雨表，随时代变化而变化。因此，教科书在发展过程出现这样或那样的偏差在所难免，这需要我们转变研究思路，寻找新的解决问题的路径，而教育生态学的兴起，可以为教科书研究提供一种新的视角。

第三节 教科书生态学的内涵及意义

教科书面对着众多利益相关者，涉及教育行政部门、出版发行单位、学校、教师、学生等。面对如此庞杂的群体，教科书及其编撰者如何协调其关系？如何做到利益均衡？生态学的兴起，尤其是教育生态学的出现，为我们探讨教科书的建设与发展提供一种新的视角和路径。

一、教育生态学的形成与发展

如前所述，为了应对复杂多变的世界，解决多方面的问题，现代生态学在其发展过程中不断吸收、融合其他学科的优点，形成了许多新的生态学分支学科。教育生态学正是在这样的背景下形成和发展起来的。

教育生态学是依据生态学原理，特别是生态系统、自然平衡、协调进化等原理，研究教育与其周围生态环境之间相互作用的规律和机理的科学，它把教育与生态环境联系起来，以其相互关系及其作用机理作为研究的对象，研究各种教育现象与成因，进而掌握并指导教育发展的趋势和方向。

（一）教育生态学的萌芽

早在我国春秋战国时期，孔子在《论语》中就提出了"性相近也，习相远也"的观点，还有"孟母三迁"的典故，都说明当时人们已经注意到环境（包括自然环境和社会环境）对教育的影响和作用。在古希腊，亚里士多德于公元前335年创建了吕克昂学院，聚集门生在绿荫树下讲学，他们同样关注教育与环境的关系。

到了欧洲文艺复兴时期，以维多利诺、拉伯雷和蒙田为代表的一批人文主义教育家，最先表达了活动教学的某些观点，主张儿童通过观察、游戏和劳动等来理解事物并获取经验。裴斯泰洛齐也主张教学必须以儿童的自然发展顺序来开展，强调多感官学习的重要性。近代捷克教育家夸美纽斯认为应注重实物教学，提出了直观性原则和循序渐进原则，体现了生态学精神。苏联教育家凯洛夫阐述了遗传、环境和教育在人的发展中的作用。美国的布鲁纳强调教学过程中的原理和态度迁移，以及教学方法中的发现法。①

回首中外教育的发展历程，生态的观念早已自觉或不自觉地反映在众多的教育理论和实践中。

（二）国外教育生态学的发展

教育生态学的研究源于对人类行为的生态学研究，发轫于西方。从20世纪20年代开始，德国、美国、英国、日本等国家的一些学者开始关注环境教育、环境与人的发展的关系研究，他们试图建立"教育环境学"。这一时期关于学校环境（教育环境、课堂环境）的研究是教育生态学研究中较为丰富和成熟的领域。②

"生态学"一词出现于教育领域研究最早是在1932年，当年美国学者沃勒在其《教学社会学》中首次提出"课堂生态学"的概念。1966年，英国学者阿什比提出"高等教育生态学"的概念，开运用生态学理论和方法研究高等教育之先河。当然，"教育生态学"这一术语最先是美国哥伦比亚大学师范学院院长劳伦斯·克雷明于1976年在《公共教育》一书中正式提出，他强调以生态学的观点来研究教育与外部生态环境之间以及教育内部各环节、各层次之间相互作用的规律和机理。自此，教育生态学作为一门新兴学科正式确立并逐步发展。

20世纪80年代和90年代，教育生态学的研究范围不断拓展，不仅有横向的宽度，而且有纵向的厚度。1987年，莱西和威廉斯合著的《教育、生态学与发展》，关注教育与环境的关系研究。教育生态学家鲍尔斯对微观的课堂生态以及宏观的教育、文化、生态危机等教育生态问题进行了深入的研究。国外学者对教

---

① 吴鼎福，诸文蔚. 教育生态学[M]. 南京：江苏教育出版社，1998：8.
② 范国睿. 教育生态学[M]. 北京：人民教育出版社，2000：15.

育生态学研究对象的认识颇不一致，但都强调生态学的基本精神：综合、联系、平衡。研究的内容主要侧重于三个方面：微观教育生态学、教育生态因子生态学、宏观教育生态学。①

21世纪后，教育生态学研究范围更为广阔，各种研究方向纷呈，宏观上，涉及各种层次、各种类型的教育；微观上，涉及教学设计、教学组织与管理等各个教学领域。总之，作为一门新兴学科，教育生态学方兴未艾。

（三）国内教育生态学的发展

我国的教育生态学研究起步于20世纪60年代，最早发生在台湾地区。台湾师范大学教育学系方炳林先生率先从事这一领域的研究，并于1975年出版了专著《生态环境与教育》。他认为所谓"教育生态的研究"，就是关注"各种环境与教育的关系"研究。此后，我国台湾、香港地区一些学者开始投入教育生态学研究。例如，贾锐详细具体地研究了校园生态环境与教育的关系，他的《教育生态学导论——教育问题的生态学思考》针对台湾地区教育的现实，从生态系统的视角，运用生态学的原理，对各种教育问题进行了反思，认为应以共荣共存的教育生态系统来引导当地教育的正常发展。

中国大陆学者对教育生态学的研究始于20世纪80年代末。1988年，陈敏豪在《人类生态学——一种面向未来世界的文化》中专门辟出"教育与人类生态"一章，试图从人类生态学的角度来思索、探讨现代教育问题，开大陆地区教育生态学研究之先河。同年，南京师范大学吴鼎福发表的《教育生态学刍议》是中国大陆第一篇教育生态学研究论文。1990年，吴鼎福与诸文蔚合著的《教育生态学》，是中国大陆第一部教育生态学专著，标志着中国大陆的教育生态学研究正式起步。在该书中，作者较为系统地探讨了教育的生态环境、生态结构、生态功能、生态基本原理、生态基本规律、行为生态、生态演替和演化、生态的检测与评估等问题。1992年，任凯和白燕合作出版了《教育生态学》，该书将教育生态学的研究对象界定为教育生态系统，与吴鼎福等人的研究思路迥然不同。此后，有关教育生态学的研究日渐增多。1998年，方然出版了《教育生态论纲》，

---

① 贺祖斌. 高等教育生态研究述评[J]. 广西师范大学学报（哲学社会科学版），2005（1）：123–124.

主张建立"符合自然生态综合发展科学原则的教育生态系统"和"符合人类生存与发展现代模式的教育生态科学"[①]。2000年，范国睿出版了《教育生态学》，从文化、人口、教育资源与教育生态的关系入手，探讨了学校生态分布、学校生态环境、课堂生态环境、可持续发展战略与教育等问题，对教育生态学进行了较为全面的诠释。

进入21世纪后，我国教育生态学研究出现一个小高峰，学校生态、校园生态、班级生态、课堂生态、德育生态、学术生态等领域的研究吸引了众多学者关注，同时有很多研究成果。有影响的著作有贺祖斌的《高等教育生态论》（2005年），刘贵华的《大学学术发展研究——基于生态的分析》（2005年），周培植的《走进高品质教育生态》（2005年），吴林富的《教育生态管理》（2006年），范国睿的《共生与和谐：生态学视野下的学校发展》（2011年）等。

总之，我国教育生态学研究主要围绕四个方面展开：一是侧重于教育与生态环境的关系研究，二是倾向于教育生态系统研究，三是以专题研究为主，四是走向实际应用。

（四）教育生态学的研究特点和趋势

教育生态学研究有两个突出特点：一是从宏观研究走向微观研究，二是从理论探讨走向实践分析。

未来的教育生态学应着重关注以下几方面的研究：首先，强化生态学原理在分析教育现象和解决教育问题方面的运用；其次，界定教育生态学的研究范围，使其得到系统、健康、稳定的发展；再次，明确教育生态学的研究体系，即如何科学、系统地将教育的个体生态、教育的群体生态和教育的生态系统有机地结合和扩展，以及将宏观和微观有机地结合；最后，全面、系统地研究影响教育的生态因子，并弄清各生态因子如何作用于教育，从而进一步优化教育结构，促进教育和谐、均衡发展。[②]

---

① 邓小泉，杜成宪. 教育生态研究二十年[J]. 教育理论与实践，2009（5）：12-13.
② 王玲，胡涌，粟俊红，等. 教育生态学研究进展概述[J]. 中国林业教育，2009（2）：1-4.

二、学校生态学的产生与发展

(一) 学校生态学的产生

20世纪70年代是国外教育生态学研究的兴旺时期,各种研究方向纷呈。学校生态学是教育生态学的一个重要领域,是教育生态学研究的深入,是教育生态学三大研究范式之一,伴随教育生态学的发展而发展。

虽说"学校生态学"这一术语出现较晚,但人们很早就开始关注学校情境中个体行为与环境的关系。在中国的古代教育中,不管是官学,还是私学,都非常重视教学环境的建设。中国古代的著名书院都选址在风景秀丽的山区。例如,岳麓书院建在岳麓山下,白鹿洞书院建在庐山五老峰下,嵩阳书院建在嵩山的太室山下,石鼓书院建在衡阳石鼓山回雁峰下。不光书院选址很讲究,书院创建人对书院内的小环境也很在意,常常栽花种树,移竹运石,把书院布置得如诗如画。另外,"孟母三迁"的故事也是很好的例证。

与教育生态学一样,现代意义上的学校生态学首先在西方诞生。费恩的《公立学校的生态学》(1971年)从教育与环境的关系角度探讨社区控制和学校之间的关系。1977年,英国学者埃格尔斯顿出版《学校生态学》,认为生态学所关注的是有机体的行为和生活方式,以及它们与周围环境的联系。主张教育生态学应该以研究教育资源分布为主旨,主要研究教育资源的分布以及个体对此的反应。该书的面世是学校生态学诞生的标志。

(二) 学校生态学的发展

1987年,美国华盛顿大学的古德莱德侧重于微观的学校生态学研究,首次提出"学校是一个文化生态系统"的观点,其目的在于从管理的角度入手,统筹各种生态因子,建立一个健康的生态系统,保证学校质量和提高办学效益。古德莱德主编的美国教育协会第86期年鉴的主题为"学校革新的生态学"。斯坦福大学的艾斯纳在哥伦比亚大学《师范学院学报》上发表专论《教育改革与学校教育生态学》。以上两位学者都致力从生态学视角探讨学校教育的改革和发展。

我国的学校生态学研究主要体现在高等学校研究。2004年开始,湖南农业大学的陈岳堂、高志强以生态校园建设为主题开展研究,发表了一系列论文,比较全面、系统地论述了高等学校生态校园的建设理念、建设路径、评价指标体系等。高等学校生态学研究比较有影响的论文有华东师范大学杨同毅的博士毕业论文《高等学校人才培养质量的生态学解析》(2010年),华中师范大学朱婕的硕士毕业论文《教育生态学视野下高职院校发展研究》(2010年),胡春蕾、黄文龙的《高等教育生态视角下的高校人才培养模式探索》等。[①]特别值得一提的是,2015年,高志强、郭丽君合作出版了《学校生态学引论》。作为国内第一部学校生态学专著,该书构建了学校生态学的理论基础,阐释了学校生态学的基本研究范式,论述了学校生态管理的基本方法及主要应用领域[②],为学校生态学的发展奠定了坚实的基础。

此外,在实践层面,尤其是在基础教育领域,上海虹口区、杭州下城区等地通过领导、专家、广大师生员工的共同努力,大力创建绿色生态学校,努力践行绿色生态教育,并取得了很好的效果。

总之,学校生态学是运用生态学原理来研究学校教学生态的各种关系,探讨其发生发展的规律。因此,学校生态学既是教育学的分支学科,也是生态学的分支学科,是一门新兴的交叉学科。

三、教科书生态学的内涵及意义

(一) 教科书生态学的界定

教科书并非简单的社会控制中介,教科书既是一种文化产物,其制作与使用均涉及意识形态、价值观等诸多问题;又是一种特殊的商品,涉及方方面面的利益,教科书是各相关利益者相互博弈后的产物。过分强调教科书的政治功能,只能使其沦为传播国家主流意识形态的工具。

教科书在长期的发展过程中具有较强的自主性,它通过实施精致、虚化、伪形、空无等技术手段,有意识主动构建一种文化标准,开启民众心智,传播社会文明。教科书本身构成一个生态系统,它既受外部生态环境的制约,又影响外部生态环境。它与其他外部环境系统不断进行着物质、能量、信息等的交换,从失衡到均衡,在动态中发展,使自身更加稳定有序,充满活力。从生态学视角探讨

---

① 高志强,郭丽君. 学校生态学引论[M]. 北京:经济管理出版社,2015:10.
② 高志强,郭丽君. 学校生态学引论[M]. 北京:经济管理出版社,2015:9-10.

教科书发展中的种种问题，非常有利于教科书的建设和发展。

教科书生态学是教育生态学的延伸和深化。吴鼎福把教育生态分为教育的宏观生态和微观生态。所谓教育的宏观生态，是指教育与教育以外的环境构成的生态，研究教育与各种环境系统（包括自然生态系统和社会生态系统）的关系；而教育的微观生态则指向教育的内部研究，是从教育以外的环境系统缩小到学校、教室、课程、教材、师生关系、生生关系、学生心理等教育的各个环节和具体内容。[①] 可见，教科书生态研究是教育生态研究从宏观进入微观层面所要研究的一项重要内容。如此一来，生态学成为教科书研究的一个新的学科视角和研究路径，交叉、融合后将催生出关于教科书生态的新的研究成果。正如美国韦恩州立大学学科互涉项目主持人朱丽·汤普森·克莱恩所说，"边界跨越所造成的互动与重组就像边界的形成与维持一样，也是知识生产和知识构成的中心"[②]。

结合教科书和生态学的概念，借鉴教育生态学和学校生态学的定义，我们认为：教科书生态学是依据生态学的原理，研究教科书生态系统的内部构成及相互关系和教科书生态系统与外部环境之间关系的学科。

（二）教科书生态学的意义

1. 理论意义

从理论层面上看，中华人民共和国成立以来，中小学教科书建设存在诸多失衡现象，如从中华人民共和国成立初期机械照搬苏联教科书，到1958年权力下放自编教科书。本书运用生态学的原理和方法，结合教科书的研究和实践，阐述了教科书生态学的内涵及理论基础，描述了教科书生态系统的定义和特征，重点剖析了教科书生态系统的构成要素，深入分析了教科书生态系统的一般结构、组织结构，从生态、教育、社会三个层面系统地介绍教科书生态系统的功能，探讨了教科书生态系统的调控机制及危机应对，初步构建了教科书生态系统的理论框架，并从生态学视角提出了教科书可持续发展的策略，对深化教科书理论研究、拓展课程与教学论研究领域有较高的理论价值。

---

① 吴鼎福，诸文蔚. 教育生态学[M]. 南京：江苏教育出版社，1998：94－98.
② 克莱恩. 跨越边界：知识 学科 学科互涉[M]. 南京：南京大学出版社，2005：2.

2. 实践意义

从实践层面上说，本书关注我国中小学教科书建设的现实问题，探讨解决的对策，对规范中小学教科书编撰、选择和使用等，对完善中小学教科书制度具有重大现实意义。本书通过深入研究，以期提高教科书自身的生存力和竞争力，同时，吸引更多的人关注教科书研究，全面推进教科书的建设。

总之，从教育生态学视角研究中小学教科书，既是当代中国教科书改革的现实急需，又可以丰富教科书的理论研究领域。

第二章

教科书生态系统的本体解读

生态系统是生态学领域的一个主要结构和功能单位，属于生态学研究的最高层次。教科书生态学以教科书生态系统为研究对象，是研究教科书生态系统的内部构成、相互关系以及教科书生态系统与外部环境之间关系的学科。本章以生态系统理论为基础，依据学校教科书的本质来定义教科书生态系统，进而分析教科书生态系统本体的构成要素和环境因子。

第一节 教科书生态系统的内涵及特征

生态系统指在自然界的一定的空间内，生物与环境构成的统一整体，在这个统一整体中，生物与环境之间相互影响、相互制约，不断演变，并在一定时期内处于相对稳定的动态平衡状态。生态系统有自然生态系统和社会生态系统之分。如果说学校生态系统是社会生态系统中的一个子系统，那么教科书生态系统就是学校生态系统中的一个子系统。

一、教科书生态系统的内涵

教科书生态研究是在学校生态研究的基础上发展起来的。许多专家和学者对学校及相关的课堂、学科、课程等生态系统进行了大量研究，部分观点非常具有代表性：高志强、郭丽君提出学校生态系统是指学校地域范围和社会经济范畴内的各种泛生态元，通过相互依赖、相互制约、相互联系、相互作用而构成的服务于人才培养的泛义生态系统，也就是说，学校生态系统是某一自然地域范围内，由特定人群、物质环境和人文环境共同构成的，具有特定结构，服务于某类系统教育的社会经济实体组织①。沈双一、陈春梅认为课堂教学生态系统是在一定的教学时空内，以课堂教学为中心的教师、学生和教学环境相互影响、相互作用的具有信息传递功能的统一体②。方莹认为高职院校学科生态系统是指一定时空条件下与高职院校学科发展过程存在关联的要素组分之间，要素组分与环境因子之间相互联系、相互作用而形成的功能整体和复杂系统，其中，要素组分之间相互影响、相互依存产生的网链关系和结构形态，构成高职院校学科生态要素群落；各种环境因子之间相互作用、相互促进产生的多维空间和多元环境，构成高职院校学科生态环境。③徐飞飞、蒋园园认为网络课程的生态系统是指在一定时间和空间内，系统内生态主体与生态环境组成的一个整体，整体中各组成要素借助能量流动、信息传递以及物质循环，形成具有自我调节功能的复合体。网络虽然不向外直接输出物质和能量，但信息本身可以创造财富。其中生态主体是指网络课程生态系统中学生、教师和助学者，生态环境则是指网络课程生态系统中所有环境因素，如学习资源、学习活动等。④

教科书是一种特殊的生态，因此，根据生态系统理论和教科书的内涵，以及综合学者对学校及相关生态系统的界定，我们可以将教科书生态系统定义为：在一定时空条件下，由构成教科书要素组分之间，要素组分与环境因子之间相互联系、相互作用而形成的育人功能整体和复杂的系统。需要强调的是，教科书生态系统是一个动态开放的系统，教科书生态系统包含人、物、环境三部分，三种生态因子既相互独立又相互作用，共同完成育人功能。

二、教科书生态系统的特征

教科书生态系统作为一个复杂的适应性系统，其在发展过程中表现出以下特征。

---

① 高志强，郭丽君. 学校生态学引论[M]. 北京：经济管理出版社，2015：82.
② 沈双一，陈春梅. "课堂教学生态系统"新概念刍议[J]. 历史教学问题，2004（5）：92-95.
③ 方莹. 高职院校学科生态系统内涵、特征和结构研究[J]. 黑龙江史志，2009（24）：166-167.
④ 徐飞飞，蒋园园. 网络课程的生态系统结构及模型[J]. 软件导刊，2013（4）：4-6.

（一）整体性

教科书生态是由彼此之间具有相互联系的要素构成的统一、有机的整体，整体与要素之间、要素与要素之间具有内在的统一性。整体性是教科书生态系统的基本特征。

一般来说，整体与部分之间存在三种关系：整体大于部分之和、整体等于部分之和、整体小于部分之和。其大小关键在于部分之间有没有协同作用。部分之间如果具有协同作用，那么整体功能就会大于部分之和；部分之间如果没有相互作用，仍是一个个相互独立的个体，那么部分之和就等于整体；部分之间如果有相互作用，但不是协同而是内耗，那么整体就会小于部分之和。

学校教科书是学校教育的心脏，其重要的使命和功能之一是传承人类文化科学知识。面对浩如烟海的各种知识，教科书分门别类地选取人类最精华的知识传递给学生。不同学科的教科书之间相互联系、协同配合，以最大限度地促进整体功能实现。

此外，在教科书生态系统中，主体之间、主体与环境之间存在着复杂、微妙、有机的联系，任何一个因素的变化都会在整体上得到体现。整体特性是任何个体所不具备的，但又是通过所有个体的相互作用来表达。教师依托教科书等教育媒介在"形塑"学生品性，培养全面发展人的同时，学生也会以不同的方式反馈、回报教师，在教师心灵上也留下深深的烙印；这也是"教学相长"的生态意蕴。总之，教科书生态主体之间通过交互作用，形成相互适应的有机整体。

（二）开放性

开放性是指系统内部要素之间，以及系统与外部环境之间的物质循环，能量和信息流动。从宏观层面来看，教科书生态系统是社会生态系统的子系统，教科书生态系统对外逐层与社会和自然等生态系统形成联系；对内又与学校生态系统和课程生态系统联系。此外，教科书生态系统还要同出版和发行系统、家庭系统等发生各种各样的联系。教科书生态系统中，教科书编写者、出版商、供应商、教师、学生及家长相互之间构成利益相关链，需要在他们之间平衡、协调关系，均衡各方面利益。从微观层面来看，教科书生态系统作为学校生态系统的子系统，一方面要受学校文化、制度和物质条件的制约，另一方面教科书生态系统也对学校生态系统有能动作用，特别是在促进人才培养，推动校园文化建设方面发挥更大作用。

另外，作为课程和知识的载体，教科书在编写和形成过程中，既要不断地淘汰和剔除陈旧、过时的知识，又要及时吸取和采纳最新的科学知识成果；同时其构思和设计既要源于学生已有经验又要高于已有经验，以促进学生的发展，其开放性是显而易见的。当然，开放不等于随意，开放性的自由度越大，其规定性的张力也会越强。

（三）层次性

层次性是教科书生态系统又一重要特征。教科书生态系统的构成要素以及系统之间是有层级的。一般来说，系统的有机构成取决于同一层次不同要素的组合。当然，不同层级的要素之间也存在这样或那样的联系，它们彼此之间相互联系、相互作用，构成一个立体网状形态的系统。

教科书生态系统的层次性可以从宏观和微观两方面来理解。宏观上，教科书生态系统是学校生态系统的子系统，而学校生态系统又是教育生态系统的子系统，教育生态系统又是社会生态系统的子系统。微观上，教科书生态系统内部包括国家通用教科书生态系统、地方适用教科书生态系统、学校自主编写教科书生态系统。[①]

（四）社会性

社会性是人工生态系统独有的特征。教科书生态系统是一个开放的社会系统，具有明显的社会性，它与社会的经济系统、政治系统、文化系统、科技系统等存在着广泛的联系，也很容易受到各种社会因素如政治、经济、文化、科技等的干扰和影响，特别是容易受到国家教育政策、教育制度的影响，这些社会因素在一定程度上制约着教科书生态系统的结构形态与功能形态。

（五）平衡性

生物生态系统的一个重要特性是自组织性，即生态系统的演化、发展并不是在环境条件作用下随机、盲目运动，而是自主地选择合目的的运动，即系统对外界微小的干扰和破坏具有一定的缓冲作用。教科书生态系统也具有这一特征，主

---

① 王恩岭. 课程管理视角的职业院校课程生态系统的研究[D]. 石家庄：河北师范大学，2012.

要体现在平衡与失衡的前后相继、彼此关联的周期性运动。

平衡表明系统的结构与功能、输入与输出处于相对稳定状态。当外界干扰超过自身调节能力时，就会引起系统结构与功能的失调，使平衡被打破。教科书生态系统不是被动地受制于外部环境，而是会根据环境发展走向及时完善内部结构，主动适应环境变化。当环境中的物质、能量和信息被输入系统内部时，会引起教师生态系统与环境系统之间的不平衡。为了确保与环境系统之间的动态平衡，教科书生态系统通常会合理协调内部要素的结构关系，有效配置要素组分的比例关系，实现与外部环境的协调平衡。①

（六）有机性

教科书生态系统是教科书长期适应外部环境变化，与外部环境在交往协调过程中形成的有机系统，是内部构成要素之间相互依存、相互适应的共同结合体；各构成要素之间绝非彼此独立，互不影响，而是网络交叉。

（七）目的性

目的性是人工生态系统的又一特征。系统运行不仅是为了维持自身的平衡，也是为了满足人类的需要。人类在教科书生态系统中既是消费者又是主宰者。教科书生态系统的运行也具有明确的目的性，教科书是为了满足学生和学校教育发展的需要而出现的，为个人和社会发展提供服务，因此具有很强的目的性。

第二节 教科书生态系统的人群构成

教科书生态系统涉及的人群构成包括编审群体、出版发行群体、教师群体、学生群体、选用群体、评价群体等。其中，编审群体、出版发行群体是教科书生态系统的生产者，教师群体、学生群体是教科书生态系统的使用者和受用者，选用群体、评价群体是教科书生态系统的分析者。

---

① 徐飞飞，蒋园园．网络课程的生态系统结构及模型［J］．软件导刊，2013（4）：4-6．

一、教科书的生产者

(一) 编审群体

编审群体包括编写群体和审定群体。教科书是从众多文化知识选编出来的文本,教科书的形成首先得有人编写,写完之后,再有人审定是否科学、可行。

1. 编写群体

教科书事关学生一生的发展,教科书的编写其实是一件难度很大的工作;所以,教科书编写群体的素质必须非常高。我国近代著名教育家、学者严复曾说"最浅之教科书,必得最深其学者为之"①。人民教育出版社首任社长叶圣陶也曾经说过"编写教科书,不能捡到篮子里就是菜,要像蜜蜂那样,吸取百花精华,酿出蜜来,我们要吸收有关知识,融会贯通,才能写成教科书"②。

以语文教科书为例,早在民国时期,依托商务印书馆、中华书局、开明书店等知名书店,我国出现了三个语文教科书编辑专家群体。这三个群体分别是由吴增祺、许国英、蒋维乔、庄适、孙俍工、傅东华、陈望道组成的商务语文教科书编写群体,由沈星一、黎锦熙、陆费逵、孙怒潮、穆济波、宋文瀚组成的中华语文教科书编写群体,由叶圣陶、夏丏尊、朱自清等组成的开明语文教科书编写群体。正是由于他们的辛勤努力与付出,才使得我们的语文教科书行走在科学化、规范化、民族化的轨道上。

1949年后,我国非常重视教科书编辑队伍建设,早在1950年12月8日就成立专门编辑出版中小学教科书的人民教育出版社,毛主席亲笔题写社名。1953年5月,在中共中央政治局讨论教育工作的会议上,毛主席非常关心教科书编辑队伍建设,当他了解到人民教育出版社仅有30多名编辑时,他认为这么重要的工作,30个人太少了,300个人也不为过。他指示教育部,宁可把别的摊子缩小点,也必须抽调大批干部编写社会主义教材。③由此,一大批国内课程和教材研

---

① 李桂林,戚名琇,钱曼倩.中国近代教育史资料汇编·普通教育[M].上海:上海教育出版社,1995:198.
② 叶立群.课程教材改革探索[M].北京:人民教育出版社,1997:340.
③ 方成智.艰难的规整:新中国十七年(1949—1966)中小学教科书研究[D].长沙:湖南师范大学,2013.

究方面的专家、学者、优秀教师被陆续从全国调集到北京，加入人民教育出版社的编辑团队。他们分别是叶圣陶，人民教育出版社首任社长兼总编辑，中国现代文学家，时任国家出版总署副署长和教育部副部长；辛安亭，著名教育家，解放区教材建设的代表人物；朱文叔，语言学家，语文教材专家；魏建功，语言文字学家；戴伯韬，教育家；吴伯箫，文学家；张志公，语法学家；巩绍英，历史学家；陈乐素，历史学家；胡绳，历史学家、哲学家；周建人，生物学家，科普作家；吕叔湘，语言学家；王永兴，师从国学大师陈寅恪，中国隋唐史权威；朱智贤，教育学家；齐世荣，中国世界史研究权威；张中行，著名学者，作家，人民教育出版社资深编辑；等等。

中华人民共和国成立初期人才奇缺，人民教育出版社在几年之内汇集全国近200名当时已在各个学科领域造诣较高的高级知识分子，成立了一支足以打造任何精品教科书的优秀编辑团队。可见，当时国家对中小学教科书的编写工作是多么的重视。

教科书编写的发展过程中，也有波折。1966年，人民教育出版社停止工作，教科书编写专业队伍解散，教科书质量下滑。1977年，教科书编写工作重新步入正轨；同年9月，在邓小平同志的推动下，"全国中小学教材编写工作会议"在北京召开，确定编写全国通用教科书。教育部从全国各地抽调200余人，按中小学各个学科，分12个编写组，编写全国通用教科书。该套教科书于1978年9月在全国中小学开始使用，改变了当时中小学教科书的混乱局面，学校教学秩序步入正轨。

1986年，全国中小学教材审定委员会成立，决定改革教材制度。在统一要求、统一审定的前提下实行教材的多样化。在教材编写方面，实行教材的编审分离制度。我国中小学教材开始由"一纲一本"走向"一纲多本"。此方法调动了地方和其他出版社的积极性，教材的编写出版呈现活跃的局面，但也出现了一些问题。就教科书编写队伍而言，由于各地的条件不同，编辑队伍参差不齐，而且时间紧、任务重，不少出版社的教材编得比较仓促，质量难以保证。

进入21世纪后，民众对教科书的关注度越来越高，批评、质疑之声时常出现。党的十八大以来，习总书记多次就教材问题作出重要指示和批示。中央宣传思想工作小组在2009年召开的以教材问题为主题的会议上，要求教育部统一组织编写德育、历史和语文这三科教材。2011年，教育部在全国范围内组织三科教材的编写申报工作，通过评审、推荐、遴选，报中央批准，组建了德育、历史和语文三科教材的编写团队。其中德育在义务教育阶段具体名为"道德与法治"，高中阶段则名为"思想政治"。

要编好三科部编教材，编写队伍的领军人物——总主编非常重要。国家要求他们政治立场坚定、学术造诣精深、编写教材经验丰富。教材编写组成员也非常重要，他们由全国相关学科知名专家、优秀教研员和一线教师等组成。就"部编语文教材编写组"来说，它主要由三部分人员组成：一是学科专家，包括一些作家、诗人；二是优秀的教研员和教师；三是以人民教育出版社中语室和小语室编辑为主的编写人员。

事实上，世界各国都非常重视教科书编写者的素养，对他们要求很高。第一，他们必须有渊博的学术素养。他们应该是各学科的专家，深入了解本学科的教学大纲或课程标准，并能根据其要求科学合理地安排每个章、节、目的内容，使每个课时的内容都能恰到好处；同时，他们要十分熟悉本学科的国内外研究动态，不断吸收本学科的最新研究成果，使教科书跟上时代；另外，他们要适当关注相邻学科，他山之石，可以攻玉。第二，他们必须有敏锐的政治素养，要遵守国家的教育方针和政策，熟悉国家教育部门制定的教学计划和各种教育法规，在教科书的编辑过程中注意贯彻落实国家的意识形态和主流价值观，这在人文学科类教科书编写中尤为重要。第三，他们要有丰富的教育素养。他们要熟悉不同年龄段的学生的心理、生理、认知特点，熟悉教育教学的规律、原则和方法，要把知识的逻辑顺序和学生的心理顺序结合起来，编出学生乐于接受的教科书。第四，他们要有扎实的编辑素养，要有很高的文字功夫。教科书的用词必须准确，说明务必明白，绝不可模棱两可，要真正做到"言简意赅"；同时，要能充分有效利用教科书上的空间，创造性地发挥想象，合理安排书中的字体、字号、标点、插图、资料、提示、习题等。

可见，无论在中国，还是其他国家，教科书的编写绝非易事。高水平的教科书编辑队伍是保证教科书质量和提升教科书品质的前提和基础。

2. 审定群体

一般来说，教科书在规定时间完成编写后，应该送相应教科书审定机构进行审定。根据教育部颁布的《中小学教材编写审定管理暂行办法》(2001年6月7日,教育部令第11号发布)第五章"教材的审定"中第十八条到第二十条规定:

第十八条　国务院教育行政部门成立全国中小学教材审定委员会,负责国家课程教材的初审、审定,及跨省(自治区、直辖市)使用的地方课程教材的审定。

第十九条　各省、自治区、直辖市教育行政部门成立省级中小学教材审定委员会,负责地方课程教材的初审和审定;经国务院教育行政部门授权或委托,承担有关国家课程教材的初审工作。

第二十条　全国中小学教材审定委员会和省级中小学教材审定委员会下设各学科教材审查委员会(或学科审查组),由该学科专家、中小学教学研究人员及中小学教师组成,负责本学科教材的审查,向审定委员会提出审定报告。

教科书审查的结果影响面甚广,教科书审查人员表现的好坏直接影响"教科书审定制"的成败。国家层面的中小学教材的审查工作必须具有权威性,这就要求教科书的审查人员具有比教科书的编写人员更高的学术水平、政策水平,更客观的视野,更丰富的经验。

例如,早在1960年,人民教育出版社在新编"十年制"中小学教材时,为确保教材质量,按照编审工作的实际需要,教育部聘请了一批专家作为审查中小学各科教材的顾问。他们分别是林默涵、何其芳、吕叔湘、王佐良、许国璋、赵访熊、华罗庚、关肇直、丁尔陞、严济慈、郝执斋、张子高、张青莲、王序、徐光宪、谢光杰、贾宗智、过兴先、汪仁、程照轩、范文澜、翦伯赞、吴晗、杨向奎、白寿彝、尹达、刘大年、竺可桢、黄秉维、侯仁之、郭敬辉等[①]。

到了1962年,在"十二年制"教材编写过程中,人民教育出版社又聘请了一批专家对各科新编教材进行审阅,魏建功、吕叔湘、王力、何其芳、华罗庚、关肇直、丁尔陞、许国璋、刘世沐、赵绍熊、初大告、李秉汉、周珊凤、刘泽荣、赵洵、曹靖华、赵辉、李庭芗、周培源、王竹溪、朱正元、张江树、戴安

---

① 中央教育科学研究所. 中华人民共和国教育大事记[M]. 北京:教育科学出版社,1984:309.

邦、张青莲、严志弦、徐光宪、胡先骕、陈邦杰、秉志、陈义、郑作新、张宗炳、陈阅增、蔡翘、周建人、高士其、彭庆昭、竺可桢、黄秉维、任美锷、周廷儒、郭敬辉、侯学煜等参与。① 这些学术大家、权威人士的把关促进了教科书质量的提升。

当然，各学科审查委员会的组成还必须有合理的结构，既要有学科和学科教育研究专家，又要有在中小学一线执教的教师，还有熟悉业务的教育行政干部和教研人员，以及有关部委的专家；各学科教材内容所涉及的主要方面，都尽可能要有相应的专家。

义务教育道德与法治、语文、历史三科教材从 2012 年开始组织编写，2017 年全国范围投入使用，历时五年，审查专家多达 116 位。2014 年 5 月 12 日，教育部颁布了《关于成立第二届教育部基础教育课程教材专家工作委员会的通知》（教基二函〔2014〕1 号），公示了教育部基础教育课程教材专家工作委员会名单。三科部编教材的审查专家不仅涵盖了三科教材所涉及的主要领域，还聘请了马克思主义理论、民族学、宗教学等领域的专家对教材进行思想政治把关。

（二）出版发行群体

教科书编写完成，又通过了审定，要通过出版社印制、发行才能送达学校师生手中。只有经历了出版发行环节，教科书的生产才算真正完成。

1. 出版群体

民国时期我国享有盛名的教科书出版、发行机构有商务印书馆、中华书局、世界书局、开明书店、大东书局、北新书局、正中书局、广益书局等，除正中书局有一定官方背景外，其他大多是民办私营。中华人民共和国成立后很长一段时间里，中小学教科书实行"国定制"，中小学教科书的出版与发行一直处于集中状态，由人民教育出版社出版，新华书店发行。20 世纪末以来，随着新一轮课程改革的持续推进，我国中小学教科书由"国定制"改为"审定制"，"一纲一本"的政策逐步被"一纲多本"所取代，中小学教科书出版发行进入多元化时代。可见，出版群体的规模是随着国家政策的变化而变化。

人民教育出版社建社以来在教育部党组的领导下，主持或参与拟定 2000 年

---

① 卓晴君，李仲汉. 中小学教育史[M]. 海口：海南出版社，2000：185.

以前历次中小学各科教学大纲；根据我国教育改革和发展的需要，先后研究、编写、出版了11套全国通用的中小学教材；累计出版各类出版物4万余种，发行量逾600亿册。即使是推行教材多样化的今天，人民教育出版社在全国中小学教科书市场的占有率仍然在50%以上，它在中小学教科书领域的"领头羊"地位仍然是其他出版社无法撼动的。

20世纪80年代后，伴随着教育体制的改革，我国的中小学教科书制度也发生了改变。1986年9月，全国中小学教材审定委员会成立；1987年10月，国家教委颁发了《全国中小学教材审定委员会工作章程》《中小学教材审定标准》《中小学教材送审办法》等文件。至此，中小学教科书由"国定制"向"审定制"转变；与此相适应，教科书出版主体也由单一向多元化方向发展。据统计：1987年，我国中小学教科书出版单位只有几家，到了1997年中小学教科书出版单位增至数十家。

进入21世纪后，伴随着第八次课程改革，我国的中小学教科书出版更加开放。2001年6月7日教育部颁布了《中小学教材编写审定管理暂行办法》。其中规定："国家鼓励和支持有条件的单位、团体和个人编写符合中小学教学改革需要的高质量、有特色的教材，特别是适合农村地区和少数民族地区使用的教材""编写教材事先须经有关教材管理部门核准；完成编写的教材须经教材审定机构审定后才能在中小学使用"。在这样的政策下，众多出版社加入中小学教科书出版行列。截至2007年年底，全国共有82家出版社从事中小学教科书出版。

2. 发行群体

民国时期，教科书的出版、发行是一体的，都是由出版社自己负责。

1949年后，教科书因其在维护社会稳定中的重要作用而备受重视，我国推行教科书"国定制"，教科书的出版、发行都由国家统一完成。在1949年10月进行的全国新华书店第一届出版工作会议上，当时的中宣部（全称为中国共产党中央委员会宣传部）部长陆定一指出"教科书要由国家办，因为必须如此，教科书的内容才能符合国家政策，而且技术上可能印得好些，价格也便宜些，发行也免得浪费""教科书对国计民生,影响特别大,所以非国营不可"。① 此后,华北人民政府教育部教科书编审委员会、中宣部出版委员会、新华书店、出版总署等机构为教科书统一做了大量的前期准备工作。

1950年9月,在由出版总署主持召开的全国出版会议上,明确提出了"中小学教材全国统一供应"的方针。为落实这一方针,教育部、出版总署于1950年10月26日联合向中央人民政府政务院提出申请,组建人民教育出版社。人民教育出版社于1950年12月8日正式成立,原"华北联合出版社"和原"上海联合出版社"并入人民教育出版社,原两社的发行业务则划归新华书店。1950年12月,人民教育出版社开始承担华北、华东地区1951年春季中小学教材的生产供应工作,并统一向其他地区新华书店供应纸型,分区造货供应。从此,我国中小学教材的编审、出版工作归于统一。中小学教材编写出版工作由人民教育出版社承担,而全国的统一发行工作由新华书店负责。

直至今天,尽管我国中小学教科书由"国定制"转向了"审定制",教科书的出版单位由1家发展到2007年年底的82家,但是教科书的发行仍由新华书店承担。1995年2月16日,国家教委、新闻出版署发布《普通中小学教材出版发行管理规定》(教备〔1995〕7号),其中第七条规定:中小学教材由新华书店统一归口征订和发行。中小学教材的选用工作,应遵循"在统一基本要求的前提下,实行教科书多样化"的方针,在省、自治区、直辖市教育行政部门的指导下进行。各级新华书店应按照各地教育行政部门和学校选定的教科书,做好征订发行工作。

我国第一家新华书店于1937年4月24日在延安清凉山成立,它伴随着抗日战争的烽火、解放战争的硝烟不断成长、壮大。从1937年成立时的7人小店,到1949年10月,发展到在全国拥有735家分店,职工总人数达8100余人的庞大规模。据不完全统计,在艰苦的战争年代,新华书店共出书5291种,发行4.47亿册②。在中华人民共和国的建立过程中,新华书店为我党的图书(包括中小学教科书)出版发行工作做出了突出的贡献。

---

① 中央教育科学研究所. 中华人民共和国教育大事记[M]. 北京:教育科学出版社,1984:5.
② 黄品良. 建国初期我国出版业调整概述[J]. 广西社会科学,2006(6):107-111.

中华人民共和国成立后，新华书店不断发展壮大，专业化、规范化程度日益提高。1950年3月25日，出版总署公布《关于统一全国新华书店的决定》，明确规定全国各地新华书店的业务都统一归新华书店总管理处领导。同年4月1日，出版总署出版局从事出版、印刷、发行的具体业务部门从出版局分离出来，在北京正式成立新华书店总管理处，该处隶属出版总署。全国各大行政区设新华书店总分店，由各大行政区中共中央局（或分局）宣传部领导，在业务、财务上受新华书店总管理处领导。总分店下设分店，原则上一省只设分店一处，由中共省委宣传部领导，业务上由总分店领导。分店以下设支店，设于省属市、县和重要集镇，由中共市、县委宣传部领导，业务、财务由分店领导。此外，总分店在各野战军及军区设随军书店。在中华人民共和国成立初期，新华书店总管理处领导的覆盖全国的业务网络已基本形成，这直接影响我国中小学教科书的发展。

截至2017年，新华书店在全国各地均有分店，共有12 000多个发售网点，职工13万余人。[1] 各省会都以购书中心或书城等名义经营；在香港以"新华书城"名义在湾仔经营，在澳门则以"珠新图书公司"名义经营。

二、教科书的使用者

教科书作为学校教育的核心材料，是教育行政主管部门规定教师和学生必须使用的正式文本。教师是教科书的使用者，学生既是教科书的使用者，也是教科书的受用者。

（一）教师群体

1. 教师的基本素质

教师的基本素质包括教师的职业道德素质、科学文化素质、教育能力素质、心理素质、创新素质等。

（1）教师的职业道德素质。这是教师职业专业化的必然要求，包括：

第一，忠诚于人民教育事业。这是教师对待教育事业必须具备的素养，是教师做好工作的基本前提和首要条件。

---

[1] 柏方良，毛艳琴，袁江，等. 柏方良：八十载辉煌历程 新时期文化先锋 庆祝新华书店成立80周年[EB/OL]. (2017-04-26). http://www.xhsdzd.com/Item/858.aspx.

第二，爱护学生。这是忠诚于人民教育事业的具体体现，教师只有爱护学生，才能赢得学生的爱，才能使学生乐意接近教师，愿意接受教师的教育，亲其师、信其道。

第三，团结协作。学生的塑造依靠教师集体劳动的智慧，现行的教育体制下，培养学生的任务不可能由某个教师单独完成，必须经由不同阶段、多门学科、多种职能的教师共同完成。所以，教师之间的相互支持、团结协作，不仅是为了达到共同的教育目标，也能给学生以良好的道德影响。

第四，为人师表。"师者，人之模范也"，教师劳动的特点要求教师在思想、品德、言行举止上必须成为学生的表率。凡是要求学生做到的，教师首先必须做到；凡是要求学生不能做的，教师更不要做。孔子曰"其身正，不令而行；其身不正，虽令不从"。教师只有以身作则，为人师表，才能有力地说服学生，感染学生，教育学生。

（2）科学文化素质。教师承担着传递人类文化科学知识的神圣职责，要成为学生掌握真理、认识世界和开发智力的引路人，教师自身必须具备良好的知识结构。

第一，广博的文化基础知识。任何一名教师，对学生的影响绝不限于某一学科知识本身。教师除了要精通所教学科知识之外，还必须学好相近学科知识。现代社会，各学科之间既高度分化，又高度综合，其相互交叉、相互渗透的趋势越来越明显。因此，教师还必须掌握较广泛的文化基础知识。学生对无限的宇宙奥妙无所不问，教师知道得越多，就越能满足学生的好奇心和求知欲。所以教师要努力学习，充实各方面的知识，那种"画地为牢""直线式"的知识结构，对现代教师来说有很大局限性。

第二，精深的学科专业知识。教师对所教学科的专业知识必须扎实、精通，才能保证有较高水平的教学。教师不但要对教学大纲所要求的知识全面掌握，透彻理解，而且要在专业知识方面超出教学大纲的范围，了解本学科发展的最新成就，并预测本学科的发展趋势，及时把新知识、新方法、新成果介绍给学生，以激发学生的求知欲，为今后的学习打下坚实的基础。

第三，全面的教育科学知识。教育活动有其自身的规律，教师如果不懂得教育规律，不了解学生身心发展规律，缺乏系统的教育科学知识，就很难做好教育工作。现代教育不仅要求教师掌握教育学、心理学等教育基础理论，还应广泛学习课程、教材、教法和教育技术等多门教育学实用理论。只有这样，教师才能有效地教育学生，使学生的各种潜能得到充分发展。

第四，基本的美育知识。掌握基本的美育知识是教师科学文化素养的又一个重要方面。如果教师具备了基本的美育知识，就能不失时机地在一切教学领域中引导学生认识美、欣赏美、创造美，激起学生对美好事物的热爱与追求。

其中精深的学科专业知识和广博的文化基础知识是"本体性知识"，主要解决教师教什么的问题；必备的教育科学知识是"条件性知识"，主要解决教师如何将知识传授给学生，即怎么教的问题。

（3）教育能力素质。不同职业对人的能力有不同要求，作为教师就必须具有相应的教育能力。

第一，加工教学内容，选择教学方法的能力。要使教育内容能有效地影响学生，教师必须运用教育学、心理学知识对教学内容进行精细加工。通过加工，一方面使准备发出的信息既符合其本身的逻辑结构，又与学生心理结构在方向和水平等方面具有同构的机制；另一方面还要根据学生思维的特点和接受能力，选择恰当的教学方法，使发出的信息能激起学生的主动活动。概言之，教师要有使教育影响的逻辑与学生心理逻辑相统一的能力。

第二，语言表达能力。语言是教师传递知识信息、影响道德和表达思想感情的重要工具。教师所使用的语言有口头语言、书面语言两种。教师的口头语言应该规范、简洁、明快、生动、准确、合乎逻辑，具有说服力和感染力；教师的书面语言也必须做到简明、规范、美观、大方。另外，教师的体态语要丰富、生动、自然、大方。

第三，组织管理能力。对学生进行组织、领导、管理、监督和调控的组织管理能力不是任何人都具备的。教育工作实际上是教师对学生集体进行的，教师要组织和培养好学生集体，有效维持班级正常教学秩序和纪律，善于组织学生参加各种集体活动。如果教师没有较强的组织管理能力，教育工作是很难顺利进行的。

第四，教育研究能力。教育工作是一种创造性劳动，它本身没有一套固定的模式可循，因此，教师参与教育研究，进行教育实验，是提高教育质量的有效途径。教师应认真学习有关教育科学研究方法的基础知识，学习和掌握一套从事教育科学研究的基本方法，并将其应用到自己的实际工作中。

第五，人际交往能力。人类的教育活动源于交往。在一定意义上，教育是人类一种特殊的交往活动。在教育这样一个"人人"为主的系统中，教师要让学生积极主动地投入教学活动中，要与学生进行对话和交流。师生之间不仅要实现知识的传递，而且要实现情感的交流、精神的沟通、人格的互动，师生正是在这种交往中实现教学相长。教师不仅要与学生交往，而且要与其他教师、学生家长、社会各界人士交往与合作，协调各方面的关系，实现有效教育。

此外，教师还应该具备自我调控和自我反思能力（较高的教育机智）以及运用现代教育技术手段的能力等。

（4）心理素质。作为"人类灵魂的工程师"，教师要有优良的心理素质。

第一，积极乐观的情绪。教师的情绪在工作和教学中有十分重要的作用，对学生的智力发展和个性发展可能产生推进或阻碍的作用。因此，每位教师都应重视自己的情感修养，使自己保持积极、乐观、平静、幽默的情绪，让学生通过这种积极向上的情绪熏陶，形成良好的情绪，从中逐渐升华出乐观向上的人生态度。教师要用自己的情感去点燃学生心灵的火花。

第二，豁达开朗的心胸。豁达开朗是健全性格的标志之一。具有这种性格特征的教师胸怀开阔、度量宽宏、情绪平稳，善于忍让和克制。他们能与学生融洽相处，给人以积极向上、坦诚大度的良好印象。教师要具有这种心胸，首先要有高尚的情操做基础，其次要结合自己的气质特点克服性格弱点，形成良好的性格结构特点。

第三，坚忍不拔的毅力。毅力是一种意志行为，是一种有目的的行动，它和克服一定的困难相联系。若教师缺乏毅力，就不可能一如既往地为学生做榜样，也不可能使学生按照国家、学校的教育目的全面发展。所以，教师要加强自我意志锻炼，做到长期不懈，持之以恒，培养良好的意志品质，克服消极的意志特点，做学生意志的榜样。

教师的人格素养对学生的心理发展起着推动作用，是教育成功的基础。

（5）创新素质。培养学生创新精神和实践能力，是当前教育改革的重点之一。为适应创新教育，教师应具备以下创新素质。

第一，创新教育观念。思想、观念是行动的先导。创新的观念贯穿于教育教学的各个环节，统率教育教学的全过程。首先，要有创新的教育目标观。教师必须从传授已有知识为中心的传统教育转变为着重培养学生独立获取知识、创造性运用知识的能力的现代教育。其次，要有创新的师生观。一个有创造性的教师要有新的角色定位，他应帮助学生在自学的道路上迅速前进，他更多的是一名向导和顾问，而不是机械地传递知识的工具。同时，要有新的学生观，即面向所有学生，让学生去发展个体的创造性。再次，在教学组织形式上，要打破单调机械的"教师讲，学生听"的单向传授教学模式，代之以师生互动的双向教学模式。

第二，创新教育能力。教师创新能力主要体现在创造性的教育教学技巧上。一要善于创设有挑战性的问题情境。创新源于解决问题，而不是教而得之。所以，教师要注意给学生营造有价值的问题情境，让学生通过解决问题，发展自己的创新思维和能力。二要积极营造民主和谐的师生关系。学生创新能力的提高，不是通过教师的讲解和完全依靠书本上的间接经验达成的，更多的是通过自己的探究和体验得到的。只有建立民主平等的师生关系，教师才有可能给学生以主动探索自主学习的空间。否则，学生的创新也无从谈起。三要熟练运用现代化的教学手段。传统的课堂教学是教师从教科书检索信息后，单向灌输给学生，这样不利于学生创新能力的培养。作为创新型教师，必须要在教学中熟练运用现代教学媒体，与传统教学媒体恰当结合，激活学生思维，实行师生多向互动，提高课堂教学效率。

第三，创新的人格特征。教师创新的人格特征对创造性教学起着推动作用，是创新教育的基础。教师创新的人格特征是多方面的，其中对教学效果有明显影响的有两个方面。一是教师的热情和同情心。饱满的热情不仅可以活跃课堂气氛，帮助学生加深对知识的理解，而且可以激发学生思考，激活师生的创造灵感。激情是创造的土壤，激情迸发之时也是灵感光顾之时。没有热情的教学只会禁锢学生，消耗学生的灵气和活力。二是教师的想象力和激励作用。创新是一个吐故纳新的过程，是一个相当艰苦的过程。善于激励、想象力丰富的教师善于捕捉学生创新的火花，及时鼓励学生的创新精神，帮助学生不断增强创新意识，提升创新能力。

2. 教师的学历要求与任职资格

我国目前实行"教师资格制度"。1993年10月31日，第八届全国人民代表大会常务委员会第四次会议通过了《中华人民共和国教师法》，其中第十一条规定了取得教师资格应当具备的相应学历：①

（一）取得幼儿园教师资格，应当具备幼儿师范学校毕业及其以上学历；

（二）取得小学教师资格，应当具备中等师范学校毕业及其以上学历；

（三）取得初级中学教师、初级职业学校文化、专业课教师资格，应当具备高等师范专科学校或者其他大学专科毕业及其以上学历；

（四）取得高级中学教师资格和中等专业学校、技工学校、职业高中文化课、专业课教师资格，应当具备高等师范院校本科或者其他大学本科毕业及其以上学历；取得中等专业学校、技工学校和职业高中学生实习指导教师资格应当具备的学历，由国务院教育行政部门规定；

（五）取得高等学校教师资格，应当具备研究生或者大学本科毕业学历；

（六）取得成人教育教师资格，应当按照成人教育的层次、类别，分别具备高等、中等学校毕业及其以上学历。

不具备本法规定的教师资格学历的公民，申请获取教师资格，必须通过国家教师资格考试。国家教师资格考试制度由国务院规定。

3. 教师群体现有规模

教师是学生发展的引路人、促进者。我国人口众多，学生数量庞大，要保证教学的顺利开展，首先要有一支数量充足的教师队伍。当然，由于不同层次、不同类型学校的学生数量不一样，所以单纯从数量上来评判不足以说明问题，还应看生师比，即某一类学校或某一所学校的在校学生数与专任教师数的比值，也就是一名教师实际上平均要负担多少名学生的教学工作。根据教育部颁发的《2016年全国教育事业发展统计公报》，截至2016年，我国中小学教师的数量与生师比如下。

（1）小学：全国共有小学17.76万所，在校生9913.01万人；小学共有专任

---

① 中华人民共和国中央人民政府. 中华人民共和国教师法[EB/OL]. (1994-01-01). http://www.gov.cn/banshi/2005-05/25/content_937.htm.

教师 578.91 万人，小学专任教师学历合格率 99.94%，生师比为 17.12∶1。

（2）初中：全国共有初中学校 5.21 万所（含职业初中 16 所），在校生 4329.37 万人；初中共有专任教师 348.78 万人，初中专任教师学历合格率 99.76%，生师比为 12.41∶1。

（3）特殊教育学校：全国共有特殊教育学校 2080 所，在校生 49.17 万人；特殊教育学校共有专任教师 5.32 万人，生师比为 9.24∶1。

（4）高中：全国高中阶段教育共有学校 2.47 万所，在校学生 3970.06 万人。目前我国高中阶段教育包括普通高中、成人高中、中等职业学校，师生情况见表 2-1。

表 2-1　高中阶段教育师生情况一览表

高中阶段教育类别	学校/万所	在校学生数/万人	专任教师数/万人	生师比
普通高中	1.34	2366.65	173.35	13.65∶1
成人高中	0.04	4.40	0.25	17.45∶1
中等职业学校	1.09	1599.01	83.14	19.23∶1

数据来源：《2016 年全国教育事业发展统计公报》。

另外，中等职业学校又分为普通中等专业学校、职业高中、技工学校、成人中等专业学校几种类型，具体的师生情况见表 2-2。

表 2-2　中等职业学校师生情况一览表

中等职业学校类别	学校/万所	在校学生数/万人	专任教师数/万人	生师比
普通中等专业学校	0.34	718.12	30.27	23.72∶1
职业高中	0.37	416.57	28.51	14.61∶1
技工学校	0.25	323.15	19.64	16.45∶1
成人中等专业学校	0.13	141.17	4.72	29.91∶1

数据来源：《2016 年全国教育事业发展统计公报》。

我国目前的小学、初中、普通高中的教师数量比较充裕，整体素质较高，生师比比较合理,能够适应中小学教育教学的需求;而高中阶段的成人高中、中等职业学校中的普通中等专业学校、成人中等专业学校教师的数量明显不足,生师比偏高,教师负担较重,教学质量难以保证。

(二)学生群体

1. 学生的本质属性

(1)学生是人。学生和其他社会成员一样,具有社会人的共同特点,这里包括以下特定含义:

第一,具有人的主观能动性。人和其他生物的根本区别在于人不是消极地适应环境,而是能动地改造环境。人是有意识、有目的地主动参与社会活动。作为社会成员之一的学生,在教育过程中同样具有主观能动性。他们不像某种物质的原材料那样被加工、被消极地支配,他们是有主体思想、有自身选择、有主观能动作用的。这是人类社会活动的共同的基本特点,学生也不例外,不可因学生年龄小、经验少而忽视这一基本特点。

第二,具有思想情感。人类的社会活动不只是认知过程,同时也是情感的交流过程。学生带着家庭生活、社会生活中培养起来的情感来到学校,在学习过程中与教师和同学进行着情感交往。尊重学生的感情,发展学生积极的情感,是教育活动的重要特点。

第三,具有个性特征。人的身心发展是由各种条件决定的,具有明显的差异性。人的发展不可能是同样的,社会对人才的需求也是多方面的。因此,教育应该从学生的实际情况出发,因材施教,因势利导,发挥每个人的创造性,努力实现学生的个性发展。

(2)学生是发展中的人。人的一生可分为成长期、成熟期、衰老期,青少年学生已处于成熟之前的成长发展期。这时期有以下特点:

第一,具有发展的潜在可能性。青少年学生正在发展中,他们的世界观还没有形成,品德、观念、习惯都还处于易变的阶段,在他们身上潜藏着各方面发展的极大可能性,他们的身心发展出现的不足、思想行为上的缺点和错误,较之成年人来说,矫正可能性较大。面对青少年,任何教育上无能为力的消极观点都是站不住脚的。青少年有容易接受不良影响的一面,更有容易接受正面教育积极上进的一面。培养人才要打好基础,整个教育活动中应该特别重视对青少年的基础教育，错过这一阶段，损失是难以弥补的。

第二，具有获得成人教育关怀的需要。由于青少年各方面发展不成熟，获得成人的教育和关怀就成为他们发展中的必然需要。只有充分意识到这一点，教师才能以一种成长的观点去对待学生，积极发挥教育的作用。儿童无须成人的帮助教育、听任他们自由发展的观点是错误的。家庭、学校、社会应该共同承担起保护与教育青少年的责任，控制不利于青少年成长的社会因素，为学生的成长创造良好的社会环境。

第三，具有身心发展的全面性。学生的发展包括身体和心理两个方面，两者互为条件，相互制约，构成发展的整体。学生身体的正常发育和健康成长是心理发展的物质基础，心理水平的提高又能促进身体的发展。在教育过程中，青少年的发展必须是全面的，任何片面地、单纯地强调智力或体力的发展，都会损害学生的整体发展。

（3）学生是以学习为主要任务的人。人的一生几乎在学习，但学生学习有其特殊性。

第一，学生以学习为主要任务。这是学生区别于一般人日常生活和工作中的学习的特点，也是学生区别于社会上其他人的特点。无视这一特点就会从根本上取消学生这一社会角色，学校也必然随之消亡。以学习为主，这是学生"质"的规定。学生的主要职责是学习，这就决定了学生在社会结构中所占据的地位，决定了他们参加社会生活的方式。具体来说，即学生要履行接受教育的社会义务，不断促进自身发展的意愿，增强责任感。总之，期望于学生这一角色的行为程序都是由此而生的。

第二，学生在教师的指导下学习。学生的学习是在教师的指导下进行的，这是学生与从事学习活动的其他社会成员的区别之一。教师的指导不仅使学生的学习更具成效，也是在特定的情况下学习活动得以产生的前提条件。在当代，科学技术日趋复杂，离开教师的指导，许多学习几乎不能进行。教师的指导对学习的质和量都能产生作用。

第三，学生所参加的是一种规范化的学习。学生的学习是有目的、有计划、有组织地进行，是由一定的教育制度及学校的各种规章制度所规定的。因此，学生的一系列行为模式的规范不仅要受到社会传统观念、文化习俗等影响，而且还要为确定的制度所规定。师生之间存在着制度化的关系，各自都负有制度所规定的权利和义务，甚至负有法律责任。

2. 学生的地位

（1）学生在教育过程中的地位。此地位是由学生的基本特点和学习活动的规律所决定的，学生在学校教育中的学习是在教师组织引导下进行的。学生在这一过程中的地位应从两方面加以认识。

第一，学生是教育的对象。在师生共同参与的教育活动中，学生是教育活动的承受者，一切教育活动都是为了学生的成长和发展，教育的结果就体现在学生身上。从这一角度来看，学生是教育的对象，教育是学生自身成长的需要，也是社会发展的需要，整个教育活动的方向和质量都是教师起主导作用。人们自发地认识世界的学习从生到死一直在进行，接受学校教育则是在特定阶段进行。在这个阶段里，教师是组织者、领导者，学生是受教育者。但学生在教育过程中，作为教育的对象并不排斥学生发挥主观能动性。

第二，学生是学习的主体。教育过程的规律表明，教师对学生的教育不是简单的给予，不是移植；知识的传授、智力的发展、思想品德的形成，都必须通过学生的积极思维，通过其自身的思想矛盾运动才能实现。一切教育目的的实现，不可能由教师单独完成。社会对学生的要求，是通过对教师的要求而转化为对学生自身的要求而实现。学生要产生主动精神，才能达到教育的目的。

学生是正在发展中的个体，个体的发展同其他一切事物的发展一样，其发展动力不在个体的外部，而是在个体的内部，在于个体内部的矛盾斗争。教师的教育是学生成长的外因，教师只能指导、帮助、促进学生的发展，而不能也无法替代学生的发展。学生根据自己已有的知识和经验水平，通过自身积极的矛盾运动，去接受教育和发展自己。所以，外因是发展的条件，内因是发展的依据，外因只有通过内因才能起作用。可见，学生在学习过程中的主体地位是任何人不能取代的。

认识学生在教育活动中的主体地位，充分发挥学生的主观能动性，是教育工作的基本指导原则。显然，学生的主观能动性不是自发地产生的，从一定意义上说是教师启发引导的结果。但是学生的主体意识是受多种因素影响而形成的，而且一经形成就相对稳定，对教育影响表现出选择性和倾向性，对某些教育内容主动接受，对另一些内容拒绝接受，对某些活动有浓厚兴趣，对有些活动则态度冷淡。这种主体意识不是教师一时能改变的。认为学生要完全听命于教师，教师应该决定一切的观点不符合教育过程的实际。

教师要在教育过程中发挥主导作用，深入了解学生，尊重学生的主体地位，创造条件，充分发挥学生的主观能动性。

综上所述，学生在教育过程中具有双重地位，只承认或强调一个方面在理论上是不科学的，用以指导实践更是极其有害的。

（2）学生的社会地位。由于学生尚未成人，故他们的独立人格和社会地位常常被忽视，在现实社会中学生经常处于从属和依附地位。因此，应加强对青少年儿童在社会中的主体地位和合法权利的认识。可以从以下两方面提升认知。

第一，青少年儿童是权利的主体。从道义上讲，青少年儿童是社会的未来，是国家的希望；从法治上讲，青少年儿童是独立的社会个体，他们不仅享有一般公民的绝大多数权利，而且受到社会的特别保护。1989年11月20日，联合国大会通过的《儿童权利公约》的核心精神就是维护青少年儿童的社会权利主体地位，其基本原则有四条：儿童利益最佳原则、尊重儿童尊严原则、尊重儿童观点与意见原则和无歧视原则。

第二，青少年儿童的合法权利。①生存的权利。《中华人民共和国宪法》规定：父母有抚养教育未成年子女的义务。《中华人民共和国未成年人保护法》规定：父母或其他监护人应当创造良好、和睦的家庭环境，依法履行对未成年人的监护职责和抚养义务。禁止对未成年人实施家庭暴力，禁止虐待、遗弃未成年人，禁止溺婴和其他残害婴儿的行为，不得歧视女性未成年人或者有残疾的未成年人。②受教育的权利。《中华人民共和国宪法》规定：国家培养青年、少年、儿童在品德、智力、体质等方面全面发展。《中华人民共和国义务教育法》保障适龄儿童、少年接受义务教育的权利。③受尊重的权利。《中华人民共和国未成年人保护法》规定：学校、幼儿园、托儿所的教职员工应当尊重未成年人的人格尊严，不得对未成年人实施体罚、变相体罚或者其他侮辱人格尊严的行为。④安全的权利。《中华人民共和国未成年人保护法》规定：学校、幼儿园、托儿所不得在危及未成年人人身安全、健康的校舍和其他设施、场所中进行教育教学活动。禁止任何组织、个人制作或者向未成年人出售、出租或者以其他方式传播淫秽、暴力、凶杀、恐怖、赌博等毒害未成年人的图书、报刊、音像制品、电子出版物以及网络信息等。任何人不得在中小学校、幼儿园、托儿所的教室、寝室、活动室和其他未成年人集中活动的场所吸烟、饮酒。

3. 学生的学籍与学籍管理

所谓学籍，是指一个学生属于某学校学生的身份。学籍档案是记录学生就学和成长过程的重要媒介。学籍管理是指学校和有关各级教育行政部门根据国家有关法律法规和政策对学生从入学到毕业的学籍进行管理的行为，是学校管理的重要组成部分。

在经过批准的学校内学习的学生都具有学籍，学籍是学生入学的结果。新入学或转学后，家长应及时到学生所在学校确认是否已为学生建立或转接学籍，是否"人籍一致"。"人籍分离"等问题可能导致学生无法办理与学籍相关的各种管理服务业务，甚至影响升学。学生离校时，家长要及时告知原学校学生的去向，方便原学校协助办理相应的学籍管理服务业务。此外，家长还要对学生的学籍信息进行核对，确保准确无误。

从2009年，教育部已经关注建立全国统一学籍的问题，2010年开始在全国部署，要求全部的中小学能够为学生建立学籍信息管理系统。2013年9月，全国中小学学生学籍信息管理系统实现全国联网并试运行。2014年1月，教育部正式建成全国联网的中小学生学籍信息管理系统，各类学籍业务均纳入系统管理。该系统学生的学籍档案基本信息实行一次采集，对学生进行全国统一编码，实现每名学生编码全国唯一，从小学一直到研究生教育乃至继续教育，终身使用。

全国中小学学生学籍信息管理系统建设的目标是构建覆盖全国的中小学学籍信息管理系统，为每名学生建立电子学籍档案，对招生入学、学籍注册、学籍档案管理、学籍异动、升级、毕业、成长记录等进行全程信息化管理。

三、教科书的分析者

教科书在学校教育教学中起着不可替代的作用，目前中小学的每一科教科书几乎有几个甚至十几个版本。如何选择适合学校和学生的教科书是一项十分重要的工作。

选择的依据是基于对教科书文本的分析、解剖、评价。

（一）选用群体

1. 选用群体产生的背景

教科书可以说是我国目前发行量最大的文本。据 2008 年统计：我国目前有两亿多中小学生，每年全国教材教辅的出版产值达三百多亿元。① 因此，众多出版社都盯住中小学教材的业务。据 2008 年新闻报道，通过改革和竞争，全国已有 82 家出版社获准参与中小学教材编写，2400 种小学教材、1200 多种初中教材进入教育部全国九年义务教育阶段"用书目录"。②

据教育部公布的《2006 年秋季义务教育课程标准实验教学用书目录》统计，小学部分品德与生活教科书有 15 个版本，品德与社会教科书有 15 个版本，语文教科书有 12 个版本，数学教科书有 6 个版本，音乐教科书有 11 个版本，美术教科书有 11 个版本，艺术教科书有 4 个版本，科学教科书有 8 个版本，英语教科书有 31 个版本。初中部分思想品德教科书有 9 个版本，语文教科书有 7 个版本，数学教科书有 9 个版本，物理教科书有 6 个版本，化学教科书有 5 个版本，生物教科书有 6 个版本，科学教科书有 4 个版本，历史教科书有 8 个版本，历史与社会教科书有 3 个版本，地理教科书有 7 个版本，自然地理教科书有 5 个版本，英语教科书有 8 个版本，俄语教科书有 1 个版本，日语教科书有 1 个版本，音乐教科书有 11 个版本，美术教科书有 11 个版本，体育与健康教科书有 6 个版本，艺术教科书有 3 个版本。③

面对如此众多的教科书，如何选用适合本地和本校学生的教科书呢？选用的标准和依据是什么？谁来选？选用者的资质如何确定？这一切催生了教科书选用群体的出现。

2. 选用群体的构成及要求

教科书的选用是一项专业性很强的工作，它涉及很多方面。一方面它要考查、评估教科书的质量和特色，另一方面还要考虑本校学生的特点和水平，另外还要考虑价格因素，因此，教科书的选用难度很大。为此，教育部多次下发文

---

① 崔崇. 教辅出版应该实行准入制[J]. 出版参考, 2008 (15): 17.
② 张英, 林怡静. 多家出版社联合反对发改委教材租型招标[N]. 南方周末, 2008-03-06.
③ 方成智. 艰难的规整：新中国十七年（1949—1966）中小学教科书研究[D]. 长沙：湖南师范大学, 2013.

件，逐步规范教科书选用工作。

2014年9月30日，教育部印发《中小学教科书选用管理暂行办法》（教基二〔2014〕8号）的通知，其中第六条明确规定"选用教科书应当组织成立教科书选用委员会，具体负责教科书选用工作"。为确保选用委员会的专业性、代表性，第七条规定"选用委员会要由课程教材专家、教研员、中小学校长和教师等组成，其中一线教师不少于二分之一，教科书选用委员会分学科组负责教科书初选工作"。这样最大限度地防止行政意志、个人意志决定教科书选用。同时，对选用群体也做了限制，如第八条规定"教科书编写人员、出版发行人员不得担任教科书选用委员会成员，以防止利益相关者影响正常选用"。

教科书选用委员会可以分为省市级教科书选用委员会、学校教科书选用委员会，教科书选用委员会可以下设学科组。

省级、地市级的教科书选用委员会一般由课程标准研制专家、教材研制专家、一线的优秀教师与校长、教育行政部门的代表、教研部门的代表和学生家长代表组成，一般不得少于11人；根据教育部基础教育司有关规定，其中一线教师人数不少于总人数的二分之一，教育行政部门和教研部门的代表人数不超过教科书选用委员会总人数的四分之一。教科书选用委员会成员原则上要有高级职称，在本地区有一定的知名度，能秉公办事，且没有参与任何与教科书编写、发行相关的工作。教科书选用委员会依据全国中小学教学用书目录，编制《中小学教科书选用指导手册》，指导教师选用教科书。

学校教科书选用委员会一般由校长或董事长、教务主任、教学组长、教师代表、家长代表、专家学者组成。由校长担任召集人，负责议定选用办法，分析教科书需求，建立选用标准，监督选用过程等。

教科书选用委员会应设立学科组，负责教科书初选工作，学科组成员不少于3人。学科教科书选用组成员一般由学科组长、学科学术带头人、学科教师、学生代表、家长代表组成，具体负责分析教科书并提出选用意见。[①]

所有的教科书选用委员会及委员都要通过民主程序产生，进行公示，并报相关教育行政部门备案。

---

① 王明建. 中小学教科书选用的理解与操作[J]. 教学与管理，2008（34）：70-71.

(二) 评价群体

一般来说,教科书发展的完整流程是教科书编辑、试用、审查、核价、出版、发行、选用、采购、使用、评价。教科书在编制完成以后,要接受国家教材审定委员会的审定,审定通过的各套教科书,在被各中小学使用之前,还有一个选用环节,审定、选用都与教科书的评价息息相关。台湾学者蓝顺德认为,严谨的编辑和审查过程是提升教科书品质的必要条件,但不是充分条件。一套教科书使用一段时间之后,应依其各项内容及使用情形进行整体性、系统性的评价,并予以反馈,才有可能真正提高教科书品质。可见,教科书评价对教科书的发展意义重大。

1. 教科书评价的内容

教科书既是供学生学习使用的学习材料,也是学生学习的工具。教科书评价的核心就是要分析教科书在帮助学生学习,促进学生智力和思想品德成长方面的有效性、可靠性和可行性。也就是说所编写的教科书是否符合学生的"学",是否充分考虑了学生的年龄特点、学习规律和阅读心理,是否全面系统地了解、深刻地理解,并灵活地运用了发展心理学、学习心理学和阅读心理学等方面已有的研究成果和已有的个人经验。具体来说,教科书评价的内容大致以下四个方面:[①]

(1) 教科书的知识与科学性。作为学生的知识资源和学习工具,教科书以什么作为指导思想去概括人类的知识,或者说,选取什么样的知识作为教学的内容,能否将学生学习的必要知识以恰当的方式汇集起来,直接影响教科书的质量水平。

(2) 教科书的思想品德与文化内涵。教科书不仅是学生在知识与智力方面进行学习的资源和工具,也是帮助学生提高思想品德修养,认同自己文化归属的资源和工具。教科书必须有丰富的思想文化内涵,必须展现高尚的道德情操。

(3) 教科书的心理顺序与年龄特征。教科书作为学生学习的工具,其在内容选取和组织表达的方式上必须遵从人类认识事物和学习认知的规律。在中小学阶段,学生还未成年,其心理特点和认知水平都与成年人有较大的不同,教科书

[①] 高凌飚. 教材分析评估的模型及层次[J]. 课程·教材·教法, 2001 (3): 1-5.

应该适应青少年的认知和心理特点。

(4) 教科书的编制技巧与工艺水平。教科书作为学生学习的工具,其编写的技巧和制作的工艺水平(包括教科书的文字、插图、版面安排等)也是衡量教科书质量的重要因素。一本内容再好的教科书如果在编写和制作方面水平低劣,其使用效果也不会好。

2. 评价群体的素质要求与构成

我国教科书编制的过程一般分为启动、设计、编写、实验、送审五个阶段,在教科书编制的不同阶段,评价的目的任务或意义作用(为什么评价)、内容对象(评价什么)、程序方法(怎样评价)、评价者(谁来评价)都有所不同。

在教科书评价实施过程中,有时评价者与教科书使用者是合一的,如学校教师评价某一教科书。但很多情况下,评价者并不是使用者。比如,国家的教材审查机构审定教科书,课程专家研究比较教科书,教科书编制者评价教科书,评价者都不是教科书的直接使用者。这就需要评价者有较高的专业素养,具体内容有以下三个方面。

(1) 较高的理论素养。教科书评价首先要进行评价标准的确立和评价指标的设计。判断教科书的价值,首先要有一个标准,但这个标准往往比较抽象、笼统。要使这个标准具体化,可以进行测量,这就需要把这些标准分解,列出若干个具体可测的项目,这就是评价指标。每一个指标都包括具体的内容和测量的单位标准两部分,单位标准也称量标,或标度。[①] 这两个方面要求评价者既要具备非常扎实的被评学科专业知识,又要具备教育测量与评价方面的相关理论知识。

(2) 较强的研究能力。教科书编制的质量可以从多方面得到反映,如教科书内容的选择是否科学、适度,教科书结构的安排是否合理、恰当,教科书的分量和难度是否适合学生的心理特征及接受能力,教科书的文字、插图是否精辟优美、生动直观等。由于评价主要是根据评价者的个人经验和所掌握的研究成果,如调查报告等,评价者需要具备较强的研究能力才能完成。

(3) 丰富的实践经验。对教科书的任何评价都应是具体的,不能对教科书

---

① 蔡秋实. 英国 OCR 考试局编制的 A – level《Biology》教材研究[D]. 上海:华东师范大学,2010.

脱离具体情境和条件进行价值判断。由于教科书的价值是在课堂教学过程中实现的，所以进行教科书分析与评价时所需要收集的不仅是直接从教科书中抽取出来的静态资料，还有反映教科书使用过程的动态资料，作为进一步评价的基础。

然而，在现实生活中，我们很难找到同时在这三个方面都能充分胜任的评价者，因此教科书评价基本上都是"采用集体合作的方法"，形成一个专业结构合理、素质结构均衡、评价范围宽广的评价群体。一般来说，教科书评价群体由学科专家、课程专家、心理学家、社会学家和人的发展方面的专家及学校一线教师组成，从中选出一位主席（召集人）来领导整个评价过程。

事实上，目前我国对教科书编制过程中评价问题的重要性、意义和作用虽然有所认识，但尚未足够重视。在实践中，我国在教科书编制过程中的评价工作仍有待加强和改进；在理论上，我国对课程教科书评价的研究非常薄弱。这一现实问题也引起了联合国教科文组织儿童基金会的关注，他们呼吁我们要重视和加强教科书编制过程中的评价工作，并提供专款资助，人民教育出版社课程教材研究所分别于1996年1月和10月召开了第一次和第二次全国中小学课程教材评价研讨会，以促进我国对课程教材评价的研究。①

第三节　教科书生态系统的物质构成

教科书生态系统的物质因子即教科书自身内在的物质环境，在此主要是指制作教科书时所使用的物质材料。

可供书写的材料有多种，从古至今不断发展，现在纸作为主要的文字载体。

一、材质迥异的文字载体

从广义上说，人类社会早期出现的书写材料多种多样，不仅内容丰富，而且制作的材料也五花八门。纵观历史，世界上曾用羊皮、竹简、缣帛、石碑等作为

---

① 任长松. 课程教材编制过程中的评价[J]. 课程·教材·教法，1996（7）：60-61.

文字载体。直到我国汉朝发明了造纸术，人类才开始广泛用纸作为文字记录的工具。

在我国古代，文字是刻在甲骨和金鼎上的，由于材料局限，难以广泛传播，所以直至殷商时期，掌握文字的仍只有社会上层的极少数人，这极大地限制了文化和思想的传播，直到后来竹木、绢帛等物品的出现，上述状况才得以改变。

（一）竹简

竹简是古代用来写字的竹片。它是削制而成的狭长竹片（也有木片，称木简），牍比简宽厚，竹制称竹牍，木制称木牍，统称为"简"（简是古代书籍的基本单位，相当于现在的一页），现在一般说竹简。竹简是我国战国至魏晋时期主要的书写材料，用毛笔墨书。每册竹简的长度随用途的不同而异。用于书写诏书律令的竹简长三尺（约 67.5 cm），用于抄写经书的竹简长二尺四寸（约 56 cm），而用于民间书写信函的竹简长一尺（约 23 cm）。所以，信函在古代又被称为"尺牍"。

竹简的优点是取材宽广、便宜。竹木在我国是非常常见的植物，几乎随处可得，且可长久保存，用墨书写的竹简可保存很长的时间。我国出土文物中的竹简有的已经有几千年的历史了，但它的字迹依然清晰可辨。当然，竹简也有其不足：一是制作相对麻烦；二是比较笨重，不易搬运；三是阅读比较麻烦。

竹简是我国纸张普及之前文字传承的主要方式，也是我国历史上使用时间最长的书籍形式，竹简的出现，使得文明教化惠及广大民众，促进了诸子百家百花齐放、各领风骚，对中华文化的传承起到了重要作用。

（二）缣帛

缣帛是一种光洁细薄的丝绢，古人把重要文件书写在光洁而细薄的丝绢上，形成缣帛文献，亦称帛书、素书。缣帛文献大约起源于春秋时期，在两汉时期盛行，与竹简以及其后的书写载体并存了很长一段时间。

缣帛有许多优点，如质地柔软轻便，书写方便，幅面宽广，宜于画图；质量轻，又可随意折叠、卷轴；易于保管、便于阅读等。这些优点恰好可以弥补竹简笨重量多，不便传运、阅读、保存的缺点，所以在秦汉时期，官方文书、贵族藏书等开始使用丝绢代替木竹，产生缣帛教科书。

然而，缣帛价格昂贵，一般老百姓承受不起，而且缣帛一经书写，就难以更改,一般只用为定本,所以缣帛始终未能取代竹简作为记录知识的主要载体。缣帛教科书只有少数权贵能够使用,难以普及。

(三) 石碑

石碑是指刻着文字或图画、竖立起来作为纪念的石头。石碑教科书是我国古代版面最大的教科书。"石碑教科书"所刻内容是儒家的经典,史称"石经"。

我国古代的石经,始于东汉熹平四年(175年),是东汉王朝颁定的标准教科书。《熹平石经》不是普通的教科书,而是为当时官方的最高学府——太学专门设立的。太学兴建于西汉汉武帝时期,到东汉光武帝刘秀时期,太学声誉日高。[①] 为规范教学和统一思想,汉灵帝熹平四年(175年),当时的学界名流蔡邕(蔡文姬之父)联合五官中郎将堂溪典、光禄大夫杨赐、谏议大夫马日䃅、议郎张驯和韩说、太史令单飏等上书汉灵帝,奏请正定《五经文字》。汉灵帝奏准后,蔡邕、张训等人选定《尚书》《周易》《公羊传》《礼记》《论语》《春秋》《鲁诗》等七种主要的儒家经典正本,一一订正,再由蔡邕书写,即"书册丹于碑",最后交石匠镌刻,作为经书的标准版本。这一浩大的工程从熹平四年(175年)起到光和六年(183年)止,历时9年,共刻石碑46块,石碑高一丈,宽四尺,全部碑文20多万字,刻成之后,立于汉代中央太学的大门之外。[②] 石经气势恢宏,非常壮观,堪称权威的教科书范本,是中外教育史上一大奇迹。这部石经因刻于熹平年间,又是蔡邕一人所书,故称《熹平石经》或《一字石经》。

石经的刊刻工程十分浩大,一般都是由朝廷出面来组织实施。自汉朝以后,历代王朝纷纷效仿。据史书记载,我国古代历史上大规模刊刻石经一共有7次,依次为东汉《熹平石经》、曹魏《正始石经》、唐代《开成石经》、后蜀《广政石经》、北宋《嘉佑石经》、南宋《绍兴石经》和清代《乾隆石经》。这7种石经中,大部分被毁,保存得比较好的有《开成石经》和《乾隆石经》。

《开成石经》是唐文宗太和四年(830年)接受工部侍郎兼充翰林侍讲学士郑覃的建议,由艾居晦、陈介等用楷书分写,花费约7年时间刻成一部石经,其

---

① 顾涛. 论中国最早的石刻教科书:《熹平石经》[J]. 兰台世界,2013 (14):128 - 129.
② 韦石. 世界最大的教科书:我国古代的石经[J]. 中小学管理,1991 (1):18 - 20.

中包括《周易》《尚书》《诗经》《周礼》《仪礼》《礼记》《春秋左氏传》《公羊传》《谷梁传》《论语》《孝经》《尔雅》等儒家重要的12部典籍和《五经文字》及《九经字样》，共计114块石碑，石碑高217 cm，宽97 cm，文刻两面，228面，字列8层，共650252字。人们称赞它是"世界上最重的一部书"。

《开成石经》的刊刻是唐朝一项非常浩大的"文化工程"，其目的是保证经典的准确性和权威性。石经刻成后立于唐长安城的国子监内，成为当时知识分子必读之书，同时也是读经者抄录校对的标准。也有人说，《开成石经》是中国最早的"高考教材"。

（四）西方的纸草书卷和羊皮书

西方最早的图书是纸草书卷和羊皮书。

纸草书卷是世界上最原始的一种图书，大约产生于公元前3000年的埃及。纸草书卷取材于生长在尼罗河三角洲的一种类似芦苇的莎草科植物。最初的纸草书卷仅限神职人员使用，记载的大多是宗教事务，富有神秘色彩，其规格、大小不等，长的铺开可达十几米，短的只有几米。后来，纸草书卷的制作方法逐渐外传。公元前8世纪前后，纸草书卷经由巴比伦传入古希腊和罗马。古希腊人称纸草书卷为"巴比"（byblos），最后演变为"圣经"（bible）一词。古希腊哲学家柏拉图的《理想国》和亚里士多德的《雅典宪法》成书时均以纸草书卷制成。古罗马人对纸草书卷的制作进行了改进。公元前1世纪，出现了带有卷轴（通常卷轴两端还有球型装饰物）类似中国轴画的纸草书卷。4世纪前后，纸草书卷被羊皮书取代。

羊皮书是以羊皮纸或羔皮纸作为材料制成的一种原始图书，亦称羊皮文稿。羊皮书是由古代中东地区帕加马人发明的，羊皮书即由拉丁文"帕加马"转意而成。羊皮纸取材于绵羊、山羊、羚羊的皮，去薄制成。后出现的羔皮纸是用小牛或其他动物的皮精制而成，质地比羊皮纸好。

西方学者认为羊皮书产生于公元前8世纪左右。已知较早的羊皮书是公元前6—前4世纪成书的《波斯古经》。全书共21卷，约35万字。羊皮书最初是书卷型，2—4世纪逐渐演变为书本型。相比纸草书卷，羊皮书的优点是经久耐用、便于保存。在4世纪时，羊皮书最终取代了纸草书卷，成为手抄本的标准形式。羊皮书由于造价不菲，不便于普及，从15世纪中期起，羊皮书被纸张制成的印本书取代。现代仍有制作极少量特殊用途的羊皮书。

二、纸作为书写材料

在纸没有发明以前，人类记事先后依靠过龟甲、兽骨、金石、竹简、简牍、缣帛之类，但这些物品都有各自的局限性，如甲骨不易多得，金石笨重，缣帛昂贵，简牍所占空间很大，都不便于大面积广泛使用。随着社会经济文化的发展，人类迫切需要寻找廉价易得的新型书写材料。我国劳动人民经过长期探索和实践，终于发明了用麻绳头、破布、渔网等废旧麻料制成的植物纤维纸。

（一）纸的发明与发展

纸是用以书写、印刷、绘画或包装等的片状纤维制品。中国是世界上最早发明纸的国家。早在西汉时期（公元前206—前8年），中国就有了麻质纤维纸。

在造纸术发明的初期，造纸原料主要是树皮和破布。当时的破布主要是麻纤维，品种主要是苎麻和大麻。当时所用的树皮主要是檀木和构皮（即楮皮）。最迟在公元前2世纪时，纸已在中国问世。由于造纸术尚处于初期阶段，工艺简陋，所造出的纸张质地粗糙，夹带着较多未松散开的纤维束，表面不平滑，还不适宜于书写，一般只用于包装，且数量少，成本高，未普及。

东汉元兴元年（105年）蔡伦改进了造纸术。他用树皮、麻头及敝布、渔网等原料，经过挫、捣、抄、烘等工艺制造出来的纸，是现代纸的渊源。蔡伦的造纸工艺流程具体有四个步骤：①原料分离，用沤浸或蒸煮的方法让原料在碱液中脱胶；②打浆，用切割和捶捣的方法切断纤维，并使纤维帚化；③抄造，即把纸浆渗水制成浆液，然后用捞纸器（篾席）捞浆；④干燥，即把湿纸晒干或烘干，揭下就成为纸张。

蔡伦造纸术原料易得，成本低廉，成品质量也有所提高，故逐渐普遍使用。公元3—4世纪，纸已经基本取代了帛、简成为我国使用最广泛的书写材料，有力地促进了我国科学文化的传播，推动了学校教育事业的发展。

汉朝以后，虽然造纸工艺不断改进和完善，但蔡伦造纸的四个步骤没有变，即使到现代，在湿法造纸生产中，其生产工艺与中国古代造纸法仍没有本质区别。造纸技术的发展主要体现在两个方面。①原料，魏晋南北朝时期已经利用桑皮、藤皮造纸，到了隋朝、五代时期，竹、檀皮、麦秆、稻杆等也都可以作为造纸原料，为造纸业的发展提供了丰富而充足的原料；其中唐代用竹子为原料制成了竹纸，造纸技术取得了重大的突破。竹子的纤维硬、脆、易断，技术处理比较困难，用竹子造纸成功，表明中国古代的造纸技术已经达到相当成熟的程度。②技术，唐代时期，造纸过程中加矾、加胶、涂粉、洒金、染色等加工技术相继问世，为生产各种各样的工艺用纸奠定了技术基础；生产出来的纸张质量越来越高，品种越来越多。从唐代到清代，中国生产的纸，除了一般纸张外，还有各种彩色的蜡笺、冷金、错金、罗纹、泥金银加绘、砑纸等名贵纸张，以及各种宣纸、壁纸、花纸等，纸张成为人们文化生活和日常生活的必需品。

总体来看，造纸技术环节众多，必然有一个发展和演进的过程，绝非一人之功。它是中国古代劳动人民长期经验的积累和集体智慧的结晶。

（二）中华人民共和国成立后中小学教科书用纸的演变

教科书用纸与一般的包装用纸、工业用纸、生活用纸不同，要求用印刷用纸，同时有品种、规格和质量要求，还要有利于中小学生身心健康。1961年10月15日，中共中央批转文化部党组《关于课本图书报刊用纸的报告》指出：必须保证学校的课本用纸的数量，还要保证学生用的练习本的数量和质量。注意儿童读物的纸张质量，这些纸必须是白色的，以保护年青一代的眼睛。① 以人民教育出版社为例回顾我国中小学教科书用纸的变化历程。

1. 教科书用纸品种的演变

（1）教科书正文用纸的演变。中华人民共和国成立后很长一段时间，国家经济发展水平相对低下，纸的品种、规格比较单一，印刷设备和技术也比较落后，选用教科书用纸的原则是"教科书用纸要与造纸机的生产规格和印刷机的使用规格相互协调和匹配"。因此，1950—1985年，教科书正文用纸质量普遍较差，一直处于克重低、薄、脆、灰的局面，纸张的主要品种为49—51克新闻纸和52克平板纸。

1985年以后，教科书用纸开始改革。1985年，小学一年级课本开本改为880 mm的大32开，双色胶印改为70克胶版纸。1986—1995年，教科书用纸主

---

① 课程教材研究所. 新中国中小学教材建设史 1949—2000 研究丛书·出版管理卷[M]. 北京：人民教育出版社，2010：299.

要是凸版、书写、胶印书刊、胶版纸。1996—2000年，在造纸和印刷领域引进了世界先进的设备和技术，高档胶版纸、低定量涂布纸、轻型纸、铜版纸等逐渐成为教科书正文用纸的主体，具体见表2-3。①

表2-3 我国中小学教科书用纸的品种变化情况

年份	等级	52克卷筒纸	50—52克平板纸	60克平板纸	70克胶版纸	90—120克铜版纸	150—180克铜版纸	200克以上铜版纸
1953年以前		√	√					
1957—1958年	甲	√	√					
	乙	√	√					
	丙	√	√					
1963年		√	√	√	√	√	√	√
1966年		√	√					
1973年		√	√	√				
1978年		√	√	√				
1985年	长网	√	√	√	√			
	圆网	√	√	√	√			
1986年	长网	√	√	√	√			
	圆网	√	√	√	√			
1987年	长网	√		√				
	圆网	√		√				
1990年	长网	√	√	√	√	√		
	圆网	√	√	√	√	√		

---

① 课程教材研究所. 新中国中小学教材建设史 1949—2000 研究丛书·出版管理卷[M]. 北京：人民教育出版社，2010：309-311.

（续表）

年份	等级	52克卷筒纸	50—52克平板纸	60克平板纸	70克胶版纸	90—120克铜版纸	150—180克铜版纸	200克以上铜版纸
1993年		√	√	√	√	√	√	√
1995年		√	√	√	√	√	√	√
1996年			√	√	√	√	√	√
1997年		√	√	√	√	√	√	√
1998年			√	√	√	√	√	√
1999年			√	√	√	√	√	√
2000年			√	√	√	√	√	√

注：长网指长网造纸机造出来的纸，圆网指圆网造纸机造出来的纸。

我国中小学教科书正文用纸的品种在不断增加，质量在逐步提升。

（2）教科书装帧用纸的演变。教科书装帧用纸主要指教科书的封面纸板，1950—1960年，我国教科书封面用纸是黄板纸，缺点是容易变形翘曲。20世纪70年代，教科书封面用纸采用质量较好的辽阳纸板取代黄板纸，但辽阳纸板的紧度太大，可塑性差，仍不理想。另外，教科书封面纸还存在着花色品种不够丰富的缺点。1983年，教科书封面采用180—200克压纹纸，这种纸坚实耐用。20世纪80年代中期到90年代中期，教科书封面用纸大致有两种：一种是高克重双胶纸，封面都是彩色印刷，有一定的厚度和挺度，主要有100克、120克、150克的双胶纸；另一种是国产或进口的铜版纸。

我国中小学教科书封面用纸经历了从书皮纸、花纹纸、胶版纸、单面铜版纸到高档双面铜版纸的演变，教科书装帧水平也不断提高。进入21世纪后，为凸显教科书的个性，各种品种、各种色彩、各种花纹的特种纸纷纷用于教科书封面。例如，人民教育出版社的精装书用180—250克白卡纸做封面，该纸美观、坚挺、结实，成书质感非常好。[①]

[①] 课程教材研究所. 新中国中小学教材建设史 1949—2000 研究丛书·出版管理卷[M]. 北京：人民教育出版社，2010：311.

2. 教科书用纸规格的演变

教科书品种繁多，学科门类较多，以义务教育阶段为例，小学设有语文、数学、道德与法治、英语、科学、音乐、美术、体育与健康等学科，初中设有语文、数学、道德与法治、英语、物理、化学、生物、历史、地理、体育与健康、音乐、美术等学科；各学科教科书版本众多，部分教科书版本涉及人教版、苏教版、沪教版、湘教版、粤教版、鲁教版、北师大版、京版等。教科书用纸的规格与品种变化也较大，逐年增加。

中华人民共和国成立初期，由于各种条件的限制，中小学教科书用纸的规格是新闻卷筒纸定为 31 英寸、43 英寸、62 英寸三种，平板纸定为 31 英寸 × 43 英寸。1985 年 10 月，人民教育出版社写给教育部、文化部的《关于中小学课本拟逐步改革开本和印制条件的请示报告》中指出：新中国成立三十年来，中小学课本内容不断有所改进，但是课本的印制质量一直是老样子，没什么改进。这不仅影响教育质量的提高，而且有损于青少年的身心健康，到了非改不可的时候了。建议从 1985 年开始，中小学课本采用 800 mm × 1230 mm 的大 32 开，考虑到纸张和印刷条件，可逐步实施。课本用纸由 52 克凸版纸改为 70 克 800 mm × 1230 mm 的胶版纸。课本封面用 180—200 克压纹纸，使中小学课本坚实耐用，提高课本印制质量。[①] 2000 年以后，我国中小学教科书开本又有了调整，普遍采用 180 mm × 235 mm 开本。

我国中小学教科书用纸品种和规格逐步规范、不断丰富和完善，保证了中小学教科书的及时供应，提高了教科书的质量。

三、电子存储

电子教科书又称为数字教科书。教育的发展离不开教科书，教科书要走向现代化，就必须充分运用现代媒体技术和信息技术，为教学过程提供丰富的内容。可以说，电子教科书是现代科学技术发展的必然产物。

（一）电子教科书的由来及界定

教科书的电子化始于对学生沉重的书包及教科书内容要及时更新等现实问题

---

① 课程教材研究所. 新中国中小学教材建设史 1949—2000 研究丛书. 出版管理卷 [M]. 北京：人民教育出版社，2010：313.

的反思,电子教科书是纸质教科书的改进,是阅读介质的全新拓展。进入20世纪后,随着电影、电视等新媒体在教育中的应用,教科书的表现形式得到了一定的改善,出现了一批音像教材,为后来电子教科书的产生做了重要的铺垫。进入20世纪80年代以后,计算机性能大大提升,可以同时处理图像、声音和影片等,这些非常有利于学习者提升学习动机,所以此时出版了许多媒体教材。由于互联网迅猛发展,教育教学中的交互更加容易,这是人类学习革命重要的成分和催化剂,自此,教科书不再受场所和时间的限制,学习者可以按照自己的意愿随时随地进行学习,电子教科书应运而生。

关于电子教科书的界定,目前是仁者见仁,智者见智。电子教科书是电子出版物或电子书的一种。根据国家标准 GB/T 17933—1999《电子出版物术语》中的定义,电子出版物是"将信息以数字化的方式存储在磁、光、电等介质上,可复制发行,并通过计算机或者具备类似功能的设备进行阅读使用,以表达思想、普及知识和传播文化的交互性的大众传播媒体"。而国家新闻出版广电总局认为电子书是指"因预装或下载文字、图片、声音、影像等数字化信息内容出版物而具有大众传播媒体性质的手持阅读器",其把电子书理解为一种新型出版物形态,包含内容、阅读软件和阅读设备三要素,三者皆可冠以"电子书"的名称。

综合来看,电子教科书是一类遵循学生阅读规律、利于组织学习活动、符合课程目标要求、按图书风格编排的电子书或电子读物。① 电子教科书是在遵循教学规律、尊重学科逻辑结构的基础上,以丰富的数字媒介重塑教学需要的课本、教辅、工具书、参考书及相关网络资料的资源包。电子教科书由硬件载具与数字内容两方面构成,硬件强调使用界面的友善性,包括色彩、分辨率、尺寸及电池的续航力等;数字内容方面侧重如何进行图文内容编排,使其发挥电子教科书实时更新、个别化与客制化等特性,并兼顾适读性与学习效果,让师生易于接受与使用。总之,电子教科书从低碳环保、经济、方便、全能、时效等方面开创教科书的新时代。

(二)电子教科书的发展形态与特征

电子教科书自问世以来,其形态随着技术环境的发展而不断变化,总的来

---

① 陈桄,龚朝花,黄荣怀. 电子教材:概念、功能与关键技术问题[J]. 开放教育研究,2012(2):28-32.

看,电子教科书的发展形态有三种,即静态媒体电子教科书、多媒体电子教科书及富媒体电子教科书。①

1. 静态媒体电子教科书

20 世纪 90 年代,随着个人电脑逐渐普及,电子教科书得以产生与发展。起初的电子教科书以电脑作为主要的硬件载体,以文本、图形、图像等无交互特性的静态媒体作为主要的内容形式,强调纸质教科书内容的数字化还原。其文档格式有 PDF、LIT、CAJ、CEB、VIP 等,其中 PDF 作为一种面向印刷流程的开放文档格式,能够真实地反映原文档格式、字体、版式等要素,得到了广泛应用。随着 E-Ink 技术和专用电子书阅读器的出现,基于专用电子书阅读器的电子教科书也逐渐受到重视。专用电子书阅读器的主要优点是便于携带、低功耗和保护视力,但同时存在刷新速度慢、交互性不强、色彩单一等缺陷。电子书阅读器仅支持单一色彩的静态媒体,其文档格式主要包括 PDF、AZW、MOBI、EPUB 等。

静态媒体电子教科书具有可检索、易传播、更新及时等特点,尤其适合于科研文献的数字化存储、检索与阅读学习。但由于媒体形式简单、缺乏交互性,在学校教育及课堂教学运用的具体过程中,效果并不理想。相对于纸质教科书而言,静态媒体电子教科书在知识呈现、使用体验等方面并无优势。

2. 多媒体电子教科书

随着互联网与多媒体技术的发展,多媒体电子教科书首先以基于 HTML 文档的 Web 页面形式出现。HTML 文档能够支持丰富的动态媒体形式和灵活的排版布局,可便捷应用于各类网络教学平台,有效支持在线协作学习与网络教学,也被称为"网络教科书"。网络教科书主要面向成人教育和继续教育,内容组织与呈现不拘泥于纸质教科书。而在基础教育领域,电子教科书的排版布局通常要求与纸质教科书保持一致。HTML 文档在这一方面较 PDF 文档仍然存在差距。为了既保证对纸质教科书的真实还原,又能够快速便捷地聚合多种媒体资源,另一类多媒体电子教科书通过在 PDF 文档中直接嵌入多媒体资源的方式来实现。这类多媒体电子教科书通常以交互式电子白板、大屏幕一体机等作为硬件设施,主要面

---

① 胡畔,王冬青,许骏,等. 数字教材的形态特征与功能模型 [J]. 现代远程教育研究,2014 (2):93-98.

向中小学课堂教学。

与静态媒体电子教科书不一样，多媒体电子教科书不是将纸质教科书简单搬运到电子设备上，而是能够依据现实的教学需求，将各种媒体资源有效整合，生动、形象地呈现知识内容和创设教学情境，实现传统纸质教科书和教学手段难以实现的教学活动。然而，多媒体电子教科书媒体内容的丰富性与交互性仍然有限。在多媒体资源创设的教学情境中，学习者只能对资源进行单向控制，并被动接受媒体资源信息，难以有效调动学习者的积极性与主动性，不能很好地促进其参与并融入教学情境中。

3. 富媒体电子教科书

"富媒体"这一概念源于互联网广告，它最重要的特征不在于能提供文字、图片、视音频、动画等多种媒体类型的表现形式；而在于丰富多样的 UI 展现，深度的用户交互，动态驱动及实时响应，部署便捷，融合桌面应用与网络应用等特性。富媒体与多媒体的本质区别在于，富媒体注重用户的交互体验，而多媒体仅注重资源的呈现形式。富媒体技术、移动互联网及智能学习终端与电子教科书的结合，极大地拓展和变革了电子教科书的功能、形态与应用方式，从而产生了富媒体电子教科书。

富媒体电子教科书利用媒体标记语言、脚本控制语言等增强媒体资源的交互性，实现多种媒体类型的有机整合、媒体数据之间的交换以及虚拟现实等。同时，其媒体资源设计能够充分利用终端设备的功能特性，实现学习者与媒体资源之间自然丰富的人机交互，提升学习者的沉浸感、参与度和资源黏合度。当前，支持富媒体特性的电子教科书文档格式有苹果公司的 iBooks、亚马逊的 KF8、北大方正的 DPUB 以及国际数字出版论坛（IDPF）推出的国际电子书开放标准 EPUB 3.0 等。

富媒体电子教科书具有强大的信息表现能力和交互特性，能够创设更加复杂、真实的教学情境，促进主动、有效地学习。同时，富媒体电子教科书能够有效整合内容资源、终端设备、教学工具与服务平台，构建既支持在各种情境下自主学习，又支持课堂环境中互动教学的数字化学习环境。

（三）电子教科书的功能

电子教科书的形态变化为人们改进学与教的效能创造了机会，也必将带来学与教的革命，电子教科书的功能包括学习功能、教学功能、管理功能、服务功能几个方面。①

1. 学习功能

电子教科书的首要功能是促进学生的学习。

首先，学生可通过电子教科书的教学支持平台登录个人页面，查收教师布置的作业，并查看上次提交作业的教师反馈。通过登录电子教科书的资源库，查找相关资料，根据教师布置的作业，学生包括教师录制的微课视频、与学习主题相关的延展阅读资源等，以文本、图片或音频、视频的方式提交作业。作业完成过程中，学生碰到疑难问题可通过电子教科书的即时通信工具向教师请教，或向同学咨询。

其次，在学习过程中，学生可以登录电子教科书的授课系统，实现教科书内容与教师同步。在教师授课时，学生可以通过电子教科书的笔记功能标注教科书电子文本内容、添加笔记。也可以对教师课堂推送的问题即时提交反馈。学生还可以通过电子教科书进入在线模拟课堂学习。在此，学生可以选择自己喜欢的学科和喜欢的教师，甚至可以不要教师。

最后，课堂学习后，学生可以登录电子教科书的网络学习社区，将自己的学习心得、体会、疑问、发现甚至创作，以符号、影、音、图、文等多种形式发表，供同学间共享和交流。学生还可以登录电子教科书的测评系统，对所学知识进行自测。

2. 教学功能

电子教科书的教学功能主要为教师的备课、上课及评价环节服务。

首先，电子教科书可以为教师的备课提供符合学科特性的备课模板，并在云平台提供海量的优质备课素材，教师通过简单的操作即可完成教学课件的制作。教师通过登录电子教科书的管理服务平台，可以查看每个学生的学习记录，特别是了解学生对已学知识的掌握情况，然后根据学生学习效果的不同层级，有针对性地设计、推送新课作业，包括为新课录制教学重难点的微课视频，或选择、推荐资源库已有的微课视频发送给学生。

---

① 赵志明. 重新定义教科书[D]. 长沙：湖南师范大学，2014.

其次，教师在上课时可以应用电子教科书的学员管理系统，按照学生的学习程度组织学习共同体，或者根据当前的学习主题，由学生根据个人喜好，任意组成学习小组。教师可以利用电子教科书的富媒体资源，自由调取视频、音频资源以及教学课件，丰富课堂的表现形式。电子教科书支持课堂的答题统计，教师可以及时了解每一个学生对知识的掌握情况。电子教科书还支持抢答、小组同学集体作答等不同的课堂教学组织形式。

再次，电子教科书是实现对学生发展性评价的最佳平台。教师既可以布置课前自测，了解学生的自主预习情况；也可以通过课堂评测，当堂了解学生对知识的掌握情况；还可以通过学生学习过程中分析记录的数据，了解学生某个时间段的学习情况。特别是教师可以通过电子教科书的数据统计分析功能，全方位了解教学效果与学生的学习情况，从而及时调整教学方法、教学进度，真正做到因材施教和分层指导。

3. 管理功能

电子教科书为教育管理者提供设备管理、资源管理、教务管理、用户管理等管理手段，以及智能化教学监控与分析工具，帮助管理者进行更科学的管理。其中教务管理包括对学生成绩的统计与数据分析等；用户管理包括建立学生电子学籍系统、教师人事流通系统；教学监控与分析系统可以帮助教育管理者和教师本人对教学实施效果进行充分有效的评价。教师可以根据评价结果对教学目标、教学模式、教学流程、教学实施等进行持续优化，不断完善教学方法，提高教学质量。

4. 服务功能

电子教科书的服务功能主要是针对家长，具体包括建立家长通道，方便家长参与学生家庭学习的管理，与学校、教师及时互通信息，交流情况；提供家校通信平台，帮助家长及时了解学校教育、管理各方面的信息；组织视频会议，免除传统家长会家长请假奔波带来的不便等。

（四）电子教科书面临的问题

虽然电子教科书低碳环保、经济、方便、全能、时效等优点得到公认，但是在大面积推广使用时还是面临不少问题。

1. 成本偏高，难以全面推广

电子教科书的使用，在很大程度上依赖于电子阅读设备和网络普及率，故推行电子教科书需要有足够的电子阅读器和相关基础设施建设，如教室必须配备投影仪、电子白板、传输网络等，这些都需要巨额经费来支持。这导致电子教科书难以普及。美国福雷斯特研究公司发布的信息显示，2010年美国的教科书市场总额在80亿美元左右，电子教科书所占的市场份额却仅有2.8%。[①] 美国尚且如此，我国由于东西部以及城乡教育资源配置上的不均衡，电子教科书推广难度更大。目前仅在东部省份的一些发达城市，如上海、深圳、南京、青岛等试用电子教科书。从局部的实践来看，电子教科书的使用和推广，经费是关键。它不仅需要学生支付一定的购买费用，学校还需要投入大量的资金配备相应的设备和强化教师培训，提高教师熟练运用现代教育技术的能力。

2. 技术手段远未完善和成熟

由于受到种种技术条件的限制，电子教科书在屏幕、分辨率、画面的稳定性和亮度上或多或少存在一些缺陷，使用者在长时间观看后会产生眼部的疲劳感，还有的电子教科书虽然具有核对、笔记、荧光笔、缩小、放大等基本功能，但是没有针对一些特殊学科在电子教科书的制作与出版环节增加一些特别功能，所以未必能够真正适应现代教育的个性需求。

同时，教学是教师与学生互动的过程，仅在课堂上，通过屏幕呈现相关内容是远远不够的，学生需要课堂笔记，需要在相应页面上做记号，画出重点，记下自己的学习心得、体会，写下自己的疑问等，这些纸质书能便捷实现的东西也需要电子教科书从软、硬件上不断研发，以实现其功能。并且，如何能让屏幕比纸质书更直观，让读者更少分心也是研发人员需要解决的一大难题。

另外，由于我国针对电子教科书的出版还没有制定统一的技术标准和制度规范，电子教科书的出版与发展缺乏权威完善的参考依据，这在一定程度上制约了电子教科书的健康、可持续发展。

3. 数字版权保护机制缺失

目前电子教科书发展急需解决的问题是如何建立有效的数字版权保护机制。

---

① 管新春. 电子教科书的出版与发展研究[J]. 出版广角, 2013 (Z1): 25-27.

我国的著作权法规定：任何个人都无权擅自将他人著作、作品进行数字化复制。电子教科书使用者在付费后可方便地复制、下载、翻新，甚至可在网上低成本传播。对此，相关部门急需理顺版权方、终端厂商、读者、交易平台的关系，保护出版商和作者的利益；建立健全版权保护机制，构建一套行之有效的盈利模式，以规范和促进电子教科书的健康发展。

4. 其他可能存在的不良后果

电子教科书虽不需纸张印刷，但其使用需要电力运行，这会增加发电量；电子教科书的排碳量亦会影响地球暖化；电子教科书使用中散发的辐射影响身体健康；电子阅读器的阅读舒适度还是不如纸张，加上它们的尺寸相较于一般课本偏小，学生如果长期盯着电子教科书的屏幕阅读，可能会导致近视加深，特别是小学生；电子教科书还会影响学生书写能力、学习的专注程度。①

（五）电子教科书的发展趋势

自电子教科书问世以来，教育界就一直存在着两种对立的观点。赞同者认为，电子教科书终将取替纸质教科书成为未来阅读的一种方式；例如，美国教育部前部长邓肯就曾预言：几年之内纸质教科书将会走向历史，属于电子教科书的时代即将到来。②反对者认为，为了延续传统的出版文化，人们应当适当地拒绝使用电子教科书。例如，日本脑科学研究专家酒井邦嘉教授认为"传统的东西未必是不好的，应理性看待技术产生的'人工物'"。③

伴随着信息化社会的来临，电子教科书发展的趋势无法阻挡。

1. 建立健全法制，确保数字版权

国内法律界对数字版权领域的侵权赔偿标准尚未形成统一意见，不同计算标准之间可能会有上百倍甚至上千倍的差距。除了国家继续完善相关的法律法规，赋予数字出版以有效的保护手段，从出版社到广大的阅读者也都应该树立正确的

---

① 蒋建梅. 电子教科书的发展现状、存在问题及解决对策[J]. 广东开放大学学报，2015（6）：96-99.

② 孙立会，李芒. 日本电子教科书研究的现状及启示[J]. 课程·教材·教法，2013（8）：111-117.

③ 孙立会. 关于电子教科书的争议、正确理解与科学使用[J]. 课程·教材·教法，2014（3）：32-37.

版权意识，树立对版权保护的责任感。

2. 做好规划，量力而行，逐步推广电子教科书

电子教科书的推广不可能一步到位，政府部门应该做好规划，逐步落实，先城市后农村，先沿海后边远，两种教科书同时使用，待经济水平提高了，再根据实际情况量力而行，不仅能逐步减轻学生的负担，而且能提高教育质量。

未来的教科书市场，很可能形成电子教科书为主、纸质教科书为辅，两者共存的局面。

第四节 教科书生态系统的环境因子

虽说教育显然具有某种程度上的"相对自主性"，但是我们忽略了一点，那就是教育只能在"国家（经济）和文化形式的复杂的结构关系"中运作以求得自己的生存空间。[①] 教科书作为学校教育的重要文本，其生存也不例外。教科书生态系统的外部环境因子包括政治因子、经济因子、文化因子等。

一、政治因子

教科书是国家意志的集中体现。《为了中华民族的复兴　为了每位学生的发展：〈基础教育课程改革纲要（试行）〉解读》把教科书直接定义为："教科书是在学科课程的范畴之中系统编制的教学用书，它集中反映了国家的意识形态和教育理念"。并进一步指出，在近代学校的发展过程中，教科书，尤其是义务教育范畴的教科书，完全由国家权力机构控制，体现出鲜明的政治性格和阶级性格。[②]

[①] 阿普尔. 教育与权力[M]. 2版. 上海：华东师范大学出版社，2008.
[②] 钟启泉，崔允漷，张华. 为了中华民族的复兴　为了每位学生的发展：《基础教育课程改革纲要（试行）》解读[M]. 上海：华东师范大学出版社，2001：189.

(一) 国家对知识准入教科书过程的干预

在学校教育中，教科书是知识的载体。知识唯有通过教科书，才能实现文明传承、权力规训、个体精神形塑等功能。然而，现代知识浩如烟海，究竟什么样的知识才能进入教科书呢？由谁来决定什么知识进入教科书呢？后现代主义认为，知识不可能是完全"中立"的、"价值无涉"的。知识的追求和传播无论如何都不能脱离社会，而是受社会明显的或隐蔽的权力关系制约。"知识"与"权力"有着不可分割的关系。"没有权力便没有知识，没有知识也就没有权力；权力控制了知识，知识也能给人以权力。"①因此，不管是国家组织编写和发行教科书，还是民间机构自愿参与编写、发行教科书，国家总是通过某种形式介入教科书知识的选择。

回首教科书的建设与发展过程，知识准入教科书的过程总是受一定的社会限制，并不是人类所有的知识都能进入课程领域成为课程知识，课程知识是一种"合法化"的知识。只有适合社会需要的、经过社会认定的知识，才能进入课程领域。

(二) 教育行政主管部门的管理与监控

教科书的质量直接影响人才的培养，关乎社会的稳定，所以教科书的管理与监控一般交由教育行政主管部门来承担。我国教育行政主管部门分中央和地方两个层面。

1. 中央层面

(1) 国家教材委员会。2017年7月3日，国务院办公厅发布关于成立国家教材委员会的通知，通知指出，为贯彻落实《关于加强和改进新形势下大中小学教材建设的意见》，进一步做好教材管理有关工作，国务院决定成立国家教材委员会。

国家教材委员会的组成人员，主任为国务院副总理刘延东，副主任为教育部部长陈宝生、中央宣传部副部长黄坤明，秘书长为教育部副部长朱之文。国家教

---

① 黄忠敬. 知识·权力·控制：基础教育课程文化研究[M]. 上海：复旦大学出版社，2003.

材委员会的委员包括部门委员和专家委员。部门委员有外交部副部长郑泽光，发展改革委副主任王晓涛，科技部副部长黄卫等。专家委员有华中师范大学原党委书记马敏，中国科学院数学与系统科学研究院研究员马志明，上海市教育科学研究院原副院长马树超等。

国家教材委员会办公室设在教育部，由教育部教材局承担办公室工作。部门委员因工作变动需要调整的，由所在单位向办公室提出，报委员会主任批准。专家委员实行5年任期制，也可根据需要调整，由办公室提出建议，报委员会主任批准。

国家教材委员会的主要职责为指导和统筹全国教材工作，贯彻党和国家关于教材工作的重大方针政策，研究审议教材建设规划和年度工作计划，研究解决教材建设中的重大问题，指导、组织、协调各地区各部门有关教材工作，审查国家课程设置和课程标准制定，审查意识形态属性较强的国家规划教材。[①]

（2）教育部教材局。教育部教材局主要承担国家教材委员会办公室工作，拟订全国教材建设规划和年度工作计划，负责组织专家研制课程设置方案和课程标准，制定完善教材建设基本制度规范，指导管理教材建设，加强教材管理信息化建设。教材局下设五个处室：课程教材规划处、中小学教材编写处、"马工程"教材编写处、教材审查管理处、综合协调处。

（3）教育部基础教育课程与教材发展中心。教育部基础教育课程与教材发展中心的主要职责有七项。第一，组织基础教育课程教材建设的研究工作；第二，参与拟定基础教育阶段国家课程标准；第三，组织基础教育实验性课程教材的研究开发工作；第四，组织基础教育课程教材的实验工作和培训工作；第五，承担并组织基础教育课程、教材、教学方法及其他基础教育教学领域的相关评估工作；第六，组织开展国外基础教育课程教材发展的研究工作，承担基础教育教材方面的国际交流与项目合作工作；第七，根据需要为国外及港、澳、台地区编写反映中华民族文化、历史、地理等方面教材。

---

① 国务院办公厅. 国务院办公厅关于成立国家教材委员会的通知[EB/OL]. (2017-07-03). http://www.gov.cn/zhengce/content/2017-07/06/content_5208390.htm.

2. 地方层面

（1）教育厅。各省（市）教育厅是省级教育行政主管部门。一般来说，中小学教科书的监管由教育厅下设基础教育处或基础教育与信息化处（教材管理办公室）具体负责，承担普通高中教育、义务教育、学前教育管理工作，统筹特殊教育、民族教育工作；指导普通高中、义务教育、学前教育和特殊教育的学制、课程建设和教学计划等工作；统筹协调高中阶段招生工作，指导普通高中招生工作；统筹教育信息化工作；统筹教材、教辅管理工作，组织审定中小学地方课程教材、教学用书及资料。

（2）教育局。教育局是市、县级教育行政主管部门，其职责是在承接省级教育行政主管部门相关业务的前提下，直接管理本市、县行政区域内的教育事务，并直接对所辖区中小学教科书等进行管理和监控。

（三）相关教育政策及法规的出台与实施

中华人民共和国成立以来，为规范中小学教科书的建设与发展，国家相继出台了一系列政策、法规。例如中华人民共和国成立初期，为规范中小学教科书的选用，从1950年起，每年颁发两次通知，这一做法一直延续到1958年。具体通知如下。

《教育部、出版总署关于1950年秋季中小学教科用书的决定》（1950年7月5日），《教育部、出版总署关于1951年春季中小学教科用书的决定》（1950年12月25日），《教育部、出版总署关于1951年秋季中小学教科用书的决定》（1951年4月16日），《教育部、出版总署关于1952年秋季中小学教科用书的决定》（1952年5月20日），《教育部、出版总署关于1953年春季中小学教科用书的决定》（1952年10月10日），《教育部、出版总署关于1953年秋季中小学及师范学校教科用书的决定》（1953年3月28日），《教育部、出版总署关于1953年秋季中小学及师范学校教科用书表的订正说明》（1953年6月15日），《教育部、出版总署关于1954年春季中小学及师范学校教科用书的决定》（1953年9月29日），《教育部、出版总署关于1954年秋季中小学及师范学校教科用书的决定》（1954年3月20日），《教育部关于1954年秋季中小学及师范学校教科用书的决定的补充通知》（1954年7月6日），《教育部关于颁发"精简中学物理、化学、生物等三科教学大纲（草案）和课本的指示"的通知》（1954 年 7 月 20 日），《教育部、出版总署关于 1955 年春季小学、中学、工农速成中学、师范学校教科用书的决定》（1954 年 9 月 25 日），《教育部、文化部关于 1955—1956 学年度上学期小学、中学、工农速成中学、中等师范学校教科用书的决定》（1955 年 4 月 5 日），《教育部、文化部关于 1955—1956 学年度下学期小学、中学、工农速成中学、中等师范学校教科用书的决定》（1955 年 9 月 20 日），《教育部关于 1957—1958 学年度第一学期中学教学用书的决定》（1957 年 3 月 5 日），《教育部关于 1957—1958 学年度第二学期小学教学用书的决定》（1957 年 9 月 1 日），《教育部关于 1957—1958 学年度第二学期中学教学用书的决定》（1957 年 9 月 1 日）等。1958 年后，因各种原因停止颁发教学用书表。

20 世纪 60 年代初，通知恢复印发，具体如下：《教育部关于 1962—1963 学年度中小学教学用书的通知》（1962 年 4 月 7 日），《教育部关于 1962—1963 学年度中学教学用书的个别变动的通知》（1962 年 5 月 5 日），《教育部关于 1963—1964 学年度中小学和师范学校教学用书的通知》（1963 年 1 月 21 日）。其后中断，改革开放后，教育部又恢复每年分春秋两季两次颁发《全国普通中小学教学用书目录》，以此来指导、规范中小学教科书的选用。

为确保教科书的及时供应，规范教科书出版发行工作，国家也出台了不少政策，如《教育部、出版总署关于 1950 年秋季教科书减低并划一售价及供应办法的决定》（1950 年 7 月 5 日），《教育部、出版总署对教科书供应情况报告的指示》（1951 年 4 月 18 日），《教育部、出版总署关于改进 1952 年春季教科书供应工作的决定》（1951 年 10 月 29 日）等；改革开放后，国家教委、新闻出版总署联合颁发《普通中小学教材出版发行管理规定》（1995 年 2 月 16 日），进入 21 世纪后，《国务院办公厅转发体改办等部门关于降低中小学教材价格深化教材管理体制改革意见的通知》（国办发〔2001〕34 号），新闻出版总署、教育部、国家计委《关于印发〈中小学教材出版招标投标试点实施办法〉和〈中小学教材发行招标投标试点实施办法〉的通知》（新出联〔2001〕22 号）等。这些政策的出台进一步深化了教材出版发行体制改革，规范中小学教学用书的管理，切实减轻学生家长的经济负担。

另外，为了精简教材，减轻学生负担，促进学生身心健康，相关部门在1949—1965年就颁发了11个文件。具体见表2-4。

表2-4　1949—1965年关于精简教材、减负、促进学生健康的相关文件

序号	时间	文件名称	颁发部门
1	1950年5月7日	《普通中学数理化教材精简（草案）》	教育部
2	1951年8月6日	《关于改善各级学校学生健康状况的决定》	政务院
3	1954年7月20日	《关于颁发"精简中学物理、化学、生物等三科教学大纲（草案）和课本的指示"的通知》	教育部
4	1955年7月1日	《关于减轻中小学学生过重负担的指示》	教育部
5	1956年7月31日	《关于1956—1957学年度第一学期小学语文课本和中学、中等师范文学课本的精简目录和有关教学的一些说明的通知》	教育部
6	1957年8月1日	《关于中学历史、地理、物理、生物等科教科书的精简办法》	教育部
7	1957年8月22日	《关于精简小学语文、历史、地理教材的通知》	教育部
8	1960年5月15日	《中共中央、国务院关于保证学生、教师身体健康和劳逸结合问题的指示》	国务院
9	1960年12月21日	《中共中央、国务院关于学生、教师身体健康的紧急通知》	国务院
10	1964年5月4日	中共中央、国务院批准教育部党组《关于克服中小学生负担过重现象和提高教学质量的报告》	国务院
11	1964年7月14日	《关于调整和精简中小学课程的通知》	教育部

另外，关于教科书的编审，我国自1985年明确实行审定制后，先后出台了一些文件，如教育部颁布《全国中小学教材审定委员会工作条例（试行）》（1985年1月），随后，国家教委颁布《全国中小学教材审定委员会工作章程》和《中小学教材审定标准》以及《中小学教材送审办法》（1987年10月10日），为促使多样化，国家教委还颁布了《九年制义务教育教材编写方案》（1988年8月），为强化教科书的审核，教育部颁发了教育部令第11号《中小学教材编写审定管理暂行办法》（2001年6月7日）。

可以说，从教科书的编审、出版和发行到教科书的选用，都有相应的政策和规定，教科书的品质提升和健康发展离不开政策法规的保驾护航。

二、经济因子

经济基础决定上层建筑，教科书作为一种特殊的商品，其产生与发展都离不开一定的经济条件。在不同的经济环境里，教科书的发展路径和制作质量均有不同。

（一）经济体制影响教科书编审制度

中华人民共和国成立初期，我国实行计划经济体制，所谓计划经济，是有规划、有计划地发展经济。它是以单一的公有制为基础，实行高度集中的、以行政指令为主的、排斥市场机制的经济计划。在这种体制内，所有的生产、资源分配乃至产品消费都依赖于政府的指令性计划。计划经济是有好处的：首先，能够举全国之力，包括人力、物力、财力进行重点建设；其次，通过政府的指令性计划，在宏观上优化社会经济资源配置，调整国民经济结构和合理布局生产力。计划经济的先导是苏联，它的政策被视为符合社会主义传统经济理论的基本原理，是社会主义的本质特征之一。

中华人民共和国成立初期，以高度集中统一为特征的计划经济体制就在全国范围内悄然展开，这种新型的社会主义经济体制逐步深入经济运行的各个方面，取得了辉煌的成就，教科书的编审、出版与发行，也会自然而然地受到这种集中统一的计划模式影响。中小学教科书的编审实行"国定制"，其核心是"一纲一本""编审合一"，即由国家或地方教育行政部门组织有关部门，根据本国国情统一编写、统一出版和发行教科书。

改革开放后，我国经济体制发生重大变化，由计划经济逐步向商品经济过渡，最终建立了市场经济体制。市场经济又称为自由市场经济或自由企业经济，在这种体系下产品和服务的生产及销售完全由自由市场的自由价格机制所引导，而不是像计划经济一般由国家所引导。计划和市场是资源配置的两种基本手段。在市场经济里并没有一个中央协调的体制来指引其运作；但是在理论上，市场将会通过产品和服务的供给和需求产生复杂的相互作用，进而达成自我组织的效果。迄今为止，全世界绝大多数国家都实行市场经济体制。这种经济体制的趋同，一方面表明市场经济具有极强的吸纳和兼容能力，另一方面也意味着经济模式的多样性和丰富性。

在市场经济的影响下，我国教科书编审从"国定制"转变为"审定制"。"审定制"是国家教育行政部门根据正式颁布的中小学各科课程标准，通过自己设立的教材审定机构，对有关出版单位编辑的各种教材进行审查鉴定，审定通过后准予出版、发行、使用。"审定制"的关键是"编审分开""一纲多本""多纲多本"，在这种制度下，国家教育行政部门对教材的指导和监控通过两种方式来实现，一是课程标准的要求，二是审定机构的影响。

（二）经济发展水平影响教科书印制质量

一本印制精良、清晰亮丽、牢固耐用、形式与内容高质量的教科书，可以吸引学生，从而发挥教科书宣传教育应有的功效。当然，教科书的印制质量一方面取决于出版社的物质条件和设计工艺，另一方面依赖于印刷的设备条件和技术素质，而这些都取决于当时社会的经济发展水平。

在过去的革命战争年代，中央苏区、延安边区、晋察冀边区等抗日根据地由于条件十分艰苦，当时的教科书使用土纸、油墨印制，做工比较粗糙，难以保存。革命战争年代的中小学教科书现在很难找到，特别是井冈山时期中央苏区的教科书几乎绝迹。

中华人民共和国成立之初，相比于战争年代，条件有所改善，当时教科书印制采用的是卷筒纸、平板纸。但是，由于当时生产力整体水平比较低下，经济比较落后，为了保证"课前到书，人手一册"，国家采取集中管理的方式，尽量压缩其他方面用纸，全力确保中小学教科书用纸。教科书的印制质量相比战争年代有了明显的提高。

改革开放以后，尤其是进入 21 世纪以后，随着我国经济发展水平的提升，综合国力的增强，教育经费大幅度增加，教科书印制的物质条件得到极大改善，工艺水平不断提高，如我国的教科书文字排版技术经历了从铅活字排版、照相排字到激光照排、计算机排版的发展；教科书制版技术从凸版制版发展到彩色制版；教科书印刷技术从平台机印刷、轮转机印刷发展到四色胶印机印刷；教科书装订由手工装订向机械化装订发展，由单机向联动生产线发展。上述技术的采用导致各种精美的、彩色的教科书大量涌现，教科书的印制质量不断提高。

三、文化因子

文化是一个非常宽泛的概念，由于每个人视角不同，对文化的理解也各不相同，所以很难给它下一个严格、精确的定义。20世纪以来，众多哲学家、人类学家、历史学家、社会学家和语言学家一直致力于从自身学科的角度来界定文化，寻求文化确切的定义。迄今为止，学术界仍没有一个公认、令人满意的定义。据统计，有关"文化"的各种不同的定义至少有两百种。英国人类学家爱德华·伯内特·泰勒是近代给"文化"以明确定义的第一人，他在《原始文化》中认为"从广义的民族意义上说，文化或文明是一个复杂的整体，包括知识、信仰、艺术、道德、风俗，以及作为社会成员的人所具有的其他一切能力和习惯"①。

教科书既是传承文化的重要媒介，又是创新社会文化的主要载体，教科书本身也是一种文化产品。教科书，尤其是语文教科书与文化有着千丝万缕的关系。作为文化选择的体现物，我国近代语文教材的变革，其本身就是一场深层次的文化变革。②

（一）文化的类型影响教科书内容的构成

1. 本土文化

本土文化植根于传统文化，但不等同于传统文化。它是各种文化经过本民族习惯和思维方式沉淀的结晶，是重新阐释的文化，具有独特性、民族性与纯粹性，是本土独创的一种文化形式，是传统文化进行整合发展的一种文化形式。本土文化既有历史传统的沉淀，也有植根于现实生活的变化和发展。对个人而言，"本土文化"是指个人或团体在成长历程中足以影响其知觉、思维、价值观等形成的文化情境，可大可小，大至一个民族，小至一个宗教、一所学校或一个家庭。

本土文化与民族文化紧密相连。教科书传承的重点是本土文化、民族文化。以人民教育出版社2013年出版的《义务教育课程标准实验教科书·语文》为例，

---

① 埃尔. 文化概念[M]. 上海：上海人民出版社，1988：8.
② 倪文锦. 中国百年语文教材的文化选择[J]. 中学语文教学，2008（8）：73-75.

七至九年级语文教科书共有207篇课文,其中反映本土文化、民族文化的课文共有164篇,约占总数的79%。①

当然,随着全球经济一体化,世界已变成一个地球村,各地域之间的界线越来越模糊,本土文化已不是绝对的本土化,它已逐渐融入国际化的范围内,是国际化的基础部分。

2. 外来文化

"外来文化"是指正在进入一个民族内部,并与其社会发生作用的别族文化。外来文化与本土文化相对,外来文化作用于本土文化的过程既是文化入侵的过程,也是同化和改造的过程。无论外来文化形态如何,其对本地文化均有一定的冲击和影响。

先进的文化,是人类的共同财富,只有用全人类创造的优秀文化遗产丰富自己的民族文化,整个民族才能不断地发展和进步。当今世界是一个开放的世界,不同文化的交汇是不可避免的。所以教科书不仅要展示本土文化,也要展示外来文化中的精华。同样以人民教育出版社2013年出版的《义务教育课程标准实验教科书·语文》为例,七至九年级语文教科书共有207篇课文,展示反映外来文化的课文共有43篇,约占总数的21%。其中,关于美国文化的课文有12篇,在所有外来文化课文中高居榜首;俄罗斯(包括苏联)8篇,法国8篇,英国5篇,丹麦3篇,古希腊和印度各2篇,德国、日本及黎巴嫩各1篇。

本土文化和外来文化各有优劣。在全球经济一体化的今天,只有通过交往,在改革中扬长避短,发挥优势,克服弱点,才能屹立于世界各国之林。

(二) 文化本身的特点影响教科书内容的选择

1. 文化变迁

所谓文化变迁,是指一个社会或群体的大多数成员逐渐放弃旧的行为标准体系而接受和形成新的行为选择标准体系的过程,是社会变革和人与人之间关系结构的重新组合。②

文化变迁影响教科书内容的选择,两者之间的关系很复杂,并非一一对应的

---

① 刘学利. 初中语文教科书的文化构成分析[J]. 教育探索,2015 (12):34 – 36.
② 郑金洲. 教育文化学[M]. 北京:人民出版社,2000:165.

关系。因为教科书的内容一旦确定，就具有相对的稳定性。只有文化的核心——新的价值观和价值观体系成为社会主流而被绝大部分人所接受或者认同时，才有可能促成对教科书内容的改变。近年来饱受争议的语文教科书选文增删问题，实际上就是文化变迁影响教科书内容选择的典型问题。什么内容被选入教科书，什么内容被剔除，都反映着社会主流价值观念的变化。某个内容被允许进入教科书，说明其传递的价值观念为主流社会所认可；某个内容被从教科书里删掉，说明其传递的价值观念已经过时了或即将过时，逐渐不被主流社会认同。① 文化变迁是制约教科书内容选择的关键因素之一。

2. 文化认同

文化认同是一种肯定的文化价值判断。即指文化群体或文化成员承认群内新文化或群外异文化因素的价值效用符合传统文化价值标准的认可态度与方式，经过认同后的新文化或异文化因素将被接受、传播。②

虽然文化认同与政治认同有相似之处，但两者不等同。文化认同，尤其是对外来文化价值的认同，足以瓦解一国的政治制度和一个民族的凝聚力；反之，如果一个国家的人民对自身文化强烈认同，体现了该国强烈的文化自信，能使该国在激烈的国际竞争中立于不败之地。文化认同的培养主要依赖于学校教育。

第一，学校以教学为中心，学生以学为主。学生的成长阶段主要在学校度过。学校教授的内容会对学生产生重大的影响，学生价值观的形成也会深受影响。

第二，学校遵循教育教学的规律，以教育、发展的方式来传授传统文化，使学生在潜移默化中感受、认同，无须用高压、暴力的手段迫使学生接受。

第三，学生本身具有很大的可塑性。

可见，学校教育对于文化认同意义非凡，而作为在学校教育教学活动中最具体的传递工具——教科书，能为文化认同提供最有效的支持。

3. 文化取向

西方学术界普遍认为，文化取向是众多因素对人的人格、心理及行为的影

---

① 钟朋. 教科书属性的多重理解[J]. 当代教育科学, 2011(11): 18-20.
② 冯天瑜. 中华文化辞典[M]. 武汉: 武汉大学出版社, 2001: 20.

响，这些因素包括个体所处的社会文化、亚文化环境以及社会结构和社会制度。[①] 我国学者认为，文化取向就是指文化的选择、指向、倾向。[②]

文化取向和价值取向有些相似，但又不同。价值取向的研究多以社会学为理论基础，从意识形态、种族群体、性别角色等方面展开研究。文化取向则以文化为理论基础，对各科文化现象进行分析。

文化取向影响中小学教科书内容的选择。教科书内容取材的变化是教科书的文化取向变化的主要表现。下面以民国时期中小学历史教科书为例来说明。

民国初期（1912—1927 年），当时的北洋政府希望通过学习外国历史，不管是日本还是欧美，来寻找民族复兴之路。这种国际主义或世界主义的文化取向导致北洋政府时期的历史教科书十分重视外国史在历史教育中的作用，也就是说当时的历史教科书非常推崇国外文化，排斥民族传统文化。

民国中期（1928—1937 年），南京国民政府统一全国后，有识之士认为：日化美化（西化）均不适宜，教育为社会文化之一部，无论何国教育，必须本国化。中国教育第一义即在中国化。[③] 因为要做世界人，必须先做好本国人，所以应"特别注重本国文化不可"。[④] 孙中山将西方的民族、民权、民生主义与我国固有、合理的伦理美德和各家学说融会贯通，创造性地提出了"三民主义"。在这种民族主义的文化取向影响下，历史教科书中的民族主义、爱国主义内容大量增加，教科书中的世界史内容被大量删减。

民国后期（1938—1949 年），国家处在抗日战争的非常时期，中华民族最大的任务，莫过于抗拒外辱，保守领土，使民族国家得以存在，然后一切改革与复兴，方可计议。这一救亡责任，已摆在四万万五千万中国人的身上，救亡图存，已是刻不容缓了。[⑤]这一时期，爱国主义成为主要的文化取向。为适应抗战建国

[①] BERRY J W. Cross – cultural psychology: a symbiosis of culture and comparative approaches [J]. Asian Journal of Social Psychology, 2000 (3): 197 – 205.

[②] 葛文静. 美国小学语文教科书《阅读长廊》文化取向研究[D]. 上海：华东师范大学，2016.

[③] 贵州省教育厅. 教育须中国化案[M] //中华民国大学院. 全国教育会议报告·丙编. 上海：商务印书馆，1928：1.

[④] 舒新城. 道尔顿制研究集[M]. 上海：上海中华书局，1924：192.

[⑤] 赵心人. 初中新外国史（下册）[M]. 上海：上海世界书局，1937：197 – 198.

之需，国民政府增加本国史在历史教学中的比重，缩小外国史的比重。历史教科书内容增加了有利于民族团结的内容，并且详细介绍了我国近代以来遭受列强侵略的原因和经过。这种"爱国主义"是建立在三民主义基础之上的，并且具有明显的反侵略色彩[①]。

总之，民国时期中小学历史教科书内容取材从排斥民族传统文化，到抗战时期极力推崇民族文化，反映出当时的国人在探索国家未来发展道路中日渐成熟。同时，也说明了文化取向对于教科书发展的重要意义。

---

① 张静静. 民国时期中小学历史教科书的文化取向研究[D]. 信阳：信阳师范学院，2014.

第三章

教科书生态构建的理论基石

教科书是"从一定社会文化里选择出来的材料",是人类知识的精华;阿普尔认为"教科书常常很明确地尝试去创建一个新文化世界"[①]。教科书生态学是以教科书生态系统作为研究对象,故教科书生态学的研究涉及众多理论知识和方法论知识。

第一节 生态学的基本原理

生态学是研究生物与环境相互关系及其作用机理的科学。由于教科书原理本身有一个不断完善和发展的过程,生态学原理也不例外。随着生态学分支学科的发展,普通生态学原理也不断丰富和发展,本节将介绍自然生态系统和社会生态系统共同遵循的生态学基本原理和规律。

一、生态学的三大定律和四大法则

(一) 生态学三大定律

美国环境学家小米勒提出了生态学三大定律。

(1) 生态学第一定律。我们的任何行动都不是孤立的,对自然界的任何侵犯都会引起无数效应,其中许多效应是不可逆的。该定律为哈定所提出,也称为多效应原理。

---

① 阿普尔,史密斯. 教科书政治学[M]. 上海:华东师范大学出版社,2005:16.

（2）生态学第二定律。每一种事物无不与其他事物相互联系和相互交融，即相互联系定律。

（3）生态学第三定律。我们生产的任何物质均不应该对地球上自然的生物地球化学循环有任何干扰，也称之为勿干扰原理。

（二）生态学四大法则

（1）任何事物都是相互联系的，世界上没有孤立存在的事物。在一个生态系统里，不同的生物组织，不同的群落、种群和个体有机物以及它们的物理化学环境之间存在着相互联系的网络。任何事物都是与其他事物相联系而存在的，在某一个地方，哪怕是一个看似小小的混乱，也有可能波及很远的地方，产生巨大、持久、深远的影响。

（2）任何事物都是有价值的，都有自己的归宿。这条法则强调在自然界中任何东西都是有价值的，所谓的"废物"是不存在的。在一个地方被当作废物的东西，在另一个地方也许就成了有用之物。例如，动物所排出的二氧化碳是一种呼吸的废物，但它恰恰是绿色植物所需要的一种基本物质。

（3）自然秩序、自然规律是神圣、不容侵犯的。这一法则认为，任何在自然系统中主要是因人为而引起的变化，对那个系统都有可能是有害的。即一种不是天然产生的，而是人工合成的有机化合物，却又在生命系统中发挥作用，就可能是非常有害的。

（4）世上没有免费的午餐，有得必有失。这一法则包含着前三条法则，每一次获得都要付出某些代价。地球的生态系统是一个相互联系的整体，在其中，任何东西无所谓获得或失掉，它不受一切改进措施的支配，任何一种由于人类力量而从中抽取的东西，都一定要被放回原处，否则就要为此付出代价。

二、生态学的核心概念和基本原理

（一）生态学的核心概念

生态学原理的两个核心概念是生态系统和生态平衡。

1. 生态系统

生态系统最早是英国植物生态学家坦斯利在1935年提出来的。他认为"生物与环境形成一个自然系统。正是这种系统构成了地球表面具有大小和类型的基本单元，这就是生态系统"。①他强调在自然界中生物成分和非生物成分之间在功能上的统一。后来，不少生态学家为生态系统的理论研究做出了贡献。目前学界比较认可的定义是"生态系统是指在一定时间和空间内，由生物群落与其环境组成的一个整体，各组成要素之间借助物种流动、能量流动、物质循环、信息传递，而互相联系、互相制约，并形成具有自调节功能的复合体"②。其关键在于强调系统中各因子之间的相互联系、相互作用以及功能的统一。

生态系统的范围可大可小，相互交错，是有边界、有范围、有层次的系统，任何一个被研究的系统都可以和周围环境组成一个更大的系统，成为较高一级系统的组成部分，而且本身又可以由许多子系统构成。生态系统种类多种多样，有自然生态系统和社会生态系统之分。与自然生态系统不同的是，社会生态系统是由教育、政治、经济、文化、人口等子系统共同构成的复合生态系统。③

生态系统是一个相互联系的系统，不仅是有机体与其环境之间存在相互依存、互为因果的关系，而且，各系统子系统与母系统之间也有密切的联系，这种联系就是不断进行能量、物资和信息的交流。由此可以说，生态系统的原理，也就是联系的原理、共生的原理。

共生是一种普遍存在的生物现象。所谓共生，是指两种不同生物之间所形成的紧密互利关系。一般来说，在共生关系中，一方为另一方提供有利于生存的帮助，同时也获得对方的帮助。共生现象说明生物种群之间存在着十分复杂的相互作用，这种相互作用又可分为正相互作用和负相互作用两个方面。正相互作用包括原始合作、互利共生、偏利共生等，负相互作用包括种间竞争、捕食与寄生、偏害作用等。④

2. 生态平衡

生态平衡是指一定时间内生态系统中，生物与环境之间、生物各个种群之间，通过能量流动、物质循环和信息传递，它们相互间达到高度适应、协调和统

---

① 戈峰. 现代生态学[M]. 2版. 北京：科学出版社，2008：353.
② 戈峰. 现代生态学[M]. 2版. 北京：科学出版社，2008：352.
③ 马世俊，王如松. 社会—经济—自然复合生态系统[J]. 生态学报，1984 (1)：1-2.
④ 高志强，郭丽君. 学校生态学引论[M]. 北京：经济管理出版社，2015：23.

一的状态。① 当生态系统处于平衡状态时，系统内各组成成分之间保持一定的比例关系，能量、物质的输入与输出在较长时间内趋于相等，结构和功能处于相对稳定状态；在受到外来干扰时，能通过自我调节恢复到初始稳定状态。

生态平衡是相对的，而不是绝对的。虽然生态系统具有自我调节和自我维持能力，但生态系统对外界的干扰和压力具有一定的弹性，其自我调节能力也是有一定限度的，如果外界干扰或压力在其所能承受的范围之内，当这种干扰或压力去除后，它可以通过自我调节而恢复，并进入新的平衡状态。如果外界干扰或压力超过了它所能承受的极限，自我调节能力也就遭到了破坏，生态系统就会衰退，甚至崩溃。当外来干扰超越生态系统的自我控制能力而不能恢复到原来初始的状态时，我们就称之为生态平衡的破坏。

生态平衡是动态的。因为变化是宇宙间一切事物最根本的属性，作为自然界复杂的实体——生态系统当然也不例外。维护生态平衡不只是保持其原来初始的稳定状态。生态系统可以在人为有益的影响下建立新的平衡，达到更合理的结构，实现更高效的功能和收获更好的生态效益。正是这种平衡—不平衡—新的平衡的循环反复，才有了事物的进化和发展。

（二）生态学的基本原理

1. 生态适应原理

自然界的生物为了能够更好地生存与发展，不断地调整自身的形态、结构、生理生化特性等，以适应特定环境中生态因子及其变化。这种适应有两类：一是趋同适应，指亲缘关系相当疏远的生物，由于长期生活在相同的环境中，通过变异、选择和适应，在器官形态等方面出现相似的现象，其结果是不同的生物在形态、生理和发育上表现出很强的一致性或相似性；二是趋异适应，指同种生物的不同个体群，由于分布地区的差异，长期接受不同环境条件的综合影响，不同个体群之间在形态、生理等方面产生相应的生态变异。② 总之，生态适应就是生物以自身的变异来适应环境的变化。

---

① 范国睿. 教育生态学[M]. 北京：人民教育出版社，2000：22.
② 戚春林. 热带农业生态学[M]. 北京：中国农业出版社，2008.

2. 限制因子原理

限制因子原理是最小因子定律和耐受性定律的合称。一般来说，生物在一定环境中生存，需要生存和发展的多种生态因子，当某种生态因子不足或过量时都会影响生物的生存和发展，该因子即为限制因子。限制因子是相对的，即相对于该因子对生物的影响结果而言；当该因子的量过小，不能满足生物的需要就成为限制因子；而该因子的量过大，难以同其他因子配合，会对生物产生不良影响，它也成为限制因子；该因子的量比较适合时，原来相对不缺乏的其他因子则上升为限制因子。

（1）利比希的最小因子定律。利比希认为，任何一种生物的生长都需要一定种类和数量的营养物质；生物的生长取决于处于最少量状态的营养元素。该定律的基本内容：低于某种生物需要的最少量的任何特定因子，是决定该种生物生存和分布的根本因素。

（2）谢尔福德的耐受性定律。谢尔福德认为，任何一个生态因子在数量或质量上不足或过多接近或达到某种生物的耐受上、下限时，就会使该生物衰退或不能生存下去。

总之，不同生物对不同生态因子的耐受范围存在着差异，可能对某一生态因子耐受性很宽，对另一个生态因子耐受性很窄，而耐受性还会因年龄、季节、栖息地区等的不同而有差异。

3. 反馈原理

复合生态系统的发展受两种反馈机制控制：一是作用和反作用彼此促进，相互放大的正反馈，导致系统无止境增长或衰退；另一种是作用和反作用彼此抑制，相互抵消的负反馈，使系统维持在稳定态附近。正反馈导致增长或衰退，负反馈导致稳定。系统发展的初期一般正反馈占优势，晚期负反馈占优势。持续发展的系统中，正负反馈机制相互平衡。[①]

4. 生态位理论

生态位是指一个种群在生态系统中，在时间、空间上所占据的位置及其与相关种群之间的功能关系与作用。每个物种都有自己独特的生态位，区别于其他物

---

① 范国睿. 教育生态学[M]. 北京：人民教育出版社，2000：20-21.

种。同一生态位上的物种之间会展开激烈的正面竞争。因此，没有两个物种可以稳定地占据同一生态位。

5. 最优采食理论

最优采食理论是指生物的任何一种行动都会给自身带来收益，同时也会为此付出一定代价。自然选择总是倾向使生物从所发生的行为中获得最大的收益。在食物匮乏的环境里，较宽的生态位可以使生物消费每个食物单位时获得最大的回报；而食物供应充足时，可能导致生物选择性采食和生态位宽度狭窄。[①]

6. 物质循环与再生原理

在生态系统中，生物借助能量的不停流动，一方面不断地从自然界摄取物质并合成新的物质，另一方面又随时分解为原来的简单物质，即"再生"，重新被系统中的生产者所吸收利用，不停顿地进行物质循环。它使系统内每一组分产生的废物成为下一组分的原料，无"原料"与"废物"之分，由此构成生态系统中营养物质的最佳循环。物质的循环再生和信息的反馈调节是复合生态系统持续发展的根本动因。

7. 协同进化理论

生物个体进化过程一般是在环境选择压力下进行的，而环境不仅包括非生物因素也包括其他生物因素。因此一个物种的进化必然会改变其他生物的选择压力，引起其他生物也发生变化，这些变化反过来又会引起相关物种的进一步变化；在大多数情况下两个以上的物种单独进化常常会相互影响，从而形成一个相互作用的协同适应系统。这种相互适应、相互作用的共同进化关系被称为协同进化。

8. 生态对策理论

生物在长期的进化过程中逐渐形成了适应环境的生态对策。根据生物的进化环境和生态对策可把生物分为"r对策"和"K对策"两大类（r和K分别表示内禀增长率和环境负载量）。"r对策者"具有较大的扩散能力，适应于多变的栖息环境（如干旱地区和寒带），种群密度常低于K值，种内竞争不紧张，具有高生育力、发育快速、早熟等生态特性。"K对策者"具有较强的竞争能力，适应

[①] 曾祥跃. 网络远程教育生态学[M]. 广州：中山大学出版社，2011：19.

于稳定的环境（如热带雨林），种群数量经常保持在 K 水平上，因而竞争较为激烈，具有发育慢、寿命长、存活率高等生态特性。

在生存竞争中，"K 对策者"是以"质"取胜，而"r 对策者"则是以"量"取胜；"K 对策者"将大部分能量用于提高存活率，而"r 对策者"则是将大部分能量用于繁殖。两者在进化过程中各有利弊。"K 对策者"虽然种间竞争力较强，但 r 值较低，遭受激烈变动和死亡后，返回平衡水平的时间长，容易走向灭绝。"r 对策者"虽然竞争力弱，但 r 值高，易返回平衡水平，不易灭绝。同时由于"r 对策者"扩散能力强，当栖息地环境恶化时，它可以迁往其他环境，建立新的种群。

9. 生态发展原理

发展是一个渐进、有序的系统发育和功能完善过程。系统演替的目标在于完善功能，而非结构或成分增长；系统生产的目的在于社会服务功效的提高，而非产品的数量或质量。

上述原理都是从某一角度，在不同情形下对事物变化和发展规律的阐释。

三、生态学的应用思路

一个健康、良性的生态系统应该是稳定、可持续的，其自身的组织结构和自治能够长时间地维持，其对胁迫的恢复力也能够长久维持。健康的生态系统能够维持复杂性的同时，也能满足人类的需求。

（一）推动事物的可持续发展

世界环境与发展委员会在 1987 年提出"满足当代人的需要，又不对后代满足其发展需要的能力构成威胁的发展"。可持续发展观念协调社会与人之间的关系，包括生态环境、经济、社会的可持续发展，但最根本的是生态环境的可持续发展。

（二）促进人与自然和谐发展

当今人类面临着空前严重的生态危机，原因众多，但其中最重要的是以往人类对自然的错误认识。人类进入工业文明以后，高新技术的进步和发展使得人们更加相信"人定胜天"，认为凭借先进的科学技术就可以改造自然、征服自然，甚至于主宰自然。这种观念和行为虽然带来了经济的飞跃，但也造成了不可弥补的环境问题。作为自然界的一分子，人类必须与自然界和谐共生，共同发展。

（三）养成生态伦理道德观

传统的发展模式伴随着对自然环境的随意破坏，对各种资源的恣意消耗而来；这是一种对后代和其他生物不负责任和不道德的发展模式。新型的生态伦理道德观应该是在发展经济的同时，考虑人类的行为不仅要有利于当代人类生存发展，还要为后代留下足够的发展空间。

从生态学中分化出产业生态学、恢复生态学以及教育生态、城市生态建设等，都是对生态学基本原理的推广而产生的成果。

第二节 知识生态学

随着高新技术的飞速发展，人类进入知识经济时代，人类社会正在经历巨大而深刻的变革。社会变革在给人类带来幸福的同时，也面临着不少"瓶颈"问题。例如，伴随着知识爆炸而带来的知识急剧增长，人们面对海量知识如何才能进行有效的管理及合理的运用？这些问题的出现要求我们积极开展针对性的研究，探寻解决问题的新方法。而知识生态学的开创，为我们解决上述问题提供了一个新的视角。

一、知识生态学相关概念

（一）知识生态学的定义

1975年，加拿大渥太华大学哲学系教授沃杰霍夫斯基率先提出知识生态学的概念。知识生态学是把知识看作一个生物体，以生态学的理论和观点分析知识生物体的管理和架构问题。知识生态学注重知识的分布、互动、竞争、演化作用。如何定义知识生态学，不同的学者有不同的看法。

知识生态学的创始人沃杰霍夫斯基教授认为，知识生态学以人类知识的总和为研究对象和着力点，主要研究知识的性质、表达方式、传播和接收、贮存以及知识对文化、人口、社会组织和人与自然的关系等因素的作用与影响。①

荷兰学者乔治·波尔认为,知识生态学是一门管理理论与实践的学科,着重从关系和社会角度来研究知识的创造及应用,其目标是开发并培育信息、思想和灵感彼此交融并相互滋养的知识生态系统。②

马霍特拉认为,组织系统的知识生态学是对具有自我调整功能的系统的行动、执行、适应的解释,它由知识节点、知识转移和知识流构成。在知识生态学里,合作与生存的基础是知识节点的差异性和相似性。③

保罗·什里瓦斯塔瓦博士认为,组织知识过程涉及知识创造、分配、交换、使用,包括组织智力资产的管理,对这些过程最好的比喻是生态学和生态系统。这些知识生态系统有输入、生产能力和输出,它们与环境保持着开放的交换关系。

台湾生产管理专家周信宏先生主张,知识生态学是"研究知识社群与经营环境相互关系的科学"。他认为,知识生态系统可大可小,只要具有主要社群成员,如知识主管或社群经理、专家及知识工作者,大家在一起利用知识从事各项活动,都可称为知识生态系统,因此,知识生态系统小至单一知识社群,大至企业集团甚至行业或国家。④ 周文臣、严春友认为,知识生态学是研究知识体系的生长发育、动力机制、形态结构、演化机理及其与环境关系的一种拟议中的新学科。⑤

总之,知识生态学是一门交叉学科,它研究能够同时创造、整合、共享和使用知识的关系、工具及方法。个人和组织知识生态系统的学习、设计和改进是知识生态学的焦点。⑥

---

① 襄杰. 知识生态学[J]. 社联通讯, 1988 (4): 56.
② POR G, MOLLOYN J. Nurturing systemic wisdom through knowledge ecology [J]. The Systems Thinker, 2000 (8): 1 – 5.
③ MALHOTRA Y. Information ecology and knowledge management: toward knowledge ecology for hyperturbulent organizational environments [EB/OL]. http://www.brint.org/KMEcology.pdf.
④ 汪社教,沈固朝. 知识生态学研究进展[J]. 情报理论与实践, 2007 (4): 572 – 576.
⑤ 周文臣,严春友. 知识生态学论纲[J]. 潜科学, 1994 (6): 36 – 37.
⑥ 李涛,李敏. 知识、技术与人的互动:知识生态学的新视角[J]. 科学学与科学技术管理, 2001 (9): 27 – 29.

(二) 知识生态系统

学科之间、新旧知识之间的关系犹如生物与环境之间的关系，既相互影响，又相互调和，这就是知识生态现象。陈清硕把"知识客体"和"人"组成的复合系统称为知识生态系统。① 魏火艳认为知识生态系统就是知识和人、科技等形成的一个生态系统，在这个系统中，知识作为一种资源，处于复杂的运动过程。② 蔺楠等人将知识工作者视为有机体，将各有机体彼此间相互作用，与知识系统的组织环境相互影响的功能系统定义为知识生态系统。③ 孙振领、李后卿从生态系统生态学理论和知识特性分析，认为知识生态系统是特定时空范围内，由知识资源、知识服务活动、知识创新活动以及它们的交流和协作环境所组成的，借助于知识流动、价值流动、物质流动等功能而形成的开放、动态的知识系统。④ 叶培华、徐宝祥认为，知识主体与其外部环境通过物质、能量和信息的交换，构成一个相互作用、相互依赖、共同发展的整体。他们把知识主体与知识环境形成的相互作用、相互影响的系统，叫作知识生态系统。⑤

总之，知识生态系统是知识主体或知识工作者之间及其与知识系统环境进行知识交流，构成相互影响、相互作用的统一整体。

(三) 知识生态位

知识生态位是知识生态学中的一个重要概念。毕小青等人认为，知识生态位指知识人的生态位，而知识人指位于知识生态系统中的人；知识生态位的维度定义为由知识资源、个人能力、时间、空间四个变量维度组成。⑥ 唐艺认为知识生态位就是知识工作者在知识生态系统中所占据的时间、空间位置及其与知识生态系统之间的功能关系⑦。薛晓芳等人认为虚拟企业知识生态位是指在网络信息技

---

① 陈清硕. 知识生态系统非平衡稳态的调节[J]. 知识工程, 1992 (1): 11 – 14.
② 魏火艳. 论知识生态学在体育教学中的运用[J]. 河南教育(基教版), 2005 (12): 21.
③ 蔺楠, 覃正, 汪应洛. 基于 Agent 的知识生态系统动力学机制研究[J]. 科学学研究, 2005 (3): 406 – 409.
④ 孙振领, 李后卿. 关于知识生态系统的理论研究[J]. 图书与情报, 2008 (5): 22 – 27.
⑤ 叶培华, 徐宝祥. 企业知识生态系统的复杂适应性研究[J]. 情报杂志, 2008 (2): 99 – 103.
⑥ 毕小青, 周忠磊. 企业知识共享模型研究[J]. 情报杂志, 2007 (11): 40 – 42.
⑦ 唐艺. 知识生态位理论探析[J]. 知识经济, 2008 (9): 129 – 130.

术的支撑下,以知识创新为核心能力而形成的网络组织,通过范围管理、质量管理、时间管理、成本管理、人力资源管理和信息沟通管理知识的获取,在研发、生产和营销知识共享的过程中实现相互之间知识的集成,从而使得企业、种群和生态系统分别在各自赖以生存、发展、合作和竞争的环境中所获得的功能地位。①

二、知识生态学遵循的原则

沃杰霍夫斯基教授指出,人类生态学性质的知识生态学必须考虑以下两个方面:长远规划、面向未来,整体观念、全球意识。② 国内学者李涛认为知识生态学应遵循以下五条原则:③

1. 系统原则

系统原则是研究知识生态学最基本的原则。知识生态学的模型源于自然生态系统的启示,自然生态系统的复杂性和非线性使我们明白,在自然生态系统里,物质形式和结构层次发生转变主要是通过能量的传递和转化来实现的,而其中维持这些变化和稳定的重要因素是协调能力。知识生态系统就是要建立这种具有自我评估能力的协调机制,使系统中各个子系统之间、子系统与环境之间的知识得以交流和反馈,致使系统绩效总目标的知识状态保持最优化。

2. 人本原则

人,既是知识的真正拥有者,又是知识生态系统运行的操作者和最高裁决者。在某种意义上讲,知识生态学相当于以人为中心的知识管理学。知识的管理是建立在知识充分共享和交流的基础上。知识生态系统是以人为节点、以协作交流为链、以知识流为内容的系统,其实质是一个知识共享、交流和创新的系统。知识生态的研究要依赖知识节点的竞争、协作中产生的知识多样性等因素。

---

① 薛晓芳,覃正. 虚拟企业的知识创新机制及其知识生态位研究[J]. 情报杂志,2008(8):73-76.
② 牛陇菲,张一凯. 知识生态学:对人类与知识实体关系的新探索[J]. 兰州大学学报,1990(1):13-17.
③ 李涛,李敏. 知识、技术与人的互动:知识生态学的新视角[J]. 科学学与科学技术管理,2001(9):27-29.

3. 跨学科原则

知识生态学是管理科学、信息科学、组织管理、认知科学以及其他相关自然科学和艺术的结合体,其研究和实施的不只是信息传送,而是关系知识行为模式和交流系统的塑造。达文波特的信息生态学、斯维拜等人的知识资本理论、圣吉的组织学习和系统思维、温格的实践社群等都是知识生态学的思想来源。

4. 互动原则

知识生态学是为了组织开发出一个动态的智能系统。知识生态学认为,所有的知识都是相互关联、相互影响的,知识不是静止的,而是在永远不断地增长和变化。知识也不是孤立存在的,它生长在整个系统中,总是受其他部分或外在环境的影响。互动原则,也就是相互作用的原则。在知识、人、技术三元网络的交互下,不仅知识的位置会变化,知识的内容本身也会随时间而变化。

5. 实践性原则

知识生态学的最终方法落脚于通过构思、实践和不断测试,为企业组织开发出具有自我意识、持续创新的进化系统。马瑟认为:知识的获取取决于两件事情,一是建好物质的基础设施,二是确立正确的文化;我们所缺的正是培育和保存无形信息和知识的文化。而创建高适应性的知识运作体系正是知识生态学的实践方向。知识生态学可以通过增强组织的学习能力和学习速度,提高企业的绩效。

三、知识生态学研究的意义

认识到自然生态系统的价值,对于人类组成的机构而言,我们还可以意识到基于社会系统的意志力、语言为它的设计和反馈带来新的可能性。通过承认学习的社会属性和技术所起的关键作用,知识生态在静态知识管理的数据仓库和自然系统动态、适应性的行为两者的鸿沟之间架起了桥梁。[1]

知识生态学一心要为知识的创造和应用找到更好的社会条件和技术条件,它的贡献在于它强调在处理像接受良好教育和保护环境之类的问题时,不能单纯依靠决策者或专家的号召。[2] 解决系统的问题需要具有不同观点和来自不同专业的

---

[1] 孙振领. 国内外知识生态学研究综述[J]. 情报科学, 2011 (3): 469-474.
[2] 耕香. 知识生态学[J]. 国外社会科学, 2002 (3): 121-122.

人共同参与、合作，需要与这些问题密切相关、有经验、有义务和有责任感的人积极介入。

第三节　生态哲学与生态主义

人类社会从诞生之日起，就面临生存和发展的重大问题。原始的发展是以牺牲自然环境为代价来获取经济和社会的繁荣。特别是自20世纪以来，伴随着日益加快的工业化、城市化进程，人口激增、能源短缺、全球气候变暖、环境污染等问题日益严重，自然界的生态平衡遭到极大的破坏，人们面临着日趋恶化的生态危机。为此，人们提出了可持续发展的战略方针。而生态哲学作为整体论世界观，是人们对威胁人类生存发展的生态危机的哲学反思，也是21世纪以来，对人类社会新的发展道路的理性展望。

一、生态哲学概述

（一）生态哲学缘起

恩格斯可以说是较早对生态问题展开哲学思考的人，他曾在一百多年前说过，"我们不要过分陶醉于人类对自然界的胜利。对于每一次这样的胜利，自然界都对我们进行了报复。每一次胜利，在每一步都确实取得了我们预期的结果，但是在第二步和第三步却有了完全不同的、出乎意料的影响，常常把第一个结果又取消了"。[①] 然而，真正意义上的生态哲学却是在20世纪20年代以后才发展起来的。

生态哲学源于大变革时代，生态运动的发展推动了生态哲学的发展。自工业革命以来，特别是第二次世界大战后，世界各国都大力发展工业和经济，在经济的高速持续增长和繁荣的背后，也带来了严重的环境污染和破坏，最终造成环境

[①] 恩格斯. 马克思恩格斯全集（第20卷）·自然辩证法 [M]. 北京：人民出版社，1979：519.

污染危机多样化发展,甚至全面爆发。这些集中体现在 20 世纪中叶震惊世界的八大事件,即"比利时马斯河谷毒气污染事件""美国多诺拉镇烟雾事件""洛杉矶光化学烟雾事件""伦敦燃煤毒害事件""日本四日市工业废气污染引起的哮喘病事件""日本水俣病事件""日本富山县骨痛病事件""日本米糠油中毒事件"等。再加上宇航员从太空拍回的地球照片,让人类意识到地球是一个脆弱的星球。面对不断恶化的生态环境,人类都应考虑如何以一场人类自身的革命来摆脱人类的困境。

1922 年,美国地理学家巴罗斯首次提出了"人类生态学"的概念,开始探讨人与自然、生物环境的相互影响。20 世纪六七十年代,美国著名学者蕾切尔·卡逊《寂静的春天》和罗马俱乐部丹尼斯·米都斯《增长的极限》等著作的出版,在世界各地引起巨大的反响。人口爆炸、土地沙化、资源枯竭、能源危机、环境污染,这所有的一切已经使人类陷入生存的困境。

因此,人们应对环境危机的发展高度警惕,无论政府还是民间,均广泛开展了环境保护运动。民间环保人士建立了许多俱乐部和协会,如塞拉俱乐部、奥杜邦协会、野生自然保护协会等,其中较出名的有绿色和平组织、海洋保护协会、"地球优先"等组织。他们采用游行、示威、静坐等行动来保护环境,致力于保护生物的栖息地,生态系统的多样性,为维护生态平衡进行着不懈的努力。在他们的推动下,各国政府开始行动起来,工业发达国家不断加大对环境保护的投资,制定严格的环保法规条例,大力发展低污染和无污染的工艺技术,积极开展环境科学的研究。① 这些努力表明人们逐渐从过去注重经济和物质生活的传统观念中解脱出来,树立现代生态意识,确立以生态原则为核心的生态文明观,实现人与自然的协调发展。这直接为生态哲学的兴起奠定了理论基础,提供了思想原料。

(二) 生态哲学的内涵及研究对象

生态哲学是一种世界观,是人类观察自然、与生态环境相互关系所形成的观点和学说体系。它又是一种方法论,是人们正确处理自身与外部自然界相互关系的方法论体系。

---

① 钟文华. 生态哲学的历史探究及其当代意义[D]. 福州:福建师范大学,2005.

1. 生态哲学的内涵

关于生态哲学，西方学者有两种观点：一种观点认为，生态哲学是一种生态学世界观，代表人物有德国哲学家萨克塞和美国的物理学家卡普拉；另一种观点认为，生态哲学就是环境哲学、环境伦理学、生态伦理学，代表人物有澳大利亚哲学家布恩南。我国学者余谋昌认为，生态哲学是运用生态学的基本观点和方法，观察现实事物，理解现实世界理论。运用生态系统整体性观点认识现实事物，揭示各种事物和现象相互关系和发展变化的规律性，从而认识和解决现实世界的种种问题。① 李世雁认为，生态哲学是用生态学关于生态系统整体性、系统性、平衡性等观点来探讨、研究和解释自然及人与自然之间相互关系的一门学问。②

综合来看，我们认为，生态哲学就是运用生态学的理论、方法来观察和理解世界，是一种基于生态学视角的世界观和方法论。

2. 生态哲学的研究对象

生态哲学作为一种新的世界观，一种方法论，它包含四个方面的内容。

（1）生态本体论。它探讨的是以人为核心的生态系统的生成、发展和变化的规律。

（2）生态认识论。它研究作为生态主体的人及人类重新审视自身并认识生态客体的历史活动及相关的理论。从实践的角度看，它是人对人类的生态活动及其后果所进行的理性思考。

（3）生态价值论。它是揭示人类社会与自然环境之间的价值关系的理论。

（4）生态方法论。它研究的是人的生态哲学思维，即人们在认识和改造生态客体和生态主体以及创造世界的过程中运用生态系统思维的方式，研究生命与环境，包括人类社会活动所有问题的规律性。③

生态哲学作为一种新的世界观和哲学领域的新兴学科，呼吁人们从一个全新角度来认识人与自然的关系，寻求社会可持续发展之道，实现人与自我、人与社

---

① 余谋昌. 生态哲学 [M]. 西安：陕西人民教育出版社，2000：33-34.
② 李世雁. 生态哲学之解读[J]. 南京林业大学学报（人文社会科学版），2015（1）：25-32.
③ 包庆德. 生态哲学的研究对象与性质[J]. 内蒙古社会科学，1998（2）：6-9.

会、人与自然的三大和谐。

（三）生态哲学的功能[①]

1. 引导功能

马克思曾说过：任何真正的哲学都是自己时代的精神上的精华[②]。生态哲学也不例外，可以说，它是当前可持续发展时代的精华，是马克思主义哲学在新形势下的新发展。生态哲学直接或间接地引导人们了解生态学的基本知识和理论，掌握生态学的基本观点，树立生态伦理观和价值观等，促进可持续发展战略的顺利实施。

2. 批判功能

生态哲学的批判功能是由它本身的辩证思维方法决定的。在认识论、价值观、自然观等方面，生态哲学与一些传统的观点相反，尤其是在人与自然的关系上，对传统的人类中心主义提出了严肃的批评，认为人类并非自然的主宰，生态危机的根源就在于"人类沙文主义"和"物种歧视主义"盛行。

生态哲学警示人类，一定要正确处理人与自然的关系，摆正自己的位置，绝不能为所欲为，恣意破坏大自然的生态平衡。因为自然界并非是人类温顺的奴隶，它对人类的残暴可以给予致命的回击。[③] 因此，在21世纪，人类只有充分重视生物、人类和社会系统与其所处环境之间的依存关系，维护人类社会经济和自然生态之间的平衡，才能得到更大、更好地发展。

3. 教育功能

人类社会的健康发展，绝不仅仅是少数专家学者的事情，它有赖于全人类的共同努力。因此，生态哲学的相关理论和观点必须融入我们的学校教育和社会教育中去。通过生态哲学的教育，去唤醒人们的危机意识，建立生态意识，把尊重自然、热爱自然、保护自然、建设自然熔铸到21世纪新人的素质教育中。通过教育，树立起人类的内心信念，达到自我约束和自律调节，最终是要达到在实践

[①] 胡振亚，秦书生. 生态哲学：可持续发展时代的世界观[J]. 东北大学学报（社会科学版），2003（4）：247-249.

[②] 叶敦平. 马克思哲学原理（理工类本科试用本）[M]. 北京：高等教育出版社，2000：13.

[③] 邓捷. 生态哲学：生态文明时代的灵魂[J]. 新疆社科论坛，2000（3）：42.

中约束和规范人的行为，以遏制人类对地球家园的破坏，协调已非常尖锐的人与自然的矛盾，帮助人类摆脱生态危机，实现社会的持续发展目的。

二、生态主义的形成与发展

生态主义，又称生态政治学，其目标是追求人与自然和谐相处，主要内容为反对传统政治制度和经济发展模式，试图在人类社会内部不同群体、不同阶级、不同种族、不同国别之间建立起一种新型关系。生态主义注重人类整体利益和未来人类利益。

（一）生态主义的形成

生态主义形成于20世纪六七十年代。

1. 生态主义形成的历史背景

（1）人类的生存环境日渐堪忧。世界各国的资本家为了追求利益最大化，不惜一切手段，包括极度破坏环境；同时，高消费的生活方式耗费了大量的自然资源，环境污染日益严重；另外，科学技术是把双刃剑，它在推动生产力巨大发展的同时，也危害了生态平衡，人类生存环境日渐堪忧，危及人类的健康生活。

（2）新兴社会阶层的政治诉求。科学技术的不断发展，使人类社会从工业社会进入后工业社会，由此形成了一个新兴的社会阶层。这个中间社会阶层其自身素质较高，要求更多的话语权，他们有以下三种特点：第一，普遍接受过良好的教育，对社会有新的要求；第二，对社会问题的关注点发生了转移；第三，参与政治的方式发生了变化。

（3）公众对资产阶级民主制度的不满情绪。生态主义政治是人民群众对资产阶级民主制度和传统左翼政党奉行的改良政策不满的产物。

2. 生态主义形成的标志

生态主义形成的标志是以深生态为代表的生态哲学思潮的兴起。1973年，挪威著名哲学家阿恩·纳斯最先提出了深生态学理论，它是当代西方环境主义思潮中最具革命性和挑战性的生态哲学。

"深生态学"是与主流环境主义（"浅生态学"）区分而确立起来的。阿恩·纳斯认为，浅生态学是人类中心主义的，只关心人类的利益；深生态学是非人类中心主义的，关心整个自然界的福祉。浅生态学专注于环境退化的症候，如污染、资源耗竭等；深生态学认为要彻底解决生态危机，仅关注环境污染和资源枯竭是不够的，要深层次追问危机的根源，包括社会、文化和人性的。在实践上，浅生态学要求改良现有的价值观念和社会制度；深生态学则主张重建人类文明的秩序，使之成为自然整体中的一个有机部分。

深生态学理论的核心观点是"自我实现"和"生物中心主义的平等"。阿恩·纳斯指出，人类自我意识的觉醒，经历了从本能自我到社会自我，再到生态自我的过程。深生态学强调自我与整个大自然密不可分，人的自我利益和生态系统的利益是完全相同的。因此，自我实现的过程就是培育一个没有主宰，各种有机体平等共处的社会的过程。[①] 而"生物中心主义的平等"则强调在生物圈中所有的存在物（包括人类与非人类、有机体与无机体）在内在价值上是平等的。每一种生命形式在生态系统中都是不可或缺的，都有发挥其正常功能的权利，都有"生存和繁荣的平等权利"。人类只是生物共同体的"普通公民"，人类没有权利建立等级制度并将自己摆在等级的最高点，各种有机体都是平等的。

可见，深生态学反对人类中心主义，承认自然的内在价值，主张以生态伦理观取代人类中心主义的伦理观，从而形成生态主义的世界观、价值观、认识论和方法论。

（二）生态主义的发展

（1）生态社会主义。生态社会主义是20世纪七八十年代在西方兴起的一种社会思潮。生态社会主义认为，生态危机已随着资本主义的普遍化和全球化而迅速发展成为一场全球危机，造成这一全球危机的根本原因不是生产力的发展，而是资本主义制度本身。为此，解决危机的原则"生态学""非暴力""社会责任感""基层民主"被提出。生态学被认为是绿色政治最可靠、最正确的理论基础。人类只有用整体、系统、关联和平衡的思维方法和手段来对待、处理"自然和社会""人类与自然"之间的关系问题，才能获得真正的解放和自由。[②] 生态社会主义反对任何形式的暴力，主张通过和平、非暴力、渐进的方式来改造资本

---

① 王宏康. 西方的深生态运动：生态危机的困惑和反思[J]. 自然辩证法通讯，1999（6）：28-32.

② 黄新华. 论生态社会主义的"绿色政治学说"[J]. 当代世界社会主义问题，1999（3）：49-53.

和国家，最终建立一个没有剥削和压迫，人人平等友爱，人类与自然界充满和谐的社会生物共同体。为了实现社会的公平与正义，必须强调社会责任感，使政府的决策和行为符合生态学原则，以维护生态平衡。生态社会主义提出要用"生态经济"取代"市场经济"。生态社会主义依据"社会活动分散化"原则，强调"基层民主"，反对严格的等级制度以及由此带来的垄断，扩大基层在决策和行动中的作用。总之，生态社会主义深刻地反思了生态危机，对人类社会的未来发展提出了创造性的设想。[1]

（2）生态女权主义。生态女权主义是当代西方的环境运动与女权运动的联姻，并且它至今仍然是女权主义理论中最有活力的派别之一[2]，同时也是生态主义的最新发展，其许多研究仍在简单地探索女权主义者与生态环境运动之间的关系。[3]

生态女权主义是一种把妇女的解放与"大自然的解放"联系起来的观点，这种观点认为西方文化在贬低自然和贬低女人之间存在着某种历史的、象征的和政治的关系。[4] 生态女权主义认为，妇女在创造和维持生命方面与自然界有着本质的联系，自然过程遵循的是女性原则：能动的创造性、多样性、整体性、可持续性和生命的神圣性，但在男权社会里，人类不仅确立了对自然的统治，而且确立了对妇女的统治，这正是当代生态危机的根源。生态女权主义批判西方传统的"二元论"思维方式把千差万别的事物作二元划分，然后对这些二元事物进行价值分类，确定其优劣，进而得出男权优于女权、理性高于感性、人类高于自然的结论。要想真正地解放女性和自然，就必须用多元的思维方式取代二元论思维方式。生态女权主义者倡导在关怀、热爱、友谊、信任、适当互惠等价值观的指导下，重建人与自然、男女之间的公正和谐的关系。

（3）生态后现代主义。后现代主义是一种包括后现代艺术、社会学、哲学在内的社会思潮和文化思潮，具有极其丰富的思想和理论内涵，是人类有史以来最复杂的一种思潮。[5]后现代主义理论的产生和发展极大地促进了生态主义思想

---

[1] 李森，王牧华，张家军. 课堂生态论：和谐与创造[M]. 北京：人民教育出版社，2011：157-159.
[2] 朱坦. 环境伦理学：理论与实践[M]. 北京：中国环境出版社，2001：144.
[3] 贾丁斯. 环境伦理学[M]. 北京：北京大学出版社，2002：280.
[4] 裴广川. 环境伦理学[M]. 北京：高等教育出版社，2002：48.
[5] 余谋昌. 生态哲学[M]. 西安：陕西人民出版社，2000：39.

的发展和成熟，后现代主义也因此成为生态主义思想的重要基础。生态主义同后现代主义之间形成了一种错综复杂的关系，两者共享许多假设和依据。从深生态学的角度看，后现代主义所要解构的正是生态主义所要批判的；后现代主义所要建构的也恰恰是生态主义致力树立的，两者不谋而合。后现代思想是彻底的生态主义的，它为生态学运动所倡导的持久见识提供了哲学和意识形态方面的根据。① 生态后现代主义有两个重要特征：一是对解构后的后现代主义的彻底批判，并以此进一步批判现代主义；二是对生态的关注，认为人是与自然、社会有着内在联系的整体，而不是脱离地球共同体孤立存在，人类构成性地嵌入精妙的生物、生态、宇宙和量子过程中。

三、生态主义的基本特征和基本理念

（一）生态主义的基本特征

（1）生态主义主张意识形态多元化。无论自由主义、保守主义、社会民主主义，还是别的什么政治派别，只要认同生态主义的基本主张，都可以成为生态主义的成员。

（2）生态主义崇尚一种新激进主义，或者"新乌托邦主义"。生态主义否定工业资本主义的价值体系及制度，追求建立一个自然和社会生态平衡的美好的"绿色社会"，其现实性受到西方社会的广泛怀疑和攻击，不可避免地戴上了"乌托邦主义"的标签。

（3）生态主义在思想方法上赞同整体论。生态主义反对以培根、笛卡儿、牛顿等人为代表的西方近代科学的分析、归纳方法，特别是机械的线性思维方式和原子论观点。

（4）在哲学立场方面，生态主义者信奉后物质主义，批判工业资本主义社会无止境的物质追求和物质享乐主义倾向。

（二）生态主义的基本理念

生态主义的基本理念包括生态主义的世界观、生态主义的价值观、生态主义的认识论、生态主义的方法论等。②

---

① 格里芬. 后现代精神[M]. 北京：中央编译出版社，1998：227.
② 李森，王牧华，张家军. 课堂生态论：和谐与创造[M]. 北京：人民教育出版社，2011：166-169.

1. 生态主义的世界观

生态主义的世界观是一种整体有机论。生态主义认为世界是一个有内在联系的有机整体，人、自然、社会是一个动态发展的和谐统一体。生态主义的世界观认为，现实中的一切单位都有内在的联系，所有单位和个体都是由关系构成的。①

2. 生态主义的价值观

生态主义的价值观主张人与自然、社会要建立一种新型的伦理关系，即人与自然的协调发展关系，具体有以下5个方面：①弘扬环境保护价值观——人类对自然界的义务；②强调关怀未来价值观——对未来后代的责任；③注重自然价值观——非人类中心主义；④突出人与环境平等观——人与自然关系平等；⑤强化实现可持续发展观——人与自然要永续发展。可持续发展观是一种和谐发展观，它兼顾经济、环境和社会，以经济可持续性、生态可持续性和社会可持续性三者统一，即"人、自然、社会"系统可持续为基础，和谐发展。

3. 生态主义的认识论

生态主义的认识论建立在后现代主义基础之上，与后现代主义一样反对西方哲学的"主客体二元对立"观点，主张消解、摒弃二元论。后现代科学不应将物质与意识割裂开，因而也不应将事实、意义及价值割裂开。因此，科学与人类内在的道德观密不可分，而真理和美德是科学的一部分，也是不可分割的。②生态主义认为：人是自然、社会系统中不可缺少的、普通的一部分，这一部分只有在与整个生态系统相联系时才有意义。

4. 生态主义的方法论

生态主义对还原论方法进行了批判，赞同整体论方法。当然，生态主义的整体论方法对分析并不是一概否定。生态学并不排斥分析，它包容和运用了所有现代严格的分析技巧，但它既不停留在分析上，也不推崇客观、冷漠的分析价值观。它以一种整体论的方法包含和超越了分析，而这种整体论的方法对于其概念和任务至关重要。③

---

① 格里芬. 后现代精神 [M]. 北京：中央编译出版社，1998：151.
② 格里芬. 后现代精神 [M]. 北京：中央编译出版社，1998：83-84.
③ 格里芬. 后现代精神 [M]. 北京：中央编译出版社，1998：132.

四、生态主义对学校课程的影响

由于生态主义的影响，学校的课程理论工作者在探求教育课程变革中，从生态学视角寻求解决当代课程领域中的理论及实践问题，产生了充满生机与活力的生态主义课程思潮。此生态主义课程思潮主要包括卡普拉的课程思想、多尔的后现代主义课程思想以及多元文化教育的课程思想等。①

在课程价值取向上，当代课程生态观摒弃西方对自然的二元论、还原论和功利主义态度，真正确立起系统整体观念、民主平等原则、尊重差异的思想以及动态发展的观点，切实处理好人与自然、人与社会、人与人、人与自我的辩证关系。在课程目标上，当代课程生态观致力于人的自然性、社会性和自主性的和谐发展，注重一致性与差异性的统一、理性与非理性的统一、意识与潜意识的统一以及个体需要与社会需要的统一，以培养自由和解放的公民。在课程内容上，当代课程生态观突破狭隘的科学世界束缚，达到"科学世界"与"生活世界"和谐统一，谋求自然科学课程与人文科学课程的整合，在自然科学课程中渗透伦理精神和审美体验，在人文科学课程中渗透科学精神和理性光辉。总之，当代课程生态学要把科学、艺术和道德融入人的生活、人的成长过程中，让学生的"个人知识"及自身特殊文化世界在学校课程中占据重要的位置。在课程实施上，当代课程生态观注重教学双方在平等基础上的对话与沟通，使学生在体验性、探索性的框架下进行自主、创新性学习，并且在这一学习过程中建立起民主、平等、对话的新型师生关系。

回归生活的课程生态观，从本质上说是强调自然、社会和人在课程体系中的有机统一，使自然、社会和人成为课程的基本来源。因此，自然即课程、生活即课程、自我即课程是当代课程生态观的基本命题。

自然即课程，意味着课程应向自然界开放，与自然界融为一体，使学生有机会走向自然，并在感受、认识和探索自然的过程中，谋求人对自然的伦理精神、审美体验和求真意志的统一，进而让人类成为自然的关爱者、有创造力的生产者和有责任的环境保护者。

生活即课程，意味着课程直接面向社会，与生活融为一体，使课程与学生生活和现实社会实际保持密切的联系，让实践和生活成为学生个人发展的活的

---

① 王牧华，勒玉乐．生态主义课程思潮引论[J]．辽宁师范大学学报，2000（4）：43－46．

源头。

自我即课程,意味着课程应向自我开放,尊重个人的感受、体验和价值观念,关注人的个人知识,学生不是知识与文化的被动接受者,而是知识与文化的创造者。课程应成为学生真实而生动的生活世界,学生可以在其中自由地展示智慧和情感,学会自主选择、创造。

向自我开放的课程,还意味着人性的回归。人的情感、品质、人格、技术、知识等不再成为待价而沽的商品,人的尊严、价值、自我意义、个性得到了展示,科技理性的控制本性和功利取向得到了修正,科学与理性开始发散出人性的光辉。在向自我开放的课程世界里,教师不再是真理的"占用者和宣示者",学生也不再是真理的被动接受者,他们都是真理的追求者和探索者,师生之间不再是单向的"授与受"关系,而是"你与我"关系、对话关系。[①]

诞生于20世纪六七十年代的生态主义,到如今仍然是一股强有力而风靡世界的政治和哲学思潮,它的功能和影响并不局限在政治或意识形态领域,作为一种激进的环境主义,生态主义与非人类中心主义、女权主义、后现代主义交融在一起,相互批评、相互启发,在科学、艺术、伦理、宗教等诸多人类精神领域产生了广泛而深刻的影响。

---

① 靳玉乐. 论基础教育课程发展的新理念[J]. 教育理论与实践, 2002 (4): 21-26.

第四章

教科书生态系统的组织框架

教科书生态系统的组织框架是指其结构，是指教科书生态系统内各个要素在时间、空间等方面的分布或架构方式，及各个要素之间能量、物质、信息流的途径与传递关系。只有教科书生态系统的各个要素之间通过相互作用形成结构，教科书生态系统才能形成正常的运行秩序。可以说，教科书生态系统的结构是教科书生态系统功能实现的前提和基础。教科书生态系统的结构主要包括一般结构和组织结构等。

第一节　结构与结构的生态机理

为了深入了解教科书生态系统的结构，首先要明确结构及教科书生态系统结构的生态机理。

一、结构的内涵及意义

（一）结构的内涵

世界上任何事物都有结构，不同事物，其结构不同；结构是事物的存在形式。物体的结构主要体现在它的起伏转折之处，还有形体本身形状的整体动态趋势。关于"结构是什么"，人们从不同的角度给予解释。

法国著名哲学家列维·斯特劳斯认为，结构虽然是真实的，但它不是客观事物本身所固有的，而是人的无意识活动的一种投射，是人的一种先天的构造能力。① 瑞士认知心理学家皮亚杰认为，结构是一个具有整体性、转换性和自身调整性的"由种种转换规律组成的体系"。② 我国学者李森等人认为，结构是事物之间真实存在的，反映事物之间相互关系的规则体系。③

《现代汉语词典》关于"结构"的解释：①结构是指事物的各个组成部分的搭配和排列，如语言的结构、原子结构；②结构是指建筑物上承担重力或外力的部分的构造，如砖木结构、钢筋混凝土结构；③结构是指组织安排（文字、情节等），如根据主线来结构故事。④

由此可见，结构既是一种观念形态，又是物质的一种运动状态。结是结合之义，构是构造之义。合起来讲，结构是指事物自身各种要素相互关联和相互作用的方式，包括构成事物要素的数量比例、排列次序、结合方式和因发展而引起的变化。

（二）结构的意义

我国著名学者张楚廷先生认为，结构的观念与方法不仅在自然科学的发展中起了重要作用，而且在社会科学、人文科学中也起了重要作用。⑤ 这种作用体现在形而上和形而下两个层面，一方面它使结构成为一种方法，另一方面它使结构本身成为一个研究领域。

列维·斯特劳斯强调结构的方法对于理论研究有重要意义，他认为科学研究的方法不是还原主义的就是结构主义的，如果复杂的现象可以还原为较简单的现象，人们就会运用还原主义；而对于无法还原到较低层级的复杂现象，人们只能借助结构主义从繁杂的现象背后找出秩序或结构，明确它们由哪一类原始系统、

---

① 车铭洲. 现代西方哲学源流[M]. 天津：天津教育出版社，1988：266.
② 皮亚杰. 结构主义[M]. 北京：商务印书馆，1986：2.
③ 李森，王牧华，张家军. 课堂生态论：和谐与创造[M]. 北京：人民教育出版社，2011：74.
④ 中国社会科学院语言研究所词典编辑室. 现代汉语词典[M]. 7版. 北京：商务印书馆，2017：666.
⑤ 张楚廷. 课程与教学哲学[M]. 北京：人民教育出版社，2003：27.

结构所组成。①

总之，我们一方面可以用结构的观点和方法来研究教科书生态，另一方面，也可把教科书生态的结构作为一个研究对象和研究领域确立起来。对教科书生态结构的研究，将更有力地揭示教科书生态的功能，两者之间具有因果关系。

结构的意义还在于以一种整体关联的、系统有机的视角关注教科书现实中的一系列问题，为教科书的良性运行和学生的健康成长探寻一条可行的道路。

二、教科书生态系统结构的机理

（一）开放性和整体性原理

1. 开放性原理

生态系统总是与外界进行物质、能量与信息全方位交流，生态系统是开放的系统。以池塘生态系统为例，尽管它具有相对独立性，但它的周围亦都与外界相通，不断有能量和物质进入和输出。

生态系统的开放性也表现在熵（entropy）的交换。生态系统不断地摄入能量，并将代谢过程中所产生的熵排向环境；生态系统与环境之间的交换是必然的。

生态系统的开放性的意义在于以下三个方面：

第一，有开放，才有输入。对一个系统而言，有输入才有输出，输入的变化总会引起输出的变化。输出是输入的结果，输入是输出的原因。

第二，开放促进了要素间的交流。开放使生态系统各要素间有了不断的交换，促使系统内各要素间关系始终处于动态之中。例如，系统内生物个体生理活动和适应性对策的变动，种群之间交流的变化，种与种之间关系的改变等都能在开放环境中得到改善。

第三，开放使系统本身的结构与功能不断得到发展。生态系统的开放性决定了系统的动态和变化，开放给生态系统提供了可持续发展的可能性。

生态系统的开放性原理要求我们在探讨生态系统时，要具备开放动态的思

---

① 刘放桐. 新编现代西方哲学[M]. 北京：人民出版社，2000：411.

维，只有把研究对象和生态系统一起置于周围环境之中，才能更全面、深刻地揭示事物的本质。

2. 整体性原理

整体性是指系统的有机整体，其存在的方式、目标、功能都表现出统一的整体性。任何一个生态系统都是多个要素综合而成的统一体，这个统一体不再是各要素结合前的分散状态，而是发生了巨大变化。整体性是生态系统要素与结构的综合体现，主要有三个论点：

第一，整体大于各部分之和。当要素按照一定规律组织起来具有综合性的功能时，各要素在相互联系、相互制约、相互作用下出现了不同的性质、功能和运动规律，尤其是产生了突变，这是各要素独立存在时所没有的。

第二，系统一旦形成，各要素不能再分解成独立要素存在。硬性分开后，分解出去的要素就不再具有系统整体性的特点和功能。

第三，各要素的性质和行为对系统的整体性有作用，体现在各要素相互作用过程中。各要素是整体性的基础，系统整体如果失去其中一些关键性要素，就难以以完整的形态发挥作用。

生态系统的整体性越强，越像一个无结构的整体。在一定条件下，它可以以一个要素的身份参与到更大的系统中，这种整体性正是生态系统的实质和核心。例如，在当前人们对生态环境的治理中，局部的行动无法彻底扭转，迫切需要以整体性原则来处理。[①]

（二）生态平衡理论

生态平衡理论是指在一定的时间内生态系统中的生物与环境之间、生物各个种群之间，通过能量流动、物质循环和信息传递，它们相互间达到高度适应、协调和统一的状态。[②] 从生态平衡的定义来看，平衡状态建立在生态系统结构和功能统一的基础上，是该系统各组成部分相互作用所产生的稳定状态。系统的能量和物质循环流动即输入和输出近似相等是平衡状态的保证。

---

① 戈峰. 现代生态学[M]. 2版. 北京：科学出版社，2008：366-367.
② 何谐. 生态平衡理论视域下优化高校科研管理的路径[J]. 长春教育学院学报，2013(11)：124-125.

生态平衡是相对的、动态的，总会因系统中某一部分发生改变，引起不平衡，然后依靠生态系统的自我调节使其进入新的平衡。当然，生态系统自动调节能力的大小，有赖于生态系统内部生物的多少以及食物链、食物网、能量流动和物质循环的复杂程度。在生物种类多样，食物链、食物网、能量流动和物质循环复杂的情况下，生态系统一般比较容易保持稳定，如果生态系统内部某一部分的功能发生障碍，也会因其他部分的调节而得到补充。相反，生物种类单一、内部结构简单的生态系统，内部自动调节能力较差。正是这种从平衡到不平衡到又建立新的平衡的反复过程，推动了生态系统整体和各组成部分的发展与进化。

生态平衡理论是一种处理经济乃至社会发展与生态环境相互关系的思想。它主张以生态平衡的观点为原则来制定社会发展战略，看待和评价人类与环境有关的一切活动、目标。1909年，美国学者威廉·福格特在《生存之路》一书中首先提出这一思想，他看到了人类活动造成的生态平衡破坏及其严重后果，认为恢复生态平衡是人类的"生存之路"。这一思想已被当今世界许多环境理论派别所赞同，在促进人类生态意识的觉醒上发挥了重要作用。

（三）生态位理论

1. 生态位概念的演进

生态位是指在自然生态系统中，一个种群在时间、空间上所占据的位置及其与相关种群之间的功能关系。[①] 生态位又称生态龛，表示生态系统中每种生物生存所必需的生境最小阈值。

生态位概念有一个形成与发展的过程。美国学者格林内尔于1917年最早在生态学中使用生态位的概念，他把生态位看作是"恰被一个种或一个亚种所占据的最后分布单位"，认为生态位是一个物种所占有的微环境。实际上，他强调的是空间生态位的概念。

1927年，英国生态学家埃尔顿赋予生态位以更进一步的含义，他把生态位看作是"物种在生物群落中的地位与功能作用"。他强调的是功能生态位。

1957年，英国生态学家哈钦森用数学抽象方法，提出多维超体积生态位：

---

① 孙濡泳，李庆芬，牛翠娟，等. 基础生态学[M]. 北京：高等教育出版社，2002.

位于多维资源空间中的超体积。他以种在多维空间中的适合性去确定生态位边界，清晰明确如何确定一个物种所需要的生态位。他还进一步提出基础生态位与实际生态位的概念，他认为在生物群落中，能够为某一物种所栖息的理论上的最大空间为基础生态位，但实际上很少有一个物种能全部占据基础生态位，一个物种实际占有的生态位空间为实际生态位，即将种间竞争作为生态位的特殊环境参数。哈钦森多维超体积生态位概念为现代生态位理论研究奠定了基础。

2. 生态位理论基本内容

（1）生态位宽度。生态位宽度又称生态位广度或生态位大小，是指一个物种所能利用的各种资源总和。一般来说，当主要食物缺乏时，动物会扩大取食种类，食性趋向泛化，生态位加宽；当食物丰富时，取食种类又可能缩小，食性趋向特化，生态位变窄。

（2）生态位重叠。生态位重叠是指两个或以上生态位相似的物种生活于同一空间时分享或竞争共同资源的现象。生态位重叠往往与竞争联系在一起。在资源环境无限丰富的情况下，A、B物种生态位重叠不会引起竞争。但资源通常是有限额的，因此生态位重叠物种之间竞争总会导致重叠程度降低，如彼此分别占领不同空间位置和不同空间部位觅食等。

（3）生态位分化。在同一地区内，生物种类越丰富，物种间为了共同食物（营养）、生活空间或其他资源而出现的竞争也越激烈，某一特定物种占有的实际生态位可能越来越小。其结果是在进化过程中，两个生态上很接近的物种向着占有不同空间（栖息地分化）、吃不同食物（食性上特化）、在不同时间活动（时间分化）或在其他生态习性上分化，以降低竞争的紧张度，使两物种之间可能形成平衡而共存。

（4）生态位态势理论。生态位态势理论是指从个体到生物圈，无论是自然还是社会中的生物单元，都具有态和势两个方面的属性。态是指生物单元的状态，是过去生长发育、学习、社会经济发展以及与环境相互作用积累的结果；势是指生物单元对环境的现实影响力或支配力，如能量和物质变换的速率、生产力、生物增长率、经济增长率、占据新生境的能力。生物单元态的变化一般呈"S"形曲线，而势的变化则呈"钟"形曲线。"态"是"势"的基础，"势"的积蓄提高"态"的转化能力。态和势的增加称为生态位的扩充。①

（5）生态位的扩充与压缩。生物都有无限增长的能力，把生物单元无限增长的潜力引起的生态位的增加称为生态位扩充。任何生物都有扩充其生态位的潜力，生态位扩充是生物圈演变的动力，是生物发展的本质属性。当然，生态位扩充是种群所处环境有利时发生的，一旦环境条件不利，比如出现外来种群侵入它所在的群落并发生竞争，原有种群就会被迫缩小活动范围，这种现象称为生态位压缩。

（四）种群增长模型与调节理论

1. 种群增长模型

种群是指生活在一定空间内，同属一个物种的个体的集合。即种群是由占据一定空间的同一个物种多个个体所组成。②

种群增长模型有两类：一类是与密度无关的种群增长模型；另一类是与密度有关的种群增长模型。③前者是指以内禀增长率增长的种群，其种群数目以指数方式增加；只有在种群不受资源限制的情况下，这种现象才会发生；尽管种群数量增长很快，但种群增长率不变，不受种群自身密度变化的影响；这类指数增长称为"与密度无关的种群增长"或"种群的无限增长"。"与密度无关的种群增长"又可分为两类。如果种群各个世代不相重叠，如许多一年生植物和昆虫，其种群增长是不连续的，称为离散增长，一般用差分方程描述；如果种群的各个世代彼此重叠，如人和多数兽类，其种群增长是连续的，可用微分方程描述。受自身密度影响的种群增长称为"与密度有关的种群增长"或"种群的有限增长"。可以说，在自然界，种群不可能长期呈指数增长。当种群在一个有限空间中增长时，随着种群密度上升，对有限空间资源和其他生活必需条件的种内竞争也在增加；种群的有限增长同样分为离散和连续两类，如常见的连续增长模型——逻辑斯蒂增长模型。

---

① 朱春全. 生态位态势理论与扩充假说[J]. 生态学报，1997（3）：324-332.
② 戈峰. 现代生态学[M]. 2版. 北京：科学出版社，2008：172.
③ 牛翠娟，娄安如，孙儒泳，等. 基础生态学[M]. 2版. 北京：高等教育出版社，2007.

逻辑斯蒂增长模型的曲线为"S"形增长，故又称阻滞增长模型。逻辑斯蒂曲线通常分为5个时期：①开始期，由于种群个体数很少，密度增长缓慢，又称潜伏期；②加速期，随个体数增加，密度增长加快；③转折期，当个体数达到饱和密度一半（$K/2$），密度增长最快；④减速期，个体数超过密度一半（$K/2$）后，增长变慢；⑤饱和期，种群个体数达到K值而饱和。①

2. 种群调节理论

（1）种群调节的界定。种群调节是指种群自身及其所处环境对种群数量的影响，使种群数量表现出一定的动态变化和稳定性。种群调节是理论生态学中的关键问题，它是解决群落与生态系统学中许多问题的核心。

在自然界中，由于种群之间相互作用、相互制约，使得绝大部分种群处于一个相对稳定状态。这种由于生态因子的作用使种群在生物群落中与其他生物成比例地维持在某一特定密度水平上的现象称为种群的自然平衡，这个密度水平叫作平衡密度。由于各种因素对自然种群的制约，种群不可能无限制地增长，最终趋向于相对平衡。而密度因素是调节其平衡的重要因素。种群离开其平衡密度后又返回到这一平衡密度的过程称为调节，而能使种群回到原来平衡密度的因素称为调节因素。②

根据种群密度与种群大小的关系，种群调节因素可分为密度制约因子和非密度制约因子，对种群的调节作用分别为密度制约作用和非密度制约作用。密度制约作用、密度制约因素包括生物间的相互作用，如捕食、竞争等，这种调节作用不改变环境容纳量，通常随着密度逐渐接近上限而加强。非密度制约因素则是指那些影响作用与种群本身密度大小无关的因素，如温度、光照、水等。非密度制约因素通过环境的变动来影响环境容纳量，从而达到调节作用。③

（2）种群调节的内容。种群调节的内容有以下三个方面。

第一，种内调节。种群内数量过剩对任何种群自身都是不利的。种群密度越大，个体间竞争就越激烈，甚至出现相互残杀等现象。对于某些种来说，种内调

---

① 戈峰. 现代生态学[M]. 2版. 北京：科学出版社，2008：202.
② 戈峰. 现代生态学[M]. 2版. 北京：科学出版社，2008：241.
③ 曾祥跃. 网络远程教育生态学[M]. 广州：中山大学出版社，2011：20.

节的结果可能产生一些优势个体，优势个体能抑制其他个体，许多生物就属于这种类型的自我调节。

第二，种间牵制。任何种群都不是单独存在的，总是在与其他物种的相互作用和联系中存在的。自然条件下，种群数量变动也不是独立的，而是受其他物种的影响和调节的，如捕食、寄生、种间竞争等种间相互关系。

第三，无机环境的影响。各种气候因子、土壤因子、水分条件、无机营养物及污染物等非生物因子对种群数量也有一定的调节作用。例如，在污染的水域中，大部分生物的种群密度都有随污染物浓度升高而下降的趋势。一般来说，生态系统越复杂，调节机制就越多，也就越有利于种群的稳定。

（3）种群调节的主要理论。

第一，外源性种群调节理论。外源性种群调节理论包括气候学派、生物学派、折中学派。①气候学派。这一学派的学者主要是一些昆虫学家，主要代表有博登海默、安德烈沃斯和伯奇等。他们提出：种群数量是气候因素的函数，气候改变资源的可获性，从而改变环境容纳量。他们认为种群数量是不断变动的，反对密度制约与非密度制约的划分。可见，该学派强调种群数量变动与天气条件有关，认为气候因素是影响种群动态的首要原因。②生物学派。这一学派的典型代表是尼科森、史密斯、拉克等。他们认为，群落中的各个物种都是相互联系、相互制约的，这样可使种群数量处于相对的稳定平衡；当种群数量增加，会引起种间竞争加剧（食物、生活场所等），捕食以及寄生作用加强，结果导致种群数量的下降。在这些种间生物因素当中，食物因素也是其中之一。显然，这种观点是属于"密度制约论"。③折中学派。这一学派的代表人物有米尔恩、赫法克、梅辛杰等。他们既承认密度制约因子对种群调节的决定性作用，也承认非密度制约因子具有决定作用。但两种因子的作用程度会因环境类型不同而不同。例如，在对物种有利的典型环境中，种群数量高，密度制约因子决定种群的数量；而在环境恶劣的条件下，非密度制约因子作用于种群数量变动。

第二，内源性种群调节理论。内源性因素的学说又称为自动调节学派。有以下三种学说。①行为调节学说。此学说由英国生态学家温·爱德华提出，主要内容是：种群中的个体（或群体）通常选择一定大小的有利地段作为自己的领域，以保证存活和繁殖。但是在栖息地中，这种有利的地段是有限的。随着种群密度的增加，有利的地段都被占满，剩余的社会等级比较低的从属个体只好生活在其他不利的地段中，或者往其他地方迁移。生活在不利地段中的个体由于缺乏食物以及保护条件，易受捕食者、疾病、不良气候条件的威胁，死亡率较高，出生率较低。这种高死亡率和低出生率以及迁出限制了种群的增长，使种群维持在稳定的数量。②内分泌调节学说。1950年，美国学者克里斯琴提出，当种群数量上升时，种群内部个体之间的心理"紧张"压力加强了对神经内分泌系统的刺激，主要影响脑下垂体的功能，引起生长激素和促性腺激素分泌减少，而促肾上腺皮质激素分泌增加，结果导致出生率下降，死亡率上升，种群增长受到抑制。③遗传调节学说。1960年，奇蒂提出，个体遗传素质的不同是决定它们的适应能力以及死亡率的主要原因，这种遗传素质是由亲代遗传下来的，种群密度高低的后果往往不是在当代出现，而是种群自身的遗传素质改变，再使下一代受影响。种群当中有两种遗传型，一种是繁殖力低、适合于高密度条件下的基因型A，另一种是繁殖力高、适合于低密度条件下的基因型B。在低种群密度的条件下，自然选择有利于基因型B，使种群数量上升；当种群数量达到高峰时，自然选择有利于基因型A，于是种群数量下降，种群就是这样进行自我调节的。①

此外，还有多样性与主导性理论。这一理论认为在相对稳定的生态系统中，总有一种最适合该环境的物种，即物种的主导性。在复杂的环境中，多样性显得更重要；在相对稳定、单一的环境中，多样性由于会增加成本而显得不是特别重要，而主导性则显得更为重要。

总之，生态系统必须以优势组分和拳头产品为主导，才会有发展的实力和刚度；必须以多元化的结构和多样化的产品为基础，才能分散风险，增强系统的柔度和稳定性。对结构、功能和过程的主导性和多样性进行合理匹配是实现生态系统持续发展的前提。

---

① 戈峰.现代生态学[M].2版.北京：科学出版社，2008：242-247.

第二节 教科书生态系统的一般结构

一、教科书生态系统的层次结构

从教科书编写的组织者和适用的范围来看，教科书生态系统的层次结构如下。

（一）国家通用教科书

国家通用教科书是由国家层面组织人员编写的，一般是由人民教育出版社（以下简称"人教社"）来编写面向全国中小学的教科书。人教社自1950年至2015年，已经先后编写和出版了十一套全国通用中小学教科书，详见表4-1。

表4-1 人教社出版的十一套全国通用中小学教科书

序列	编写时间	出版时间	简要说明
第一套	1951年	1951年	1950年，国家确定中小学教科书全国统一供应方针，同年12月，人教社成立，开始编写和修订中小学教科书，并于1951年秋季出版了第一套供全国使用的中小学教科书。这套中小学教科书共40种，91册
第二套	1954年	1956年	1954年，政务院《关于改进和发展中学教育的指示》指出：要有计划地修订中学教学计划，修订教学大纲和教科书。与此同时，同年6月，人教社代教育部拟订十二年制中小学教学大纲，并据此着手编写十二年制中小学教科书。1956年，教科书编成，并于秋季开始供全国使用。这套教科书包括教学大纲30种30册，课本41种97册，教学参考书23种69册

(续表)

序列	编写时间	出版时间	简要说明
第三套	1960 年	1961 年	1960 年 1 月，教育部党组提出为了适应教学改革的需要，研究十二年制中小学教材中存在的问题，着手组织力量编辑一套十年制新教材，并强调中小学要适当缩短年限，适当提高程度，适当控制学时，适当增加劳动。据此，人教社组织力量编辑十年制中小学教科书，1961 年秋季编成供试行十年制学校使用。这套教科书（未编历史、地理、生物），包括课本 26 种 77 册，教学参考书 22 种 72 册。与此同时，各地也编写了中小学教科书
第四套	1961 年	1963 年	1961 年，中央文教小组开会讨论中小学教科书问题，决定将已经编写完成并于秋季供应的十年制教科书在各地试用，同时准备重新编写一套质量较好的全日制十二年制中小学教科书。人教社在过往的十年所编写的教科书基础上进行编写。1963 年秋季，新编各科课本的第一册在全国正式供应。这套教科书出版了一部分，包括教学大纲 14 种 14 册，课本和教学指导书各 19 种 46 册。1964 年，人教社又根据教育部发出的《关于精简中小学各科教材的通知》，确定修订和重编全日制十二年制中小学教科书方案，同时印出征求意见本，1965 年修订完
第五套	1977 年	1978 年	1977 年，邓小平同志要求尽快编印全国统一的中小学教科书。教育部决定以十年制为中小学的基本学制，制订教学计划。1978 年秋季，中小学各科课本的第一册同时在全国供应
第六套	1981 年	1982 年	1981 年后，教育部陆续制订和发布了《六年制中学教学计划试行草案》和《六年制小学教学计划草案》，人教社据此开始编写新的十二年制中小学教科书。1982 年秋季，人教社编写出版的十二年制中小学教科书开始向全国供应

(续表)

序列	编写时间	出版时间	简要说明
第七套	1986 年	1987 年	1986 年 9 月，国家教委委托人教社等单全面修订全日制中小学各科教学大纲；同年 11 月，全国中小学教材审定委员会审查通过了修订后的教学大纲（共 18 个学科）。1987 年秋季，人教社根据新颁布的全日制中小学各科教学大纲，对中小学教科书进行全面修订、改编，之后陆续出版
第八套	1988 年	1991 年	1988 年，国家教委根据《中华人民共和国义务教育法》制订并颁布了《义务教育全日制小学、初级中学教学计划（试行草案）》和九年义务教育阶段各科教学大纲初审稿。1990 年秋季，人教社编写的九年义务教育实验教科书出版，在全国部分省、自治区、直辖市的部分地区进行试验。1990 年 3 月，国家教委颁发《现行普通高中教学计划调整意见》及 8 个学科中学教学大纲，人教社据此对高中教科书进行修订、新编，第八套全国通用中小学教科书于 1991 年秋季开始使用
第九套	1992 年	1993 年	1992 年 8 月，国家教委发出经全国中小学教材审定委员会审查通过的《九年义务教育全日制小学、初级中学课程计划（试行）》和九年义务教育小学、初中共 24 科教学大纲（试用）。1993 年秋季，人教社按照新教学大纲重新编写九年义务教育小学和初中一年级（"五四""六三"两种学制）的各学科教科书，开始全国供应。这套义务教育教科书，加上与之相衔接的 1997 年秋季开始在部分省份试验、修订后于 2003 年秋季在全国使用的高中教科书，构成了第九套供全国选用的中小学教科书

(续表)

序列	编写时间	出版时间	简要说明
第十套	2001年	2006年	2001年5月，教育部颁发全日制义务教育课程计划和各学科课程标准（实验稿）。同年6月，经国务院同意，教育部颁发《基础教育课程改革纲要（试行）》。2001年秋季，根据新的课程计划和课程标准编写的人教版义务教育课程标准实验教科书共14个学科通过了全国中小学教材审定委员会审查，供全国38个国家级基础教育实验区选用，此后实验区逐年扩大。2003年，教育部颁发了与新义务教育课程方案相配套的新普通高中课程计划和各科课程标准（实验稿）。人教社据此编写了高中各科新教科书，经全国中小学教材审定委员会审查通过于2004年秋季开始供海南、广东、山东、宁夏四省（区）选用，并逐年推开
第十一套	2011年	2013年	人教社根据教育部新颁布的义务教育各科课程标准（2011年版），在十多年教材实验和跟踪研究的基础上修订并出版了第十一套中小学教科书。新教科书贯彻《国家中长期教育改革和发展规划纲要（2010—2020年）》精神，秉承素质教育理念，遵循德育为先、育人为本的根本原则，充分吸收了新课程改革的经验，积极回应了教科书实验中的问题

（二）地方适用教科书

地方适用教科书是地方课程发展的产物。2001年6月8日，教育部下发有关《基础教育课程改革纲要（试行）》的通知，指出：实行国家、地方、学校三级课程管理，增强课程对地方、学校及学生的适应性；同时，教育部要求，在义务教育阶段，1—9年级学生总课数为9522节，地方课程、校本课程、综合实践活动总时长应占到总课时的16%—20%，地方课程约占总课程的五分之一。为了保证地方课程高质有效地开展，各省市开始进行地方课程开发实验探索，各省市地方教科书应运而生。

所谓地方课程，是指地方各级教育主管部门根据国家课程政策，以国家课程标准为基础，在一定教育思想和课程观念的指导下，根据地方经济、政治、文化的发展水平及其对人才的特殊要求，充分利用地方课程资源而开发、设计、实施的课程。

地方适用教科书的编写一般由地方政府教育行政主管部门（省教育厅、市县教育局）组织实施。适用地方的教科书要求"既要服务于地方，又要立足于地方，还要归属于地方"。服务于地方，就是地方教科书的开发，应以解决地方面临的具体问题，为当地发展培养特殊人才为目标。地方教科书关注的是本地区政治、经济、文化发展随时面临并亟待解决的问题。立足于地方，指地方教科书的开发及实施，应以本地区的教育行政部门、专业研究者和教育工作者为主，确保地方教科书的有效性、科学性、现实性与针对性。归属于地方，指在不违背国家课程目标的大前提下，地方教科书的内容、结构以及实施、管理、评价等，由各级地方政府教育行政主管部门全权负责，国家教育行政部门不再插手。

地方适用教科书具有地域性、民族性、文化性、针对性、适切性、灵活性、探究性、开放性、建构性等特征。

北京市自2004年开始开发地方教科书，截至2013年，通过审定的地方教科书共有22种，主要分为两个层面：一种为市级层面规划编写的地方教科书，这种地方教科书全市中小学都需要选用，而且应在规定课时中进行，包括《北京精神》《生命教育》《预防艾滋病》《中小学专题综合教材》《美丽的石化城燕山》《篆刻技术》《诵读》《高效阅读》等；另一种为区县层面规划编写的地方教科书，比如《我爱东城》《走进西城》《门头沟区历史》《密云历史》《通州社会》等这样的介绍区县历史、地理、人文特色的地方教科书，这种地方教科书一般在各自区县使用。

（三）学校自主编写的教科书

学校自主编写的教科书，也称校本教材，一般是学校的校长和教师作为主体，为了有效地实现校本课程目标，达到教育学生的目的，对教学内容进行研究，并共同开发和制定一些基本的教与学素材，作为校本课程实施的媒介，这些素材构成了校本教材。校本教材与校本课程相对应，是学校根据学校情况以及所处地方的特色而制定的。

校本课程是以学校为本位、由学校自己确定的课程，它与国家课程、地方课程相对应。所谓校本，一是为了学校，二是在学校中，三是基于学校。为了学校，指要以改进学校实践工作、解决学校所面临的问题为指向；在学校中，指要树立这样一种观念，即学校自身的问题，要由学校中的人来解决，要由学校校长、教师通过共同探讨、分析来解决，形成各种解决问题的方案，在学校中有效实施。例如，重庆 YZ 区 ZJY 小学就针对不同年龄层的学生，编写了"雏鹰成长系列"校本教材，对每个阶段的成长重点进行详细说明。一、二年级的学生，以培养习惯与建立初步概念为主。如小学生应该具有良好的生活习惯、学习习惯以及对学校、周边的概念；学生可以在家长指导下，用地图认识学校位置、周边环境，并且找到上学路；整个过程在于提升学生的探索能力。三、四年级的学生，关注实践内容，同时要求家长积极参与。如学校组织学生走进科技馆，这时家长也需要承担一部分任务，出发前就要和学生聊聊科技，培养学生对科技馆的热情，激发好奇心；另外，学校还发给家长"安全告知书"，要求家长认真阅读，从安全上配合活动。这些方式能够增进家长与学生的感情，同时使家长了解学校的管理，从各方面评估学生成长情况。五、六年级的学生，开始学会思考、学会学习。家长需要培养学生的思辨能力，做好未成年人的安全意识教育、生理卫生教育等。如引导学生思考在校内校外等各种环境中如何确保自身安全，总结方法，为中学学习和生活做好铺垫。

按照教育部颁布的《中小学教材编写审定管理暂行办法》要求，编写教材事先须经教材审定机构审定后才能在中小学使用，教材的编写、审定实行国务院教育行政部门和省级教育行政部门两级管理。但目前学校编写的校本教材都不具备上述审定条件，校本教材的出现，主要依附于校本课程的开发与实施，而校本课程自身的时效性、变化性和动态生成等特点，使校本教材的编写在必要性、使用范围、使用周期、使用效率等方面都极其有限。所以目前出现的由学校自主编写的校本教材很少要经过教育行政部门的审批，一般也只局限在本学校使用。

二、教科书生态系统的种群结构

在生态学里，种群是指在一定时间内生活在一定区域内的同种生物相互联系、相互影响而形成的有规律的集合体。种群结构是指群落中各个生物种群分别占据不同的空间，包括垂直结构与水平结构。据此，教科书生态系统的种群结构也包括垂直结构与水平结构。

（一）教科书种群的垂直结构

1. 小学教科书

小学教科书的使用对象是小学生。小学分为六个年级，每个年级教科书分上下两册。一般而言，我国目前的小学教科书有语文、数学、道德与法治、英语、音乐、体育与健康、美术、信息技术、科学等九大种类。

2. 初中教科书

初中教科书是供初中生使用的。初中共三个年级。目前，我国初中生使用包括语文、数学、英语、日语、俄语、历史与社会、地理、道德与法治、生物、历史、物理、化学、美术、音乐、体育与健康、信息技术等科目的教科书。

3. 高中教科书

高中教科书适合高中生使用。高中共三个年级。目前，我国高中生使用包括语文、数学、英语、日语、俄语、思想政治、物理、化学、生物、历史、地理、美术、音乐、体育与健康、信息技术等科目的教科书。

（二）教科书种群的水平结构

1. 语文教科书

语文是语言以及文化的综合科，语言及文章、语言知识及文化知识的简约式统称都离不开它。它是说、写、演、思、听、读等能力的统称。也可以说，语文是口头以及书面语言和言语的合称，是语言规律以及运用语言规律所形成的言语作品及言语活动过程的总和。

语文是基础教育课程体系中的一门教学科目，是我国教育机构开设的一门主要学科，语文的水平是学习其他学科和科学的基础，语文也是一门重要的人文社会学科，人们交流思想的工具。因此，语文教科书具有工具性与人文性的统一特点。

语文教科书致力于学生语文素养的形成与发展。语文素养是学生学好其他课程的基础，也是学生全面发展和终身发展的基础。语文教科书的多重功能和奠基作用，决定了它在教科书生态系统中占有重要位置。

语文教科书能帮助学生在发展语言能力的同时，发展思维能力，激发想象力和创造潜能；帮助学生认识中华文化的博大精深，吸收民族文化智慧；帮助学生培养爱国主义感情、社会主义道德品质，逐步形成积极的人生态度和正确的价值观，提高文化品位和审美情趣。

2. 数学教科书

数学是研究数量、结构、变化、空间以及信息等概念的一门学科，从某种角度看属于形式科学的一种。在人类历史发展和社会生活中，数学发挥着不可替代的功能，也是学习和研究现代科学技术必不可少的基本工具。

数学是人类文化的重要组成部分，数学素养是现代社会每一个公民应该具备的基本素养。作为促进学生全面发展教育的重要组成部分，数学教育既要让学生掌握现代生活和学习中所需要的数学知识与技能，更要发挥数学在培养人的理性思维和创新能力方面的不可替代的作用。

数学课程是培养公民素质的基础课程，具有基础性、普及性和发展性。数学教科书的基本出发点是促进学生全面、持续、和谐地发展。它不仅要考虑数学自身的特点，更应遵循学生学习数学的心理规律，强调从学生已有的生活经验出发，让学生亲身经历将实际问题抽象成数学模型并进行解释与应用的过程，进而让学生获得对数学的理解，同时在思维能力、情感态度和价值观等多方面得到进步与发展。也就是说，数学教科书有助于发展学生的数感、符号感、空间观念、统计观念，以及应用意识与推理能力。

首先，数学教科书可以帮助学生获得适应社会生活和进一步发展所必需的数学基础知识、基本技能、基本思想、基本活动经验。其次，数学教科书可以帮助学生体会数学知识之间、数学与其他学科之间、数学与生活之间的联系，运用数学的思维方式进行思考，提高发现和提出问题、分析和解决问题的能力。再次，数学教科书有助于学生了解数学的价值，提高学习数学的兴趣，增强学好数学的信心，养成良好的学习习惯，让学生初步建立创新意识和实事求是的科学态度。

3. 道德与法治教科书和思想政治教科书

道德是人自身发展的需要，也是人类文明进步的重要标志。良好品德是健全人格的根基，是公民素质的核心。当今世界，科技进步日新月异，人类面临的共同问题不断增多，国际竞争日趋激烈，对人的思想观念、道德品质和综合素质提出了新的挑战和要求。换言之，民族素质和创新能力越来越成为综合国力的重要标志，国际竞争的加剧推动着基础教育课程向着更加重视公民道德教育，重视创新意识培养的方向发展。我国社会主义经济、政治、文化、社会建设都进入一个新的阶段。中小学生处于身心迅速发展和学习参与社会公共生活的重要阶段,处于思想品德和价值观念形成的关键时期,迫切需要学校在思想品德的发展上给予正确引导和有效帮助。

中小学思想品德课程在2016年进行了改革,义务教育阶段(小学和初中阶段)改名为"道德与法治",高中阶段仍称"思想政治"。道德与法治是义务教育阶段的一门基础学科,是以小学生、初中生的生活为基础,以引导和促进学生思想品德和法治素养发展为根本目的的综合性课程,对学生核心素养的培养与良好品德的形成发挥着重要的作用。

为适应中小学生的成长需要,道德与法治的教科书和思想政治的教科书融合道德、心理健康、法律、国情等相关知识,促进中小学生道德品质、健康心理、法律意识和公民意识的进一步发展,帮助中小学生形成乐观向上的生活态度,逐步树立正确的世界观、人生观、价值观。这类教科书有以下特点:第一,以社会主义核心价值体系为导向,深入贯彻落实科学发展观,根据学生身心发展特点,分阶段分层次对初中学生进行爱祖国、爱人民、爱劳动、爱科学、爱社会主义的教育,为青少年健康成长奠定基础;第二,尊重学生学习与发展规律,体现青少年文化特点,关怀学生精神成长需要,用中小学生喜闻乐见的方式组织课程内容、实施教学,用优秀的人类文化和民族精神陶冶学生心灵,提升学生的人文素养和社会责任感;第三,从学生实际出发并将中小学生逐步扩展的生活作为课程建设与实施的基础,注重与社会实践的联系,引导学生自主参与丰富多样的活动,在认识、体验与践行中促进正确思想观念和良好道德品质的形成和发展;第四,有机整合道德、心理健康、法律和国情等多方面学习内容,与中小学生的家庭生活、学校生活和社会生活紧密联系,将情感态度价值观的培养、知识的学习、能力的提高与思想方法、思维方式的掌握融为一体。

4. 英语教科书

当今社会,信息十分发达,随着经济全球化和世界一体化,英语作为最重要的信息载体之一,已成为各个领域中使用最广泛的语言,英语的重要性和作用越来越突出。许多国家在基础教育发展战略中,把英语教育作为公民素质教育的重要组成部分,并将其摆在突出的地位。

我国也不例外，外语是基础教育阶段的必修课程，英语是外语课程中的主要语种之一。英语课程的学习，既是学生通过英语学习和实践活动，逐步掌握英语知识和技能，提高语言实际运用能力的过程；又是他们磨砺意志、陶冶情操、拓宽视野、丰富生活经历、开发思维、发展个性和提高人文素养的过程。

改革开放以来，我国的英语教育规模不断扩大，教育教学取得了显著的成就。英语教科书强调从学生的学习兴趣、生活经验和认知水平出发，倡导体验、实践、参与、合作与交流的学习方式和任务型的教学途径，发展学生的综合语言运用能力，使语言学习的过程成为学生形成积极情感态度、主动思维和大胆实践、提高跨文化意识和形成自主学习能力的过程。英语教科书的功能如下：第一，激发和培养学生学习英语的兴趣，使学生树立自信心，养成良好的学习习惯，形成有效的学习策略，发展自主学习的能力和合作精神；第二，使学生掌握一定的英语基础知识和听、说、读、写技能，形成一定的综合语言运用能力；第三，培养学生的观察、记忆、思维、想象能力和创新精神；第四，帮助学生了解世界和中西方文化的差异，拓宽视野，培养爱国主义精神，形成健康的人生观，为他们的终身学习和发展打下良好的基础。

5. 历史教科书

历史教育对提高学生的人文素养有着重要的作用。中小学历史课程是在唯物史观的指导下，弘扬以爱国主义为核心的民族精神和以改革创新为核心的时代精神，传承人类文明优秀传统，使学生了解和认识人类社会的发展历程，更好地认识当代中国和当今世界。

历史课程是人文社会科学的一门基础课程，是用历史唯物主义观点阐释人类历史发展进程和规律，培养和提高学生的历史意识、文化素质和人文素养，对学生的全面发展和终身发展有着重要的意义。历史课程的特点如下：第一，坚持用唯物史观阐释历史的发展与变化，使学生认同中华民族的优秀文化传统，增强爱国主义情感，坚定社会主义信念，拓宽国际视野，逐步树立正确的世界观和人生观；第二，根据学生的心理特征和认知水平，以普及历史常识为主，引领学生掌握基本的、重要的历史知识和技能，逐步形成正确的历史意识，为学生进一步学习与发展打下基础；第三，以人类优秀的历史文化陶冶学生的心灵，帮助学生客观地认识历史，正确理解人与社会、人与自然的关系，提高人文素养，逐步形成正确的价值取向和积极向上的人生态度，适应社会发展的需要；第四，注重人类历史不同领域发展的关联性，注重历史与现实的关系，使学生逐步学会综合运用所学知识和方法，对历史和社会进行全面的认识。

通过对历史教科书的学习，学生可以提升自己以下四方面的技能和素质：第一，能够掌握中外历史的基本知识，初步掌握学习历史的基本方法和基本技能；第二，对人类历史的延续与发展产生认知兴趣，感悟中华文明的历史价值和现实意义，养成爱国主义情感，拓宽观察世界的视野，认识世界历史发展的总体趋势；第三，初步认识人类社会发展的基本规律，学会运用科学理论和方法去认识历史和现实问题，逐步形成科学的历史观；第四，初步形成正确的世界观、人生观和价值观，为成为拥有良好综合素质的合格公民奠定基础。

6. 地理教科书

地理学是研究地理环境以及人类活动与地理环境相互关系的科学。它具有两个显著的特点：第一，综合性，地理环境由大气圈、水圈、岩石圈、生物圈等圈层构成，是地球表层各种自然要素、人文要素有机组合而成的复杂系统，地理学兼有自然科学与社会科学性质；第二，地域性，地理学不仅研究地理事物的空间分布和空间结构，而且探究地理事物的空间差异和空间联系，并致力于揭示地理事物的空间运动、空间演变规律。地理学在现代科学体系中占有重要地位，在解决当代人口、资源、环境和发展等问题中具有重要作用。

地理课程是学生学习地球科学知识、认识人类活动与地理环境的关系、进一步掌握地理学习和地理研究方法、树立可持续发展观念的一门基础课程，横跨"人文与社会"和"科学"两个学习领域。

地理教科书可以促使学生积极探索自然奥秘，认识社会生活环境，掌握现代地理科学技术方法，帮助学生掌握现代公民必备的地理知识；引导学生关注全球问题以及我国改革开放和现代化建设的重大地理问题，弘扬科学精神和人文精神，培养创新意识和实践能力，增强学生地理学习能力和生存能力；帮助学生熟悉人口、资源、环境和区域发展等问题，在科学地认识人口、资源、环境、社会相互协调发展的基础上，树立可持续发展观念，正确处理人地关系，珍爱地球，善待环境，形成文明的生活与生产方式。

7. 物理教科书

物理学是自然科学领域的一门基础学科，研究大至宇宙天体，小至基本粒子，内容涵盖自然界一切物质的基本结构、相互作用和运动规律。物理学基于经验事实，建构理想模型，应用数学与计算模拟等工具，通过科学推理和论证，形成系统的理论体系和研究方法。从古代自然哲学，到17—18世纪的经典物理学，直至近代的相对论和量子论，物理学始终引领人类对自然奥秘的探索，深化人类对自然界的认识，对化学、生物学、地学、天文学等自然科学产生了重要影响，推动了材料、能源、环境、信息等科学技术的进步，促进了人类的生产生活方式的变革；同时对人类的思维方式、伦理道德、价值观念以及社会的制度规范等产生了重要影响，对人类文明和社会进步做出了巨大贡献。换言之，物理学作为一门主导学科，一直引领着科学技术及其应用的发展，从多方面影响着人们的思维模式发展，影响着公民科学素养的提升。

物理课程作为科学教育的组成部分，是以提高全体学生科学素养为目标的自然科学基础课程，它为学生的终身发展奠定基础，为人类科学事业的传承与社会的发展做出了贡献。

物理教科书可以帮助学生从物理学视角认识自然、理解自然，建构关于自然界的物理图景；促使学生明确物理科学的成就及其对人类文明的影响；引导学生经历科学探究过程，学会使用科学研究方法，养成科学思维习惯，增强创新意识和实践能力，认识科学的本质，明确科学、技术、社会、环境（STSE）之间的关系，形成科学态度、科学世界观和价值观，为成为有责任感的未来社会公民奠定基础。

8. 化学教科书

化学是在原子、分子水平上研究物质的组成、结构、性质及其应用的一门基础自然科学，其特征是研究分子和创造分子。化学不仅与公民的日常生活密切相关，也是生命科学、材料科学、环境科学、能源科学、信息科学等领域的重要基础，是推进现代社会文明和科学技术进步的重要力量。它在缓解人类面临的一系列问题，如能源危机、环境污染、资源匮乏和粮食供应不足等方面，同样做出了积极的贡献。总之，迅猛发展的化学在解决人类社会发展过程中面临的各式问题，提高人类的生活质量，促使人与自然和谐相处等方面发挥着重要的作用。

化学课程是科学教育的重要组成部分,它对提高学生的科学素养、促进学生全面发展有着不可替代的作用。化学课程应体现启蒙性和基础性,不仅要引导学生更全面地认识物质世界的变化规律,而且要有助于学生更好地适应现代社会生活,提高学生的科学素养,促进学生在德、智、体、美诸方面都得到良好的发展。

化学教科书一方面可以给学生提供未来发展所需要的最基础的化学知识和技能,使学生从化学的角度初步认识物质世界,提高学生运用化学知识、科学方法分析和解决简单问题的能力;另一方面,可以帮助学生体验科学探究,在活动中激发学生交流讨论的热情,启迪学生的思维,拓宽学生的视野,提高学生的实践能力,引导学生初步认识化学与环境、化学与资源、化学与人类健康的关系,逐步树立科学发展观,认识化学对社会发展的重要作用,增强对自然和社会的责任感,在实践中不断培养学生的创新意识,使其在面临和处理与化学有关的社会问题时,能做出更理智、更科学的思考和判断。

9. 生物教科书

生物科学是自然科学中发展最为迅速的科学之一。生物科学研究在20世纪取得了许多重大突破,例如揭示DNA分子结构和功能、成功克隆哺乳动物体细胞、实施人类基因组计划等,标志着21世纪人类将进入生物科学技术的新时代。生物科学研究成果更加迅速地转化为社会生产力,显现出巨大的社会效益和经济效益。生物科学也向着更加关注人类自身的方向发展。随着与物理学、化学、数学以及其他各学科不断交叉、渗透和融合,生物科学已经日益呈现出主导学科的地位。同时,生物科学在解决人口增长、资源危机、生态环境恶化、生物多样性面临威胁等诸多问题方面发挥的作用越来越大,较有力地促进了现代社会文明的发展。

生物科学是自然科学中的一门基础学科,是研究生命现象和生命活动规律的科学。它是农业科学、医药科学、环境科学及其他有关科学和技术的基础。生物科学研究经历了从现象到本质、从定性到定量的发展过程。当今,生物科学在微观和宏观两个方面都发展得非常迅速,并且与信息技术和工程技术的结合日益紧密,正在对社会、经济和人类生活产生越来越大的影响。

生物课程是国家统一规定的,以提高学生生物科学素养为主要目的的必修课程，是科学教育的重要领域之一。生物课程能发展学生的科学探究能力，帮助学生理解生物科学、技术和社会的相互关系，增强学生对自然和社会的责任感，促进学生形成正确的世界观和价值观。

生物教科书将促使学生在以下五方面得到发展：第一，获得生物学基本事实、概念、原理和规律等方面的基础知识，了解并关注这些知识在生产、生活和社会发展中的应用；第二，初步学会生物科学探究的一般方法，初步具有生物学实验操作的基本技能、一定的科学探究和实践能力，养成科学思维的习惯，提高对科学和探索未知的兴趣；第三，提高生物科学素养，即参加社会生活、经济活动、生产实践和个人决策所需的生物科学概念和科学探究能力，包括理解科学、技术与社会的相互关系，理解科学的本质以及形成科学的态度和价值观；第四，理解人与自然和谐发展的意义，提高环境保护意识；第五，初步了解与生物科学相关的应用领域，为继续学习和走向社会做好必要的准备。

10. 音乐教科书

音乐是人类最古老、最具普遍性和感染力的艺术之一，是人类通过特定的音响结构实现思想和感情表现与交流的必不可少的重要形式，是人类精神生活的有机组成部分。作为人类文化的重要形态和载体，音乐蕴含着丰富的文化和历史内涵，以其独特的艺术魅力伴随人类历史发展，满足人们的精神文化需求。对音乐的感悟、表现和创造，是人类的一种基本素质和能力。

音乐与生活具有广泛、密切的联系，对人的全面发展有着深远的影响。尤其在当今科学技术和经济迅猛发展的时代，音乐教育在促进人的发展和推动社会进步方面，显示出它所具有的独特功能和作用。

音乐课程是学校实施美育的重要途径，是面向全体学生的必修课程。音乐课程具有人文性、审美性、实践性等特点，对于促进学生全面、有个性的发展，具有不可替代的作用。音乐教科书的价值在于：第一，让学生充分体验音乐的美和蕴含其中的丰富情感，为音乐所表达的真善美境界所吸引、所陶醉，进而产生强烈的情绪反应和情感体验，陶冶情操，启迪智慧；第二，为学生体验、理解和创造音乐提供了广阔的空间，激活学生的表现欲和创作冲动，使学生在主动参与中展现他们的个性和创造才能，提升创造力；第三，传承历史悠久、博大精深的中国民族音乐，使学生了解和热爱祖国的优秀文化，学习丰富多彩的世界各民族音乐，拓宽音乐文化视野，增进对世界音乐文化丰富性和多样性的了解，这有益于学生对不同文化的理解与尊重；第四，加强人际交往，密切情感沟通，促进和谐社会的构建。

11. 美术教科书

美术以视觉形象承载和表达人的思想观念、情感态度和审美趣味，丰富人类的精神和物质世界。美术教育具有悠久的历史，近代以来，美术课程以其丰富的教育价值列入中小学课程体系中。当代社会的发展对国民的素质提出了新的要求，学习图像传达与交流的方法、形成视觉文化的意识和构建面向 21 世纪的创造力已成为当代美术课程的基本取向。

美术课程以对视觉形象的感知、理解和创造为特征，美术是学校进行美育的主要途径，是青少年学生必修的基础课程之一。美术课程以社会主义核心价值体系为导向，弘扬优秀中华文化，力求体现素质教育的要求；美术课程凸显视觉性，具有实践性，追求人文性，强调愉悦性，其主要任务是提高学生的美术素养，帮助学生培养美感，丰富生活情趣和建立终身爱好美术的情感，培养人文精神，完善人格。美术课程为国家培养具有人文精神、创新能力、审美品位和美术素养的现代公民，在实施素质教育的过程中具有不可替代的作用。美术教科书的价值包括以下五方面。第一，强化审美体验，陶冶审美情操。美术是最重要的视觉艺术，在发展学生的视知觉，使学生获得以视觉为主的审美体验，陶冶其审美情操等方面具有其他学科难以替代的作用。美术教科书能够提高学生对自然物、人造物形态美的认识，对美术作品的材料构成及形式、风格的多样性的认识，帮助学生体验美术与生活的关系，丰富生活情趣。第二，学习传统文化，传承人文精神。美术与社会有着千丝万缕的联系。不同时期、不同地域、不同国家和不同民族的美术构成了世界美术的多元性，因此美术是人类文化的重要组成部分，具有传承文化艺术的价值。美术教科书能使学生较为全面地了解美术与自我、美术与生活、美术与政治、美术与宗教、美术与历史等方面的关系，引导学生理解文化艺术，弘扬人文精神。第三，激发创新精神，增强实践能力。美术实践是一种具有创造性的活动，在激发人的创新精神，发展动手能力，开发潜能等方面具有独特的价值。美术教科书能使学生在美术活动中充分发挥个性和想象、思考、判断能力，接触特殊的工具、材料、操作方式和表现形式，得到其他学科难以获得的各种体验，这种融鉴赏与创作为一体的学习活动对发挥学生个性，激发创新精神，增强实践能力是十分有益的。第四，提升心理品质，促进社会适应。美术实践作为一种情感表达活动，在获得成功感和自信心，促进人际交流以及释放个体紧张或消极情绪等方面，具有促进身心健康与个性和谐发展的价值。美术教科书能使学生在美术活动中直接抒发各种情绪，缓解心理压力，让学生能够获得成功体验，增强自信，升华情感，促进交流，沟通人际关系，以此形成良好的身心状态与社会适应能力。第五，优化生涯规划，促进个人发展。美术渗透于社会生活、生产的各个领域，在美化生活、提高物质产品的文化品质等方面具有重要的应用价值。从这个意义上讲，美术课具有工具性的价值。美术教科书既为学生提供不同的美术基础知识，培育学生终身爱好美术的情感，发展美术方面的能力，也为学生今后从事美术职业或其他职业提供发展机会。

12. 体育与健康教科书

随着我国经济社会的持续发展，国民的物质文化生活水平整体上有了很大提高。但是，新的生产、生活方式造成人们体力活动减少和心理压力增大的情况，对国民健康造成了一定的负面影响，这种影响在我国青少年中表现得尤为突出。人们逐渐认识到，健康不仅是没有疾病和不虚弱，而且是在身体、心理和社会发展方面都保持完美的状态。人类比以往任何时候都更加关注自己的健康状况和生活质量。青少年是祖国的未来，其健康状况尤其受到国家和社会高度关注。提高青少年学生的健康水平需要社会各方面共同努力。体育与健康课程是增进学生健康的重要途径，对于提高全民族的健康素质具有重要而深远的意义。

体育与健康是以身体练习为主要手段、以增进中小学生健康为主要目的的必修课程，是学校课程体系的重要组成部分，是实施素质教育和培养德、智、体、美全面发展人才不可缺少的重要途径。它是对原有的体育课程进行深化改革，突出健康目标的一门课程。体育与健康课程具有基础性、实践性、健身性、综合性等特点。

体育与健康教科书对于增强学生体质，提高学生健康水平，促进学生全面和谐发展，培养社会主义现代化建设所需的高素质劳动者具有极为重要的作用。体育与健康教科书对学生有以下四方面的帮助。第一，增强体质，增进身体健康。体育与健康教科书帮助学生掌握有关身体健康的知识和科学健身方法，提高自我保健意识；掌握体育与健康的基本知识和运动技能，学会学习体育的基本方法，坚持锻炼，增强体能，促进身体健康，养成健康的生活方式。第二，发展良好心理品质，促进心理健康。体育与健康教科书帮助学生在平等、友爱的运动环境中感受集体的温暖和情感的愉悦；在经历挫折和克服困难的过程中，提高抗挫折能力和情绪调节能力，培养坚强的意志品质；在不断体验进步或成功的过程中，增强自尊心和自信心，形成积极向上、乐观开朗的生活态度。第三，增强社会适应能力。体育与健康教科书帮助学生理解个人健康与群体健康的关系，建立起对自我、群体和社会的责任感；形成现代社会所必需的合作与竞争意识，学会尊重和关心他人，培养良好的体育道德和集体主义、社会主义、爱国主义精神。第四，养成健康的生活方式，提高生存能力。体育与健康教科书帮助学生学会获取现代社会中体育与健康知识的方法，选择个人喜爱的方法参与体育活动，挖掘运动潜能，提高运动欣赏能力，形成积极的余暇生活方式；提高体育运动中的安全防范能力，获得在野外环境中的基本生存技能。

13. 信息技术教科书

当今社会是信息技术高度发达的社会，所谓信息技术，是指有关信息的收集、识别、提取、变换、存贮、传递、处理、检索、检测、分析和利用等的技术统称。信息技术能够延长或扩展人的信息功能。信息技术可能是机械的，也可能是激光的；可能是电子的，也可能是生物的。信息技术主要包括传感技术、通信技术、计算机技术和缩微技术等。在高度信息化社会中信息素养已成为与传统文化"读""写""算"一样重要的生存能力，从这个意义上完全可以说，缺乏信息素养就相当于信息化社会的新"文盲"。

中小学信息技术课程是为了适应技术迅猛发展的信息时代对人才培养提出的新要求而设置的必修课程，是以培养学生的信息素养和信息技术操作能力为主要目标，以操作性、实践性和探究性（创新性）为特征的指定学习领域。在国家规定的必修课程领域外，各省、直辖市、自治区在保证最低要求的基础上，在课程内容、培养目标、课时安排等方面有一定的自主权。

信息技术教科书可以帮助学生提高利用信息技术有效开展各学科学习和探究活动的能力，积极参与社会实践，主动进行终身学习；可以拓展学生适应现代社会生活所需的信息技术技能，帮助学生提升信息素养和增强技术创新意识；培养学生获取信息、鉴别信息、传输信息、处理信息和应用信息的能力,教育学生正确认识和理解与信息技术相关的文化、伦理和社会等问题,负责任地、安全地、健康地使用信息技术;培养学生良好的信息素养,引导学生把信息技术作为支持终身学习和合作学习的手段,为适应信息社会的学习、工作和生活打下必要的基础。

学生的信息素养主要表现为:有利用信息技术工具获取、加工、管理、表达与交流信息的能力;有对信息活动的过程、方法、结果进行评价的能力;有在熟悉并利用技术条件和环境的基础上发表观点、交流思想、开展合作与解决学习和生活中实际问题的能力;积极探究技术应用给社会生活带来的变化,遵守相关的伦理道德与法律法规,形成与信息社会相适应的价值观和责任感。

以现代信息技术为核心的现代远程教育会逐渐发展。信息技术教科书可以帮助学生提高利用各种信息工具和各类信息资源进行学习的能力,促进人的素质不断提升,培养国家建设和国际竞争所需的信息技术人才,提高全社会的科技文化水平。

三、教科书生态系统的时空结构

生态系统的时空结构也称形态结构,是指各种生物成分或群落在空间和时间上的不同配置和形态变化特征。教科书生态系统的时空结构包括时间结构和空间结构。

(一)教科书生态系统的时间结构

1. 中国古代学校的教科书

教科书这一概念是舶来品,是近代从西方传入的,中国古代学校没有现代意义上的教科书,古代学校的教学材料可以称为课本。

(1)中国古代蒙学课本。中国很早就出现了专门用于启蒙的识字课本,秦代出现的有《仓颉篇》《爰历篇》,汉代则有司马相如的《凡将篇》、贾鲂的《滂喜篇》、蔡邕的《劝学篇》、史游的《急就章》,三国时代有《埤苍》《广苍》《始学篇》等,这些蒙学课本中对后世影响较大的是《急就章》。

南北朝时期,《急就章》在流传中出现了种种问题,其权威性大打折扣,虽然这一时期也出现了一些启蒙课本,如《庭诰》《诂幼》等,但可读性有限。在这样的背景下,《千字文》出现了。南朝时期,梁武帝肖衍为了教诸王书法,让殷铁石从王羲之的作品中拓出了 1000 个不同的字,每个字一张纸,然后把这些无次序的拓片交给周兴嗣,周兴嗣将其编成了有内容的韵文,编为四言韵语,共 250 句。韵文主要是供儿童识字,同时也介绍了有关自然、社会、历史、伦理、教育等方面的知识。《千字文》自隋朝开始流行,至今已有 1400 多年的历史。①

宋朝以后,相继出现了《三字经》《百家姓》《千家诗》等启蒙课本。《三字经》相传是南宋王应麟所作,"宋儒王伯厚先生作《三字经》,以课家塾",即王应麟为了更好地教育本族子弟读书,编写了融会经史子集的三字歌诀。②《三字经》全书共有 356 句,每句三个字,短小精悍、通俗易懂、朗朗上口、便于背诵,千百年来,家喻户晓。《三字经》是古代蒙学课本中最浅显易懂的读本之一。《百家姓》是一篇关于中文姓氏的读物。按文献记载,《百家姓》成文于北宋初,作者不详,原收集姓氏 411 个,后增补到 568 个,其中单姓 444 个,复姓 124 个。《百家姓》采用四言体例,对姓氏进行了排列,而且句句押韵,虽然它的内容没有文理,但对于中国姓氏文化的传承、中国文字的认识等方面都起了巨大作用,流传至今,影响极深。《千家诗》是由宋代谢枋得《重订千家诗》(皆七言律诗)和明代王相所选《五言千家诗》合并而成。全书共 22 卷,录诗 1281 首,都是律诗和绝句。《千家诗》是我国古代带有启蒙性质的诗歌选本。因其所选诗歌大多是唐宋时期的名家名篇,易学好懂,所以它在民间流传非常广泛,影响也非常深远。

《三字经》《百家姓》《千字文》是中国古代三种启蒙读物,它们将早期的识字教育与中国的历史文化,以及人格修养的教育巧妙地融合在了一起。它们言辞简练,含义丰富,朗朗上口,俗称"三百千",千百年来代代相传、家喻户晓,产生了广泛而深刻的影响。这三本再加上《千家诗》,对应著名的"四书五经",俗称"启蒙小四书"。

(2)中国古代学校教材。中国是世界上较早开办学校的国家。早在西周时期就出现了独立的教育机构,如辟雍、泮宫、庠、序、校等;到春秋时期,诸子

---

① 明德. 读点经典大全集[M]. 北京:中国华侨出版社,2011:34.
② 钱文忠. 钱文忠解读《三字经》[M]. 北京:中国民主法制出版社,2009:2.

百家开办私学，均有具体的教学内容和教材。其中影响最大的是"四书五经"。

"五经"源于孔子。孔子教学生就是以"六艺"为课程，"六艺"是对周朝以来的古典书籍的总结和提炼，后经孔子编辑或修改成为"六经"，即《易经》《尚书》《诗经》《礼记》《乐经》《春秋》。后来由于秦始皇"焚书坑儒"，《乐经》从此失传，"六经"变成"五经"。《易经》是我国一部古老而深邃的经典，是华夏五千年智慧与文化的结晶，被誉为"群经之首，大道之源"。《尚书》意为"上古之书"，是中国上古历史文件和部分追述古代事迹作品的汇编。《诗经》是我国最早的一部诗歌总集，共收录周代诗歌305篇。《礼记》通常包括"三礼"，即《周礼》《仪礼》《礼记》。《周礼》是讲周朝官制的，《仪礼》是讲各种典礼节仪（如冠、婚、丧、祭等具体仪式），《礼记》是孔子学生以及后人传习《礼经》的记录，内容有关礼的性质、意义和作用。《春秋》是鲁国的编年史，经过了孔子的修订。

自汉代开始，"五经"就成为国家官学的经典教材。此后，不同时期的经学大师不断刊正完善这一经典教材，不同时期的朝廷也非常重视它们，自隋唐以后，"五经"被钦定为国学教材和科举考试的指定参考书。

"四书"是《大学》《中庸》《论语》《孟子》的合称，是儒家传道授业的基本教材。几百年来，"四书"在我国广泛流传，其中许多语句已成为脍炙人口的格言警句。其中《论语》《孟子》分别是孔子、孟子及其学生的言论集，《大学》《中庸》则是《礼记》中的两篇。首次把它们编在一起的是南宋著名理学家朱熹。朱熹分别为这四部书作了注释，《大学》《中庸》的注释称为"章句"，《论语》《孟子》的注释因为引用他人的说法较多，所以称为"集注"。朱熹的《四书集注》既融会了前人的学说，又融入了自己的独特见解；再加上朱熹作为"程朱理学"的代表人物，他所注释的"四书"后来被朝廷审定为官学教材，从此盛行起来。到元、明、清三朝，科举考试的题目也都是出自朱熹的《四书集注》，"四书"地位更加显赫。

"四书五经"是中国传统文化的重要组成部分，是儒家思想的核心载体，更是中国历史文化古籍中的宝典，在古代被选为科举中选拔人才的命题书和课本。"四书五经"所包含的内容极其广泛、深刻，它在世界文化史、思想史上具有极高的地位。

2. 中国近现代学校教科书

中国初具现代意义上的教科书始于19世纪70年代。1877年5月，在华基督教传教士第一次召开大会，成立了"学校教科书委员会"（School and Textbook Series Committee，又称"益智书会"），曾先后编辑算学、泰西历史、地理、宗教、伦理等教科书，除供教会学校使用外，也赠送各地传教区私塾使用。[①]"教科书"一词由此逐渐流传开来。而我国严格意义上的现代教科书应该是在19世纪末20世纪初产生，伴随新学制的出现，新学堂迅猛发展，适应新学制新学堂的教科书也大量出现。

以1949年为界，中国近现代学校教科书可分为两大阶段：清末至民国时期的学校教科书与中华人民共和国成立后的学校教科书。

（1）清末至民国时期的学校教科书。这一阶段的教科书又可分为以下几个时期。

第一，西方教科书的引进时期（19世纪60年代至19世纪末），此阶段属西方教科书的翻译引进阶段；第二，民间自编教科书的兴起与蓬勃发展时期（19世纪末至20世纪初），这是教科书的引进与自编自创相结合，引进逐渐被自编自创所取代的阶段；第三，教科书的审定与制度化时期（20世纪初至1926年），这是教科书的定型与稳定阶段；第四，多种政治制度并存下的教科书发展时期（1927—1949年）。而中间两个时期（约1897—1926年）又构成了我国中小学教科书发展史上的"黄金三十年"。

黄金三十年教科书发展时期的第一个高峰期（19世纪末至20世纪前10年），其特征是广义的教材、读本逐渐被教科书取代。一批新式学堂已不满足于从西方引进、翻译、改译教科书，它们开始编写适合自己需要的教科书，代表学堂有南洋公学、无锡三等公学堂、上海澄衷学堂、同文馆、京师大学堂、山西大学堂等，一批民间书坊也参与教科书开发，出现了各式各样的教科书，其中较为出名的有文明书局教科书、商务印书馆"最新教科书"、清政府"学部教科书"。这些教科书的全面登场，逐渐取代了传统的"启蒙小四书""四书五经"等经典

---

① 毕苑. 回望教科书：教科书在中国现代化进程中的独特作用[N]. 人民政协报，2017－02－16（09）.

教材。第二个高峰期始于民国元年（1912年），新的体制要求新的教科书，旧教科书退出，新教科书如雨后春笋般涌现出来。代表作品为商务印书馆出版的"共和国教科书"和中华书局出版的"中华教科书""新式教科书"等。教科书规模大、品种全，同时配套教学法，市场竞争开始激烈。小规模、零散品种、影响小的书坊教科书和学堂教科书纷纷被挤出市场。第三个高峰期在1922年出现新学制以后。为了适应新学制的需要，大量新学制教科书随之出现。一批崭露头角的著名知识分子相继加入教科书编撰行列，教科书市场除了商务印书馆和中华书局两大主力外，世界书局也占得一席之地。

抗日战争的爆发使得中国的政治格局发生了新的变化，由土地革命战争时期的苏维埃政权根据地和国民党统治区域的二元对峙，逐渐分割成解放区、国统区、沦陷区三区相争的政治局面。这三种不同政治统治下的教科书，呈现出不同的特点。但不管是解放区，还是国统区，教科书的主题和内容都集中在有利于抗战救国的领域，教科书的社会动员与宣传功能被发挥到极致。

（2）中华人民共和国成立后的学校教科书。这一阶段可以划分为新中国十七年、1966—1976年的十年、改革开放后三大发展时期。

第一，新中国十七年教科书发展（1949—1965年）。这一时期教科书经历了模仿、引进、借鉴、自主探索，完成了对社会急剧转变后带给人们的震动、不安和茫然的化解，同时更深刻地引导人们对共产党政权的认同和发自内心的拥护。在十七年间，教科书编写者们尽管经常面临着各种困难和压力，但却给中国教科书建设带来了全新的主题、叙事方式、文本语言和编撰模式。

第二，1966—1976年时期的教科书。这一时期的教科书，是特定时期官方思想和意识形态的教育具象。这一时期教科书的插图人物男的高大威猛，女的英姿飒爽，适应特定的政治美学需要，是一个时代的教育、政治、文化理念的标本，尽管它早已结束，但它在教育史上仍然具有经典的意义。

第三，改革开放以来教科书的发展（1978年至今）。这一时期的教科书发展多变。从20世纪80年代到20世纪末，教科书呈现出生机勃勃的局面，如八套半教科书的改革、实验教科书、地方教科书、乡土教科书的迅猛发展等。进入21世纪后，伴随着新一轮的课程改革，教科书的多样化不仅开启了有声有色的一幕，而且展开了教科书现代化历程强有力的制度性升华，走上了一条回归多样化的发展道路。众多的机构加入教科书的编撰与出版发行行列，教科书的建设与发展引起全社会的广泛关注。当然，教科书多样化的建设依然任重而道远。[①]

（二）教科书生态系统的空间结构

在开放竞争过程中自然形成了一些出版集群，它们由出版社和出版传媒集团组成，具体有人民教育出版社教科书出版集群，以北京师范大学出版社、教育科学出版社为代表的北京教科书出版集群，以凤凰出版传媒集团为代表的长三角教科书出版集群，以中南出版传媒集团股份有限公司为代表的中南教科书出版集群，以广东教育出版社为代表的粤版教科书出版集群。

1. 人教版教科书

2010年12月和2011年3月，人民教育出版社（以下简称"人教社"）作为核心成员单位先后加入中国教育出版传媒集团有限公司和中国教育出版传媒股份有限公司。人教社作为中小学教科书出版的"国家队"，截至2015年，先后研究、编写、出版了11套全国通用的中小学教材。经过多年的发展，人教社形成了全方位、多样化、系列化、立体化的出版格局。全方位是指人教社的出版物涵盖了教育的各个阶段和各个领域；多样化是指同一学科的人教版教科书具有多个版本、不同风格、不同层次，满足不同教学需要；系列化是指各学科人教版教科书均以教科书为核心，配以教学参考资料、教学辅助资料和教具学具等；立体化是指人教版教科书具备纸介质、电子音像、多媒体及数字出版物等形态。人教版教科书是我国中小学教科书的品牌和龙头老大。

2. 凤凰版教科书

凤凰版教科书由凤凰出版传媒集团出版。凤凰出版传媒集团是规模较大、实力较强的文化产业集团之一。在图书出版发行方面，该集团拥有江苏人民出版社、江苏科学技术出版社、江苏教育出版社、江苏少年儿童出版社、江苏美术出版社、凤凰出版社、江苏文艺出版社、译林出版社、江苏电子音像出版社等，它们共同组成了凤凰出版传媒集团的强势出版群体。

教育出版是凤凰出版传媒集团的传统优势和显著特色。该集团下属的江苏教

---

① 石鸥，吴小鸥. 中国近现代教科书史（上册）[M]. 长沙：湖南教育出版社，2012：2–5.

育出版社、江苏少年儿童出版社、江苏人民出版社、江苏科学技术出版社、译林出版社等都具有出版中小学教科书的资格，其中江苏少年儿童出版社主要出版音乐、美术类教科书，江苏人民出版社主要出版政治教科书，江苏科技出版社主要出版初中数学和物理教科书，译林出版社主要出版英语教科书。

3. 中南版教科书

中南版教科书由中南出版传媒集团股份有限公司出版，其中湖南教育出版社、湖南文艺出版社有限责任公司、湖南岳麓书社有限责任公司、湖南科学技术出版社有限责任公司、湖南少年儿童出版社有限责任公司、湖南美术出版社有限责任公司等出版中小学教科书。

近年来，中南出版传媒集团股份有限公司出版势头良好。其中，数学教科书被台湾地区选用，开两岸文化交流之先河；地理教科书被澳门特别行政区选用；历史教科书还输出到韩国，这是我国教科书第一次走出国门，成为出版史上的标志性事件。

4. 北京版教科书

北京版教科书主要是指北京师范大学出版社（以下简称"北师大社"）和教育科学出版社（以下简称"教科社"）出版的教科书。

北师大社成立于1980年，"打造人类精神文化精品，引领国内教材教辅潮流"是北师大社孜孜以求的目标。它依靠北京师范大学百年积淀的学科和学术成果，长期参与中国基础教育改革的探索和实践。1992年，北师大社开始出版义务教育"五四"学制教材；2001年，以积极的姿态投入新一轮基础教育课程改革，独家出版了国家制定的《全日制义务教育课程标准（实验稿）》，并率先开始出版义务教育课程标准实验教科书和全日制普通高中课程标准实验教科书，以其理念新颖、质量上乘而引起业界关注。北师大社形成了结构合理、特色鲜明的终身教育出版框架，涵盖学前教育、基础教育、职业教育、高等教育、教师教育等领域，成为国内优质教育资源的研发与出版基地。北师大版基础教育教科书因其研究基础深厚、教育理念先进、编写质量上乘、服务水平专业成为国内公认的主流教科书之一，全国许多省、自治区、直辖市以及澳门特别行政区均有使用。每年有数千万中小学生使用北师大版的各科教科书，基础教育教科书已经成为北师大社的知名品牌。

教科社也是 1980 年成立的，是一家在国内外具有重要影响的教育科学专业出版社。从 1992 年开始，教科社致力于教科版语文教材的开发、培育与推广，使其从一套地市实验教材发展为省级课本，进而又成为国家级教科书。通过出版这套教科书，教科社积累了经验，赢得了声誉、读者和市场，并为后来参与国家基础教育课程改革积累了经验，奠定了基础。

从 2001 年起，我国开始了新一轮基础教育课程改革。教科社成立了基础教育课程教材发展中心，举全社之力，开展教材的立项、编写、送审、宣传、推广和发行等工作。

5. 粤教版教科书

粤教版教科书主要是指广东省出版集团旗下的广东教育出版社出版的教科书。广东教育出版社成立于 1985 年，在教材的编辑出版方面有着悠久的历史和骄人的业绩，自成立以来一直从事省编教材与全国教材的编辑出版。早在 20 世纪 90 年代就出版了沿海版义务教育各学科教材，该套教材全部通过国家教委审定，是当时全国仅有的八套半教材之一，被推荐到全国使用。进入 21 世纪，广东教育出版社积极投入和参与新课标教材的开发与编写，从小学到高中，先后有义务教育阶段 7 科教材（包括小学的品德与生活、品德与社会、科学、书法和初中的物理、化学、思想品德、音乐等）、高中 6 科教材（包括语文、物理、信息技术、体育与健康、美术、艺术）等 14 科新课标教材通过全国中小学教材审定委员会审查，并在全国 20 多个省、自治区、直辖市使用，获审查通过的教材科目数在全国地方出版社中最多。

目前，粤教版教科书已成为岭南文化的一个标志性品牌。广东省出版集团立项、编写的粤教版新课标教材有众多科目获得教育部审查通过，数量在全国地方出版集团排名第一，在广东乃至全国均具有较高的市场占有率，整体水平位居全国前列。

6. 冀教版教科书

冀教版教科书主要是指河北教育出版社有限责任公司出版的教科书。河北教育出版社成立于 1986 年 12 月，2010 年 4 月改制为"河北教育出版社有限责任公司"。1998 年开始，河北教育出版社与 DC 加拿大教育发展公司合作，相继编写了小学英语、初中英语、高中英语等科目新课标系列教科书。教科书在多个省

（自治区、直辖市）推广使用，台湾地区也已购得该教科书版权。此套教科书具有鲜明的时代特色，编排体系科学，语言认知量丰富，注重学法指导，促进学习方式转变，已成为河北教育出版社的品牌教科书。

学者石雷统计2005年发表的与教科书出版相关的论文指出，目前我国拥有10个以上教科书品种的出版社和出版集团共7个[1]，它们在教科书建设中强调集团的组建，注重整体包装、整体运作，有较好的市场占有率。

除此之外，还有沪教版、浙教版、鲁教版等教科书。

第三节　教科书生态系统的组织结构

组织结构是指对于工作任务如何进行分工、分组和协调合作。组织结构是表明组织各部分排列顺序、空间位置、聚散状态、联系方式以及各要素之间相互关系的一种模式。教科书生态系统的组织结构是指教科书的运行机制。

一、教科书的编写与审定

（一）教科书的编写

我国中小学教科书的编写实行项目管理制，也就是说编写教科书必须事先依照有关规定向相应的教育行政部门申请立项，经核准后方可进行。

1. 教科书编写应遵循的基本要求

（1）突出政治性和思想性。教科书应努力运用辩证唯物主义的观点阐明自然科学和社会科学的基本规律，应遵循党和国家的方针政策。

（2）保证系统性和科学性。要根据每门课程的课程标准来确定教科书的基本内容和框架；概念的说明、原理的论证、公式的推导都必须正确，数据的引用和现象的叙述，都要有充分可靠的依据；还要注意各部分内容之间的衔接与配合，强调内容的系统性。

---

[1] 石雷. 谁来分蛋糕：新课标重组市场[J]. 出版参考，2005（10）：49-51.

（3）注重内容的前沿性。教科书应该与本学科发展水平相适应，要根据课程的性质和任务，删减过时的内容，增加前沿的内容，也就是说要注意更新教科书内容，反映现代化科学技术的新成就。

（4）确保精练，突出实用。一是要精选内容，做到主次分明，详略适当，不要贪大求全，或者乱减内容，只在叙述上追求简练，致使学生难以理解；二是强调理论联系实际，通过实际问题或有关专业的实例来说明理论的实际意义、应用条件和适用范围，启迪学生积极思考，注意培养学生分析和解决问题的能力。

（5）强调趣味性和可接受性。在教科书的编制形式上，要根据学科特点和学生心理特征，选择适当的编排方法，设计科学的顺序和结构，增强教科书的可接受性；也就是说，教科书的版式、印刷、装帧等技术问题要符合卫生学、美学和心理学的要求，有一定的趣味性。

（6）加强规范性和可读性。教科书既是教本，又是读本，要保证文字通顺，说理清楚，图表准确、清晰，与正文配合密切；计量单位要采用国际单位制，必要时可与其他计量单位并用；名词、术语、符号等要符合国家的统一规定，还未统一规定的可以采用习惯用法，但全书中应该保持一致。总之，要避免烦琐，便于自学。

（7）设计编写与教科书配套的参考材料。

2. 教科书编写指导思想

在不同的历史时期，教科书编写的指导思想是不一样的。就现阶段来说，教科书编写必须全面体现课程标准的基本理念与基本要求，教科书的编写有以下七种理念。

（1）"以学生发展为本"的理念。要求教科书既要注重学生基础知识框架的搭建与基本能力的培养，更要重视学生情感态度与价值观的培养。

（2）"以学生经验为基准"的理念。要求从学生的生活经验出发精选内容，培养学生的终身学习能力。

（3）"知识建构"的理念。要求教科书创设问题情境，引导学生主动建构知识。

（4）"探究学习"的理念。要求教科书重视探究活动，改变学生的学习方式。

(5)"多元评价"的理念。要求教科书提供多样化的评价活动,培养学生的反思意识和能力。

(6)"尊重选择"的理念。要求教科书有一定的灵活性和开放性。

(7)语言精练,版面新颖,能激发学生的学习兴趣。[1]

3. 教科书编写工作流程

按照国家规定,教科书从立项申请到出版发行,要经过的步骤程序如下:前期筹划准备,立项申请,批准立项,组织编写等。

(二)教科书的审定

教科书的审定对于提升教科书质量,明确教科书的价值取向,进而维护社会稳定等有十分的重要意义。

1. 教科书审定的原则

(1)政治性原则。教科书审定制度是教科书质量的保障,须贯彻落实国家的教育目标。政治性原则要求在教科书审定中,首先要关注教科书是否贯彻落实国家的基本教育方针,是否符合国家的法律、法规,是否体现了素质教育的要求。

(2)教育性原则。教科书是学校教育教学中最基本、最重要的文本,是教师和学生开展教学活动的指南,是实现培养目标的重要途径。教育性原则要求在审定教科书时要关注教科书是否符合课程方案和课程标准,是否能够实现培养目标。

(3)适宜性原则。教科书既是教本,又是学本。教科书既要遵循学科知识的逻辑顺序,注重知识的完整性和系统性,又要遵循学生发展的心理顺序,注重学生的身心特点和可接受性;既要适合教师的教学,又要适合学生的学习。因此,在教科书审查时要关注教科书是否覆盖了所要学习的该科知识内容,是否适合学生身心发展的特点,是否联系生活经验,是否反映科技发展成果。

(4)标准化原则。教科书是"读者最多的、某种意义上也最重要的文本"。[2]教科书审定必须关注教科书的内容是否科学、是否准确、有无知识性错误,教科

---

[1] 李水平. 新中国教科书制度研究[D]. 长沙:湖南师范大学,2014.

[2] 石鸥. 最不该忽视的研究:关于教科书研究的几点思考[J]. 湖南师范大学教育科学学报,2007(5):5-9.

书的插图设计、幅面尺寸及版面设计是否符合国家规定的标准和要求,印制质量等是否符合国家有关部门颁发的技术质量标准等。

2. 教科书审定的程序

(1) 教科书的内审。所谓内审,是指出版社内部审读,包括初审、二审、三审。初审一般由责任编辑负责,具体包括统一教科书编写体例,更正知识性、逻辑性错误,清除语言文字硬伤,核对引文与资料,规范计量标准与年代纪元等。二审一般包括审读责任编辑尚未发现的问题,检查、鉴定责任编辑工作的情况。三审是终审,但慎重起见,有时还会有特约审读。

(2) 教科书的外审。所谓外审,主要指送交教育部中小学教材审定委员会审查以及交由社会大市场来审查。任何教科书都必须经过全国中小学教材审定委员会或省级教材审定委员会审查,获得审查通过结论后才能向全国中小学校公开出版发行,最后进入教科书市场。

通常,教科书样书的审查可以分两次进行:一次初审,一次复核。[①] 如果初审的教科书基本达到审定标准,符合课程标准的要求,但有较多小问题需要进一步修改,可以允许编写单位按照审查意见修改后再次提交审查者复核;复核合格即"审查通过"。

3. 教科书审定的作用

(1) 确保教科书的基本质量,实现国家的教育目的。审定通过的教科书作为学生经验和科学概念的载体,在贴近学生真实生活,反映学生既有的知识与经验,承载与传递科学概念、方法等教育和文化方面具有重要价值。[②] 通过审定的教科书通常能够根据学生的身心特点和认知规律,传播学科课程内容实现课程目标,符合学校教育的教学特征与学科特点。

(2) 促进教科书多样化、多元化。教育作为国家的公共事务,必须保证教育目的统整性。[③] 教育行政部门制定统一的教育政策与课程标准,但不一定能够完全实现教育目标。我国是一个地域宽广、民族众多、区域发展极不均衡的国

---

① 刘真福. 中小学教科书编审流程:以语文教科书为例[J]. 出版科学,2007 (2):24 - 26.

② 刘继和. "教材"概念的解析及其重建[J]. 全球教育展望,2005 (2):47 - 50.

③ 李虹霞. 中小学教科书审定制度的研究[D]. 长沙:湖南师范大学,2008.

家，不同地域的教师与学生的需求各不相同，甚至存在巨大的差异。统一的教科书往往不能满足不同地区实现国家教育宗旨的需要。因此，必须坚持在统一教育政策与课程标准的基础上实行教科书多样化策略。必须建立科学有效的教科书审定制度，组织专业机构的专业人员对教科书进行审查，来确保由不同组织、不同个人编写的不同版本教科书的基本质量。当然，教科书质量如何，使用者最有发言权，广大师生喜欢使用哪种教科书才是终极"审查"。

二、教科书的出版与发行

（一）教科书的出版

任何事物的产生与发展，都是一定社会环境下的产物。出版终究是一种文化现象，必须受经济基础和上层建筑的影响和制约。[①]

1. 教科书出版的要求

国家对教科书一般质量标准有具体规定，新闻出版总署（2013年起改国家新闻出版广电总局）于2004年12月通过《图书质量管理规定》，出版物质量标准从内容、编校、设计、印制四个方面作了规定，如差错率不超过万分之一的图书，其编校质量属合格；图书的整体设计与插图应该符合国家有关技术标准和规定而且质量合格；封一、封二、封三、封底、书脊、扉页的设计也应该符合印制质量标准。但是在实际审查过程中，审查专家通常会采用优质图书的差错标准审查教科书，努力将教科书的差错率控制在更低水平。

国务院2001年颁布的《出版管理条例》特别对以未成年人为对象的出版物内容作出规定："不得含有诱发未成年人模仿违反社会公德的行为和违法犯罪的行为的内容，不得含有恐怖、残酷等妨害未成年人身心健康的内容"。因此，教科书出版特别要遵循上述规定。如果送审的教科书样书出现上述违规内容，审查结果为不通过。

教科书的出版要求具体有以下八个方面：

第一，教科书作者必须具有极高的专业素养。大众图书对作者的专业要求不

---

① 汪家熔. 蔡元培与商务印书馆[M]//商务印书馆. 商务印书馆九十年. 北京：商务印书馆，1987：482.

是很高，但教科书作者必须是某学科领域的专家，或者具备极强专业素养的人士，或者是教学领域的专业教师、一线教学工作者，这是确保教科书的科学性、知识性的前提。由于不同学科的专业有别，不同学科教科书出版对教科书编辑的专业要求也较高。例如，一名不具备物理教学基本专业知识素养、不了解自然界物理现象基本规律的编辑无法胜任一本物理教科书的编辑加工工作。

第二，教科书内容在保证科学性的前提下，必须适合教学的需要。教科书内容必须切合现实教学需求，同时是科学的、为研究所证实的、已经形成定论的、是某年龄阶段学习者所必须知道和掌握的。当然，这些内容必须通过规范的文字、恰当的图形、准确的表述来体现。

第三，教科书制作形式实用，体现学科差异性。教科书的制作形式，要么简明朴实，要么具有实用性，要么依据不同学科的性质具有自身的独特性。

第四，教科书价格适中，惠及广大学生。由于教科书的使用对象主体为学生，因此在教科书出版定价上也要考虑学生这个读者群的特点，如自1949年以来，我国一直对中小学教科书实行政府限价，以此来保护学生的利益。

第五，教科书出版及时，保证"课前到书，人手一册"。教科书的出版时间必须符合教学使用的时间要求，简言之，就是必须确保教科书"课前到书"，教科书必须在学校开学前的一定时段内出版。早在中华人民共和国成立初期，"课前到书，人手一册"已经是我国中小学教科书出版的基本原则了。

第六，教科书编写要考虑读者对象的年龄特征。教科书的读者一般为在校学生，即该教科书内容的学习者。教科书应按照教学大纲等要求分级编写出版，以满足不同学习级别学生的需求。

第七，教科书营销方式要体现时代性。教科书营销在计划经济时代是一种被动的双向流通，即书店按照学校学生报名计划发出订单，出版者照单生产并将教科书供应给书店，书店再分发至各学校。但在市场竞争条件下，教科书营销要求具备有效性、多样化、准确性、人文性。

第八，政府在教科书政策方面要有明确导向。在我国，教科书出版必须严格按照政府要求，不能随心所欲。政府政策要求对教科书的编写出版有指导作用。①

2. 教科书出版的特点

教科书出版具有文化性、商业性，同时兼具意识形态。一般来说，现行的中小学教科书出版的理念源于社会对教科书出版业的主流价值判断。具体说有三种理念形式：一是纯商业理念，即一切从利益出发，教科书出版活动的唯一目的是盈利；二是纯文化理念，即教科书出版是一项文化事业，其主要目的是传播文化；三是政治文化理念，即教科书出版活动必须要为政治和文化服务。

教科书在学校教育中的特殊地位和作用决定了教科书是一种特殊商品，同时也决定了教科书的出版应该自觉地将社会效益放在首位。因此，中国现阶段教科书出版既要强调社会效益，又要顾及经济效益。当然，追求社会效益是第一位的。②

教科书出版活动的利益相关者众多，教育行政主管部门、出版及印制机构、新华书店（发行机构）、学生乃至家长都有不同的利益诉求。面对这种局面，只有教科书出版制度才能协调各方利益，实现经济效益和社会效益的双赢。

（二）教科书的发行

中小学教科书的发行是一项牵涉社会稳定和人才培养质量的重要工作，一直以来，备受国家和政府的重视。纵观世界各国，教科书的发行形式大致可分为国家发行、国家和民间共同发行、民间发行三大类型。

1. 我国传统的教科书发行模式

中华人民共和国成立初期，为加强对全国基础教育事业的规范管理，国家强调"教科书对国计民生，影响巨大，所以非国营不可"。③ 在1950年9月的全国出版工作会议上，政府正式提出"中小学教科书必须全国统一供应"。具体到教科书发行，这一方面的措施有两点。第一，统一教科书发行机构。国家明确提出将全国发行业务转移至新华书店，由新华书店负责教科书的发行。人民教育出版社承担1951年春季华北地区与华东地区的中小学教科书生产与造货，并采取统

---

① 张宏. 教材出版：现状与未来[J]. 现代出版，2012（5）：57–61.
② 刘爱. 中小学教科书出版制度研究[D]. 济南：山东师范大学，2009.
③ 金铁宽. 中华人民共和国教育大事记（第2卷）[M]. 济南：山东教育出版社，1995：6.

一向其他地区新华书店供应纸型、分区造货的方式在华北地区与华东地区以外的地方发行教科书。第二，成立教科书出版发行委员会。1952年11月20日，教育部和出版总署共同成立"教科书出版发行委员会"，具体研究讨论配合教育发展计划改进教科书出版、发行工作中的问题，确保完成教科书出版、发行工作任务，明确规定教育行政部门与出版发行部门的任务与分工。①

自此，我国教科书的供应发行长期由新华书店独家经营。经过多年实践，新华书店构筑了全国性的教科书购销、仓储运输和资金结算网络，确保教科书"课前到书，人手一册"。同时，新华书店也不断壮大，目前拥有3100余家独立核算的企业单位及所属的14000多处图书销售门市网点，从业人员15万，是我国图书发行的主力军，累计发行42亿册，110万种，210亿元的图书，累计销售收入151亿元，利润总额4.87亿元。尽管从2002年起，我国中小学教科书出版发行实行招投标改革试点，出版社、邮政公司、民营企业都可以参加教科书发行的招投标，竞争日益激烈，但新华书店具有丰富的书业营销运作经验，在教科书发行市场仍占据着主体地位。2012年，全国各地新华书店（发行）集团立足本地，坚持主业，突出特色，发展自我，全年销售额达799亿元，比上年增长12.3%。②

2. 教科书发行招标投标改革的试行

为加强对中小学教学用书的管理，切实减轻学生家长的经济负担，进一步深化教科书出版发行体制改革，根据《国务院办公厅转发体改办等部门关于降低中小学教材价格深化教材管理体制改革意见的通知》（国办发〔2001〕34号）精神，新闻出版总署、教育部、国家计委于2001年制定了《中小学教材发行招标投标试点实施办法》。

（1）改革的思路。中小学教科书发行的招标投标试点工作要按照"积极稳妥"方针和"先试点，后推开"原则，在积累试点经验的基础上，逐步推开。具体为中小学教科书发行的招标投标试点工作从2002年开始先在安徽省、福建

---

① 中华人民共和国教育部办公厅. 教育文献法令汇编（1949—1952）[M]. 北京：人民教育出版社，1958：240-241.
② 杜一娜. 2012年全国新华书店销售额达799亿 增长12.3% [N/OL]. 中国新闻出版报，2012-11-19. http: www.chinanews.com/cul/2012/11-19/4340620.shtml.

省、重庆市进行；从2003年开始，各省、自治区、直辖市都要进行面向本地区的招标投标试点工作；从2004年起，中小学教科书的发行招标投标面向全国进行。

（2）改革的措施。中小学教科书发行工作由符合教科书发行资质的发行机构，在价格主管部门制定的价格范围内，在保证"课前到书，人手一册"的前提下，竞标成功后承担。具体招标工作涉及以下六项：

第一，招标项目。拥有试点省、自治区、直辖市区域内使用的中小学教科书全部品种的总发行权。所谓总发行权，是指承担中小学教材征订、储备、配送、调剂、添货、零售和结算。

第二，招标原则。中小学教科书发行招标投标应遵循公开、公平、公正和诚实信用的原则。任何单位或个人不得以任何形式干涉中小学教科书发行招标投标活动。

第三，招标人。招标人是依据《中小学教材发行招标投标试点实施办法》进行试点的省、自治区、直辖市人民政府。

第四，投标人资格。投标人必须满足以下几个条件：①经国务院新闻出版行政部门确认的中华人民共和国境内的国有书刊发行单位或国有控股书刊发行单位；②能够严格遵守国家有关出版发行的法律、法规和有关规定，有良好的社会信誉，年检合格，近3年内未受到新闻出版方面的行政处罚；③有3年以上书刊发行经验，在发行工作中有良好的业绩，连续3年没有亏损记录；④注册资金原则上1000万元以上，具有中小学教材征订、储备、运输、调剂、零售及结算能力，有配套的发行网络；⑤有健全的组织机构、管理规章制度和与承担中小学教材发行工作相适应的业务人员。

第五，有效期。投标取得中小学教科书总发行权的有效期限原则上不少于两学年。

第六，监督和管理。监督，是人类社会普遍存在的一种现象，指的是人对他人的监视与制约。说到底，监督最终涉及的就是对权力的制约。自有人类社会开始，监督这种现象就出现了，并且只要人类社会继续存在，这种现象也就会继续存在。① 教科书发行招标投标工作必须要有一个行之有效的监督体系与之相匹配。

招标投标工作由省级发展改革部门、新闻出版行政部门、教育行政部门和价格主管部门具体负责。国务院新闻出版行政部门、教育行政部门、价格主管部门负责对教材发行招标投标活动的全过程进行监督。②

（3）改革的意义。中小学教科书发行招标投标办法的试行，打破了我国中小学教科书发行渠道单一的传统体制，在弱化政府直接管理职能的同时，强化了市场的主导作用。在当今时代，在教科书发行领域，引入市场竞争机制，要求各个发行部门不但要加大经营体制和管理体制改革的力度，改变主要依附教科书、教辅材料创收的经营模式，把工作重点转移到更多图书经营和新的经营项目、产业的开发上来，实施多元化发展战略，而且还应解构垂直运作网络，成立发行集团或整合社会资源，力争从粗放型经营转变到集约化经营，降低经营成本，提高抗风险能力和盈利能力。③

总之，教科书发行的政策性较强，政府在其中扮演着不可或缺的角色。但由于中国教科书管理体制正处于新旧交替时期，政府可以赋予社会力量一定的监督权力，多方制约，有效监督教科书发行实施过程中的不公平竞争等不规范行为。

三、教科书的供应与选用

（一）教科书的供应

教科书供应包括教科书的供应主体、供应方式等，体现教科书经营合理化水平。不同国家教科书供应方式不尽相同，一个国家教科书的供应方式是由经济原因、教育体制、教育观念等多种因素决定的。

1. 教科书常见的供应方式

纵观世界各国，教科书的供应方式大致有以下四种：

（1）租用制。学生租用由国家、地方或学校提供的教科书从而获得对教科

---

① 吴丕，袁刚，孙广夏. 政治监督学[M]. 北京：北京大学出版社，2007：2.
② 侯晓明. 中国中小学教科书制度研究[M]. 武汉：武汉大学出版社，2012：96.
③ 《建立面向首都现代化的北京市中小学教科书制度的对策研究》课题组. 中小学教材发行：问题、挑战及趋向[J]. 出版发行研究，2004（7）：44－47.

书的使用权。学生没有教科书所有权,教科书使用结束后,学生必须缴回教科书。在义务教育阶段使用教科书"租用制"的代表国家是英国、新西兰等。

(2)借用制。教科书由国家、地方或学校购买,学生在学习时免费借用,学习结束后,交还学校,供下一届学生继续使用。在义务教育阶段采用教科书"借用制"的代表国家是法国、美国等。

(3)购买制。由学生或学生家长出资购买教科书,学生拥有教科书的使用权和所有权。目前中国的高中阶段实行的就是教科书"购买制",大多数国家的非义务教育阶段的教科书都使用"购买制",如俄罗斯、新加坡、马来西亚、泰国(小学原则上采取无偿出借制度)等。

(4)赠送制。教科书由国家、地方或学校出资购买,免费赠予学生使用。世界上采用教科书"赠送制"的国家有瑞典、韩国,日本在义务教育阶段也采用"赠送制"。在这些国家里,学生人手一册教科书。由于国家无偿供给教科书的费用由政府承担,教科书购买的资金成为政府的必要支出,所以他们的赠送规格常常受到政府财政能力的制约,事实上也导致教科书的"轻量化"和"分册化",为了减轻政府的财政压力,他们的教科书通常内容较少,重量较轻。[①]

2. 我国教科书的租型印供

所谓教科书租型,是指由原创出版者将其所出版的教科书纸型或胶片,按照文件(或合同)规定,有偿租给各地出版机构,分地区印制,统一定价(1988年以后改为各地定价),分地区发行,分地结算盈亏。租型印制的教科书版权页必须印刷编著者、原出版者名称、所在地址和邮编、原出版者的版次,印次、印数应按照租型重印的数量统计,版权页上还应注明重印者、发行者、印刷者的名称,并注明重印者所在地址、邮编和电话。[②] 教科书租型印供是我国特有的教科书供应制度。

(1)教科书租型印供的初步形成。从1949年起,为保证"课前到书,人手一册",中小学教科书实行"国定制",由国家投资、人民教育出版社独家编写

---

① 齐树同. 从世界教科书供应制度之比较看教科书租借制[J]. 教育科学研究,2005(11):60-62.
② 课程教材研究所. 新中国中小学教材建设史 1949—2000 研究丛书·出版管理卷[M]. 北京:人民教育出版社,2010:75.

出版。每逢开学，数千万册教科书要从北京运往全国各地，难度较大，为了解决印制难、运输供货难、发行难等问题，国家确定了"信用预定，预印预发，先远后近，先山区后平川"等发行原则，由人民教育出版社将印刷教科书的胶片（型版）"租型"给各地出版部门印制，再由新华书店负责发行。各地出版部门与人民教育出版社签订租型合同，保证教科书印制质量，提供出版教科书有关材料和统计数字，按合同缴纳租型费。关于租型费的收取比率，从1952年到"文化大革命"前，人民教育出版社与各租型单位商定收取总码洋1%的租型费。[①]

为加强领导，确保课本及时供应，1959年，国务院牵头成立了课本出版工作领导小组，成员涵盖教育部、文化部、轻工业部、商业部等相关部门，该小组的职责是对中小学课本的编辑、印刷、发行等工作进行总体规划和监督实施。各省级政府也照此成立了各自的课本出版工作领导小组。[②] 至此，我国中小学教科书租型印供制度初步形成。

（2）教科书租型印供中止和恢复。1966—1976年间，人民教育出版社出版的教科书被禁用，人民教育出版社也解散，全国通用版教科书的租型造货业务中断，教科书租型被抛弃。1976年后，为解决地方教科书不能及时供应，学生上课没有课本的严重问题，1977年年底，在全国教科书出版发行工作会议上，"课前到书，人手一册"的要求被重新提出，政府相关部门必须保证中小学校教科书的供应要做到"按时""足量"。次年4月，国务院批转了该会议报告，恢复了1966年前的教科书出版发行办法。

1980年1月，人民教育出版社制定了《中小学教学用书纸型稿型费（即租型费）和工本费收费办法》，其中规定"按供型的每个品种的印数总码洋收取0.5%的稿型费"[③]，正式恢复租型费的收取。

（3）教科书租型印供的逐步完善。为进一步规范中小学教科书的印供工作，人民教育出版社经过多方协商，报请上级主管部门同意，在1992年出台了《人

---

① 课程教材研究所. 新中国中小学教材建设史 1949—2000 研究丛书·出版管理卷[M]. 北京：人民教育出版社，2010：174.
② 课程教材研究所. 教材制度沿革篇（上册）[M]. 北京：人民教育出版社，2004：86.
③ 课程教材研究所. 新中国中小学教材建设史 1949—2000 研究丛书·出版管理卷[M]. 北京：人民教育出版社，2010：174.

民教育出版社租型印供管理办法》和下达了《关于调整人教版中小学教材租型费率的通知》，决定从 1993 年秋季起，中小学教科书租型费率由 0.5% 上调到 2%；为照顾少数民族地区，新疆、西藏、内蒙古三地的租型单位仍保持 0.5% 的原租型费率。① 1999 年 9 月，人民教育出版社租型费率再次进行调整，从 2000 年起，大部分省份的中小学教科书租型费率从 2% 上调到 3%。对西部地区继续扶持，西藏、新疆仍维持在 0.5%，青海、内蒙古为 1%，宁夏为 2%。②

此外，随着改革开放的深入，教科书租型面临新形势。一方面，教科书成本不断增加；另一方面，教科书价格由国家调控，不能涨价。这导致教科书出版亏损越来越多，国家财政补贴负担越来越重。教科书出版陷在死价格与活市场的矛盾中，教科书生产供应形势严峻。为此，人民教育出版社在 1988—2000 年间，先后 13 次组织召开了中小学教科书租型工作会议，分别研究解决教科书租型工作中的热点问题，探讨在市场经济条件下教科书租型遇到的问题及其应对策略，不断完善教科书租型制度。

3. 教科书的免费供应

免费供应教科书是义务教育发展到一定阶段的产物，是社会经济发展的必然结果。2001 年 6 月，教育部与财政部共同颁布《国务院办公厅转发体改办等部门关于降低中小学教材价格深化教材管理体制改革意见的通知》和《关于对全国部分贫困地区农村中小学生试行免费提供教科书的意见》。从 2001 年秋季开始，在全国部分贫困地区农村中小学，试行对家庭经济困难的学生免费提供教科书。

《关于对全国部分贫困地区农村中小学生试行免费提供教科书的意见》的具体内容主要有以下四个方面：

（1）免费教科书对象：国家扶贫开发工作重点县中家庭经济困难的学生与特殊教育学校（特教班）的学生。

（2）免费教科书种类：小学免费提供语文、数学、思想品德（2016 年后改

---

① 课程教材研究所. 新中国中小学教材建设史 1949—2000 研究丛书·出版管理卷[M]. 北京：人民教育出版社，2010：20.

② 课程教材研究所. 新中国中小学教材建设史 1949—2000 研究丛书·出版管理卷[M]. 北京：人民教育出版社，2010：179.

为"道德与法治")、自然、社会、音乐、美术等教科书;初中免费提供语文、数学、英语、思想政治(2016 年后改为"道德与法治")、物理、化学、生物、历史、地理、音乐、美术等教科书。特殊教育学校(特教班)按照现行特殊教育学校课程计划确定。

(3)免费教科书发行:政府采用招标投标方式,在保证质量的前提下,以最低成本采购,赠送给学生。

(4)免费教科书经费:中央支付额度 2001 年为 1 亿元,2002 年为 2 亿元,2003 年为 4 亿元,逐年增加,专款专用。

国家对免费供应教科书高度重视。2004 年 2 月,财政部与教育部联合颁布《对农村义务教育阶段家庭经济困难学生免费提供教科书工作暂行管理办法》,宣布将免费教科书对象范围逐步扩大至享受"两免一补"(免书本费、免杂费、补助寄宿学生生活费)的中小学生,从未普及九年义务教育的国家扶贫开发工作重点县中的农村贫困中小学生,逐步惠及中西部农村地区贫困中小学生。可见,中央财政帮扶贫困学生的力度在逐年加大。同时国家要求地方各级财政部门也要设立专项资金,逐步帮助学校免除家庭经济困难学生杂费,对家庭经济困难的寄宿学生也要提供必要的生活补助。2004 年中央财政用于春季"两免一补"的专项资金为 3 亿元,用于秋季"两免一补"的专项资金达 8.7 亿元,全年享受"两免一补"的中小学生达 2400 万人。2005 年国家将免费教科书对象范围再次扩大至所有扶贫开发工作重点县,安排"两免一补"资金 70 多亿元,共资助中西部贫困家庭学生 3400 万人。2006 年国家又从西部地区开始全部免除农村义务教育阶段学生的学杂费,享受免学杂费的学生达到 4880 万人。[①] 不仅如此,国家还发布《中国全民教育国家报告》,列出了免费教科书实施进程时间表,计划在 2007 年将免费教科书对象范围扩大至中西部农村贫困地区,2010 年扩大至全国农村地区,2015 年扩大至全国。

教育是立国之本,重视教育是政府的职责所在。免费供应教科书是国家促进国民素质提高的方式之一,使教育回归国民福利的本义,促进中华民族的伟大

---

① 孟娜,倪四义,许林贵. 免费义务教育:中国两千多年教育史的"里程碑"[N/OL]. 新华网,2006-04-27. http://edu.people.com.cn/GB/8216/28350/63351/4344355.html.

复兴。

（二）教科书的选用

教科书选用是教科书多元化时代的产物，设定教科书选用行为规范十分有必要。教科书选用权利的分配涉及各相关利益集团的利益再分配，体现着国家的教育意志，展示着社会主流的价值观。

1. 教科书选用标准

教科书选用标准是决定选用什么样的教科书最重要的影响因素，当然，教科书选用标准也因国家、地区的不同而不同。

（1）国外教科书的选用标准。

英国的课程论专家丹尼斯·劳顿认为：教科书的选择常常受到哲学、社会学、文化、心理等诸多因素的影响。因此，在选用教科书时应该综合考虑下列准则：①社会责任感；②社会效用；③共同文化教养；④个人满足感；⑤相关认知的方面；⑥家长与社会的压力；⑦学生心智能力。①

美国学者认为教科书选用最基本的标准是所选的内容材料是否"能以最经济的方式帮助学生获得最大程度的自我发展，为此，教科书应具有价值、先进性、兴趣与能力、实效性、灵活性"。②

法国除了考虑教科书本身的内容选择与组织结构、印刷质量以及学生与教师的能力与喜好等因素外，还从教科书所涵盖的社会文化和意识形态、教科书所具有的科学性、教科书所提供的知识信息的意义以及信息密度等要素来评价选用教科书。③

（2）国内教科书的选用标准。

台湾的学者认为应该从教育目标、适宜性、永恒价值来选用教科书。

---

① 劳顿. 课程研究的理论与实践[M]. 北京：人民教育出版社，1986：127-128.
② ORNSTEIN A C, HUNKINS F P. Curriculum: foundations, principles, and issues [M]. 2nd ed. Boston: Allyn & Bacon, 1993: 361.
③ 刘力. 如何建立规范有序的教科书选用机制：日美法等国经验及其启示[J]. 教育发展研究，2003（7）：61-63.

浙江大学刘力教授认为，可从以下三个维度来考虑选用教科书。[①] 第一，内容的选择和组织；判断教科书是否适应时代发展与社会需要，是否符合课程标准与学科目标，是否依据学生发展特点与学习程度，是否有准确的逻辑体系，是否有助于学生自主学习，是否方便教师创造性地处理等。第二，文字表达；从教科书是否简明生动、是否能增加学生学习兴趣、是否启发学生思考、是否结构严谨、是否清楚地叙述内容要点以及文字风格是否符合学科特点等角度选择。第三，制作形式；从教科书版面的设计格式、文字的字体、用纸的纸张、纸型、插图、印刷、装订、价格等方面挑选。

2. 教科书选用程序

为保证教科书选用的科学合理与公平公正，不论在哪一层级选用，都必须履行规定程序。《中小学教科书选用管理暂行办法》第九条到第十一条对教科书选用程序作了具体规定，主要有三个步骤：初选、讨论投票、公示。第一步，学科组研读、比较《全国中小学教学用书目录》中本学科所有版本的教科书，提出初选意见。第二步，教科书选用委员会召开全体会议，对学科组提出的初选意见进行充分讨论，采取投票方式确定教科书选用的结果。第三步，对教科书选用委员会选定的教科书具体版本进行不少于7日的网上公示，由省级教育行政部门将本省教科书选用结果汇总报国务院教育行政部门备案。

教科书选用工作一般在当年4月底前完成。教科书版本选定使用后，应当保持稳定。小学、初中、高中每一学科教科书版本一经选定使用，在学段周期内不得中途更换。如果确实需要更换教科书，应当从起始年级开始，由学校向主管教育行政部门提出书面申请，教育行政部门应委托专业机构征求使用地区学校教师、学生及家长意见，进行评估，如确与当地教育教学实际不相适宜，由教科书选用委员会按规定程序选用其他版本。如果出现严重违反选用程序规定、课前没有按时到书、与教育部审定内容不一致等特殊情形，应当由教科书选用委员会按程序重新选用教科书。

[①] 刘力. 如何建立规范有序的教科书选用机制：日美法等国经验及其启示[J]. 教育发展研究，2003（7）：61-63.

3. 教科书选用问题及规范

全国各地为了选取适合本地区教育教学实际的教科书，按照教育部有关通知要求，成立了中小学教科书选用委员会。尽管教育部基教司早在 2002 年 3 月 22 日就下发了《关于 2002 年秋季基础教育新课程实验区教材选用的紧急通知》，提出要"逐步建立规范有序、公正透明、民主科学的教材选用机制"，但是由于缺乏相关的具体措施，在实际操作过程中，利用多种手段不规范选用教科书的问题屡禁不止，从而造成"根据教材质量和特色进行选择"的规定形同虚设，教材发行、选用渠道和市场秩序混乱。这种不公平竞争大大挫伤了一些严格按照国家规定操作的出版单位乃至教材编写队伍的积极性[1]，损害了广大学生的利益，影响了中小学教育的健康发展。为此，必须严格规范中小学教科书的选用工作。

（1）加强对各地教科书选用委员会的管理。首先，各地要公开遴选和组建中小学教材选用委员会，公示教科书选用委员会的工作程序、工作职责、教科书选用的意义等。其次，严格把关，确保中小学教科书选用委员的资质。据调查，中小学教科书选用委员中有 35.6% 的人表示自己对备选教科书有一些了解，还有 4.3% 的人表示自己不了解备选教材，8.1% 的委员没有表态。[2] 这说明一些地方对教科书选用委员的遴选把关不严，草率从事。再次，增加资助，排除干扰，公平公正。目前教育部的文件要求中清楚规定了教科书选用的委员构成、选用程序和步骤等，但没有说明教科书选用委员会在选用教科书的过程当中所需要的费用该由谁来承担。而各地的教科书选用委员会是临时性机构，人员大多是兼职。因此，国家和政府应拨专项经费，承担在教科书的选用过程中从委员的产生、培训到最后的审议、表决所需的一切费用，确保教科书选用委员们排除各种外界干扰，公平公正、尽心尽责地开展工作。最后，加强监督，建立问责机制。教科书选用委员享有选择教科书的权利，但这种权利应该是一定条件控制下的权利，一旦失去控制权利就会失衡。因此，在中小学教科书选用的过程当中，委员们的权利和责任是对等的。每一位委员都应该公开自己选用某套教科书的理由，并存档备案。对于那些滥用职权的委员，应该给予通报批评，撤销其资格，严重的要追

---

[1] 胡军. 中小学教材选用机制之我见[J]. 教育理论与实践，2004（19）：54-56.
[2] 《基础教育教材建设丛书》编委会. 基础教育教材建设丛书：中小学教材选用情况的调查报告[M]. 北京：人民教育出版社，2008：6.

究其法律责任。

（2）严格规范教科书出版和发行单位的行为。首先，强化政府作为。国家的新闻出版部门应出台一系列政策法规，约束、规范教科书出版社的教科书销售行为，严厉处罚违法行为。其次，督促自律行为。各教科书出版社之间既是竞争的对手，也是合作的伙伴，各出版单位应建立自律机制，努力开创自己的品牌，进行公平、公开、公正的有序竞争，凭优质的教科书去开拓和赢得市场，共同维护教科书行业的名誉和利益。

（3）吸收学生参与，重视学生的声音。无论是"国定制"，还是"审定制"，我们在教科书的规整和选用中都忽视了学生的存在。广大学生是教科书的直接使用者，教科书选用的最终目的是促进"每一位学生的发展"。作为教学活动的主体，学生对所用的教科书怎么样、好不好，最有发言权。尽管他们对于教科书的评价可能片面、含糊、肤浅，但也真正反映了学生的心声。而委员们所做的工作，不管其程序多么科学，思维多么严密，态度多么认真，都是从成年人的角度来思考问题，偏差也在所难免。因此，在中小学教科书选用过程当中，我们可以大胆吸收一定数量的学生代表加入教科书选用委员会，让他们充分表达对教科书选用的意见和看法，以作重要参考。比如，美国各地的中小学教科书选用委员会成员包括各方面的代表人士，如教育官员、教学专家、社区领袖、校董、校长、教师、学生、家长等；当然，教师是基本成员，比例最高。学生代表应占多少、如何让他们处理好感性认识和理性选择之间的关系等具体机制问题还有待在实践中进一步探索。

四、教科书的评价

所谓评价，是指对人物或事物的价值进行分析、衡量和判断。[1] 教科书评价是通过收集教科书的物化表征、内容表现和思想品质的相关信息，以及教科书在学校的实际使用效果的反映，科学分析教科书在准确性、科学性、有效性、适应性等方面所达到的水平，从而形成教科书整体编审质量水平与使用质量的一种价值判断过程。

---

[1] 黄光扬. 教育测量与评价[M]. 上海：华东师范大学出版社，2012：5.

（一）教科书评价的维度

所谓教科书评价的维度，就是指从哪些方面或什么角度对教科书进行评价。教科书评价的维度可以分为以下六个方面。[①]

第一，内容质量维度。教科书作为文化知识的载体，其内容质量理所当然应该成为教科书评价的最基本的维度。这一维度主要评价教科书的知识内容是否科学、准确、符合学生的认知规律、符合国家传统文化要求，是否繁难偏旧等。

第二，体现课程标准的质量维度。教科书是一个国家的课程标准的重要平台。由于课程标准蕴含着国家的教育理念，是在遵守国家教育方针与教育政策的前提下，指导学校实现国家的教育目标的指南，因此教科书对课程标准的表现质量应该成为第二个重要维度。这一维度主要评价教科书的知识是否完整展现学科课程标准的内容，其编写理念是否符合学科课程标准的理念，其编写方式是否遵循课程标准的要求等。

第三，编写质量维度。教科书的编写质量应该成为评价教科书的第三个维度。这一维度主要评价教科书编制是否贯彻"以人为本"的理念，教科书是否便于教师的教和学生的学，是否关注当前的教学环境，是否适应教师的教学水平，是否与学生的认知水平相匹配，是否图文匹配，课后的作业设计是否科学，题量是否合适等。

第四，功能质量维度。教科书是一种教育资源，是为学校实现教育目标的主要工具。因此，教科书的功能质量应当是评价教科书质量的第四个维度。这一维度主要评价其设计的栏目内容是否能够拓宽学生的视野，是否能够引导学生创造性思维，是否能够帮助学生将学习的知识转化为解决问题的能力，是否能够为学生的终身发展提供支持，是否能够与其他资源配合增强其教育效果等。

第五，印制质量维度。教科书是一种特殊图书，是一种出版物，因此，教科书的印制质量自然成为评价教科书的第五个维度。这一维度主要评价教科书的印刷是否清晰，纸张质量是否过硬，字体大小是否符合学生的认知生理特点，语言与图片是否符合学生的认知心理特点，重量和厚度是否合适，纸型留白是否符合国家的有关标准等。

[①] 李水平．新中国教科书制度研究[D]．长沙：湖南师范大学，2014．

第六,价格维度。教科书是一种"特殊商品",是数以亿计的学生使用的教育产品,我国不允许出版社通过教科书牟取暴利。教科书的定价基准是印张与纸型以及色彩要求,印张数量越多价格越高,不同纸型的价格标准不同,色彩种类越多(最多为四种)价格越高。教科书的定价是评价教科书的第六个维度,这一维度主要评价教科书的纸张是否符合国家规定的标准,印张价格是否符合国家的标准,纸型与价格是否一致,是否经过价格部门核价等。

在组织全国中小学教科书审查过程中,全国中小学教材审定委员会经常采用的教科书评价维度框架见表4-2。

表4-2 全国中小学教材审定委员会教科书评价维度框架

序号	一级维度	二级维度
1	对课程标准的体现	课程标准的内容
		课程目标的要求
2	内容的选择与表达	思想性
		科学性
		规范性
		时代性
		开放性
3	体系与体例的安排	体系的设计与安排
		栏目的设计与配置
		体系与体例的特色
4	对教学过程和教学方法的提示	对教学过程的提示
		对教学方法的提示
		对自主学习的引导
5	对学习评价的引导	对学习效果评价的引导
		对及时"反馈—矫正"的提示
6	版式设计与印刷装帧	版式设计规格与特色

(二)教科书评价的方法

教科书评价的方法是指根据教育测量学与教育评价学的科学理论,依照测量学的规范化研究程序和科学化研究步骤,对评价教科书质量的各项表征指标进行检测的一种评价方法。目前国际上常用的教科书评价方法大致分为两大类。

1. 静态评价方法

静态评价方法侧重于教科书文本自身因素。

(1) 综合分析法。综合分析法是通过对教科书的适切性、可理解性和编写视角三方面的内容进行分析，把教科书的可理解性和编者的观点融合起来评价教科书的一种评价方法。[①] 综合分析法主要通过观察学生对教科书知识的理解程度、喜好程度等方面，对教科书进行价值判断，评价教科书对学生年龄认知特点的定位和与学生实际年龄认知特点的切合程度。

(2) 插图评价法。插图评价法是指通过分析教科书插图的清晰度、颜色、线条、版面设计等外在表征与插图所揭示的主题和内容以及插图对教学的影响等内在表征，综合起来评价教科书的科学方法。插图评价法可以分为"外在表征评价法"和"内在表征评价法"两种。插图外在表征的评价有固定的标准，评价指标比较容易判断。而内在表征则需要根据课程标准、课程内容、语言文字、文化传统等重新构建标准，然后对教科书达到标准的程度做出价值判断。和谐的插图在运用和选编上必须具备相应的准确性、针对性、独特性、艺术性等特点，以形成教科书独特的艺术语言风格。

(3) 审核表法。审核表法是一种把教科书评价所涉及的所有重要因素都记录在表格里进行分析和评价的教科书评价方法。[②] 审核表法通常将评价标准嵌入标准表格，把教科书所有重要构成要素记录在相应的标准下，然后由评价者做出评价。在形式和范围上，这种评价方法显得更合理，也比较容易得到专家的认可。

(4) 内容分析法。内容分析法是对文献内容进行客观、系统、量化分析的一种科学的研究方法，它的分析过程有标准的格式和程序，分析结果通常以数字形式表达。[③]用内容分析法评价教科书，就是将教科书包含的所有文字、图片、表格等文献属性要素进行分析，判断这些文献帮助学校实现教育目标的可能性，

---

① BISLAND B M. Towards a comprehensive method for evaluating social studies curriculum materials: with examples from the elementary school curriculum[J]. Elementary Education, 2002 (11): 19.
② KARAMOOZIAN F M, RIAZI A. Development of a new checklist for evaluating reading comprehension textbooks[J]. ESP Word, 2008 (3): 21.
③ 陈昆. 内容分析法及其在比较教育学中的应用[J]. 文教资料, 2009 (22): 161-162.

综合表征教科书质量。用内容分析法评价教科书一般包括建立假设、抽取样本、确定分析单元、研制分析指标体系、评判记录、统计比较等六个步骤。

2. 动态评价方法

动态评价方法一般是以教科书的文本评价与教科书的使用效果评价相结合的方式对教科书进行总体评价。动态的教科书评价方法主要有以下五种类型。

（1）学生评价法。学生评价法是由学生从学习者的角度，对教科书的物态构成要素、内在构成要素以及教科书的信息容量，对教科书内容的理解程度以及对教科书的喜好程度等方面做出判断与评价的方法。与其他教科书评价方法相比，学生评价法是一种实施比较容易，结论比较真实、可靠的评价方法。

（2）实验法。实验法是一种通常在学校中实行的评价教科书适宜性的评价方法。① 实验法不仅被认为是评价教科书有效性最可靠的评价方法，而且被作为其他教科书评价方法的对比基础。

（3）德怀术。德怀术原意指古希腊太阳神阿波罗的神殿，是能预卜未来的神谕之地。这里是指一种允许人们（多指专家、学者）不必面对面就能达成共识来解决复杂问题的沟通方式。②德怀术主要用于向特定的人群收集对某事物的意见。用德怀术方法评价教科书，就是向与教科书有关的特定人群收集对教科书的质量意见，然后整合判断教科书质量。

（4）问卷法。问卷法最初由英国的高尔顿创立。③ 问卷法应用于教科书评价领域，是指将教科书评价的所有指标以问题的形式编制成表格，通过邮寄、当面作答或者追踪访问的方式来了解被试者对这些问题的看法和意见。

（5）访谈法。访谈法是以口头形式，根据被访问者的答复搜集客观的不带偏见的事实资料，准确地说明样本所要代表的总体的一种方式。④ 访谈法应用于教科书评价领域，即为获得某类人对教科书的评价而对某类人进行深入访谈，从而获得该类人对教科书的客观看法。

---

① MIKK J. Textbook: research and writing[M]. New York City: Peter Lang, 2002.
② WALBERG H J, HAERTAL G D. The international encyclopedia of educational evaluation[M]. Oxford: Pergamon, 1990.
③ 田学红. 教育科学研究方法指导[M]. 杭州：浙江大学出版社，2006: 59.
④ 陈向明. 质的研究方法与社会科学研究[M]. 北京：教育科学出版社，2000: 290-296.

（三）教科书评价的作用

教科书评价对教科书的意义是多方面的。[①]

1. 有利于客观公正地甄别教科书的优劣

要理性地思考，制定统一的标准对教科书进行科学评价，较为客观地看待各种教科书的优点和不足，对它们做出相对较为公正、客观的评价。唯有这样，才能将利益驱动等干扰因素对教科书选用的不利影响降到最低程度，优质的教科书才能得到更充分的认同，学生才能使用到高质量的教科书。

2. 有利于科学准确地选用教科书

教科书选用是一个民主的过程，需要各方面的信息，其中教科书评价的信息是十分关键的。教科书选用委员会在了解各种教科书的优缺点以及需要进行的补救措施后，根据本地的实际，做出正确的选择，如专家们对教科书进行评价，将评价结果提供给各地参考，各地根据同样的标准再对教科书进行评价，并根据评价来选定各科的教科书。这样就能减少失误，提高各方面的满意度。

3. 有利于充分发挥现有教学资源的效益

对教科书进行评价，实际上也对本地教学资源进行了评价。通过这种比较，人们选出最适合本地使用的教科书，同时也发挥现有教学资源的最大效益，还能促进教学资源的建设。

4. 有利于教科书质量的提高

教科书的评价反映出教科书及其配套的教学资源存在的问题，将这些问题反馈给教科书编写者，向他们传递改进教科书的信息，促进教科书质量的提高。

---

① 方红峰.论教材选用视野中的教科书评价[J].课程·教材·教法，2003（7）：19-24.

第五章

教科书生态系统的现实功效

教科书生态系统的现实功效就是其功能。教科书生态系统是教科书与周围环境所构成的综合体，在实践中具有生态功能、教育功能和社会功能。在教科书生态系统中，生态功能是基础，教育功能是关键，社会功能很重要。

第一节　教科书生态系统的生态功能

教科书生态系统的生态功能主要是通过教科书生态系统的物种流、能量流、信息流等体现出来。

一、教科书生态系统的物种流

（一）物种流的含义和特点

1. 物种流的含义

物种流是指物种的种群在生态系统内或系统之间时空变化的状态。物种流是生态系统一个重要过程，它扩大和加强了不同生态系统间的交流和联系。物种流主要有三层含义：第一，生物有机体与环境之间相互作用所产生的时间、空间变化的过程；第二，物种种群在生态系统内或系统之间格局和数量的动态，反映了物种关系的状态；第三，生物群落中物种组成、配置，营养结构变化，外来种和本地种的相互作用，生态系统对物种增加和空缺的反应等。

2. 物种流的一些特点

（1）有序性。种群的变动有时间和先后，有幼稚、成熟的先后等。

(2) 连续性。种群在系统内的运动,常是连续不断地进行,有时加速,有时减速。

(3) 有规律的迁移和无规律的移动。一般来说,物种的空间移动有两大类:有规律的迁移和无规律的移动。前者多指物种主动以自身力量进行扩散和移动的行为,体现其先天习性,有固定的时间、路径,跨越不同的生态系统。后者是指物种由原发地进入一个新的生态系统的过程,是否能成功进入取决于多方面的因素。①

(二) 物种流对教科书生态系统的影响

1. 教科书品种的增加和减少改变原有教科书生态系统内的成员和数量

教科书生态系统也是一个动态的平衡系统,其成员和数量会随着教科书品种的增加和减少而发生变化。

(1) 教科书一家独大,民间教科书绝迹。教科书自清末民初兴起到今天,经历了曲折的变化和发展。1949 年前,民国时期的教科书以民间为主,教科书呈现多样化状态。1949 年后,受种种因素的影响,从 1950 年到 1985 年我国实行教科书"国定制""一纲一本",教科书品种单一,基本上只有人教版。其间,人民教育出版社共编写、出版了六套全国通用中小学教科书。全国中小学教科书出版的重任全部落在人民教育出版社的肩上,在教科书生态系统里,人民教育出版社一家独大,独自探索我国中小学教科书发展之路。

然而,多年实践证明,尽管教科书的"国定制"在特定的历史年代发挥了它应有的作用,但是全国只使用一套通用的中小学教科书,与我国国情是不相适应的,特别是不能适应广大农村及边远地区经济发展的实际情况。民间教科书的绝迹,也不利于教科书生态系统的健康发展。

(2) 教科书多样化的尝试,百花齐放。1985 年,教育部颁布了《全国中小学教材审定委员会工作条例(试行)》,指出:今后中小学教材的建设,把编写和审查分开,除人民教育出版社,各省市教育部门、学校、教师和专家也可以编写;全国中小学教材审定委员会负责审定,审定后的教材由教育部推荐,供各地

---

① 戈峰.现代生态学[M].2 版.北京:科学出版社,2008:370 – 371.

选用。①

1986年9月，全国中小学教材审定委员会及各学科教材审查委员会成立。1987年10月，国家教委正式发布了《全国中小学教材审定委员会工作章程》《中小学教材审定标准》和《中小学教材送审办法》，此三份文件成为教科书审查的依据。从此，我国中小学教科书制度开始从"国定制"过渡到"审定制"阶段，从编审合一到编审分开，教科书在统一基本要求的前提下走向多样化。

1988年，国家教委制定了《九年制义务教育教材编写规划方案》，方案中学制有"六三制"和"五四制"，并提出"根据现有条件，设想用四五年时间，逐步完成四类教材的编写工作：一是教材内容达到教学大纲要求，面向一般地区的'六三制'教材；二是教材内容达到教学大纲要求，面向一般地区的'五四制'教材；三是教学内容略高于教学大纲要求，面向经济发达地区的小学和初中教材；四是教学内容基本达到教学大纲要求，面向经济落后地区的小学和初中教材"。每个类型还可以编写不同风格、不同特色的教材，四种类型中既可有成套的教材，也可有单科的教材。②

据此，在国家教委的统筹规划下，人民教育出版社编写面向全国的"六三制"和"五四制"教科书各一套；北京师范大学编写"五四制"教科书一套；广东省编写面向沿海地区的教科书一套；四川省则编写面向内地和西部地区的教科书一套；河北省编写农村小学复式班的教科书一套，这套教科书因为没有初中部分，被称为"半套"；八所师范院校联合编写要求较高的"六三制"教科书一套；此外，受国家教委委托，上海编写面向发达城市地区的"六三制"教科书；浙江省编写面向发达农村地区的"六三制"教科书。由此，"八套半"义务教育教科书产生。

"八套半"义务教育教科书的出现，是教科书由"一纲一本"向"一纲多本"转变的尝试，在我国中小学教科书建设史上留下了绚丽的一页。自此，我国中小学教科书从"一枝独秀"向"百花齐放"转变，教科书的编写、出版不再局限于一家出版社，各地区各学校可以根据各自的情况选用不同层次的教科书，

---

① 李虹霞. 中小学教科书审定制度的研究[D]. 长沙：湖南师范大学，2008.
② 田慧生，曾天山. 中小学课程教材改革与实验[M]. 成都：四川教育出版社，1997：201.

这改变了我国不同地区的中小学生均使用同一套统编教科书的局面,也有利于教科书生态系统发展。

2. 教科书物种流动,促进了教科书生态系统结构和功能的改变

21世纪后,伴随着第八次课程改革的推进,全国近百家出版发行单位参与新课标教科书的研发、出版、发行,中小学教科书出现了"百花齐放"的局面。

从2001年秋季开始,全国中小学生长期共用一套教科书的局面已成为历史。当年正式推出3套分别由人民教育出版社、北京师范大学出版社、江苏教育出版社联合华东师范大学出版社编写出版的全新中小学实验教材,在全国27个省市的38个地区进行实验。[①] 后来,随着教科书竞争机制的引入和日趋完善,不断有出版社参与中小学教科书的编写。

教科书品种的增加或减少,直接影响教科书生态系统的格局,也促进了教科书生态系统结构和功能的改变。虽然人民教育出版社不再占领全部市场,但它的占有率仍在50%左右,相对于其他出版社来说,还是"一枝独秀"。北京师范大学出版社市场占有率在10%左右,教育科学出版社的市场占有率达9%,江苏教育出版社的市场占有率在6%左右,其他出版社占比在1%—3%之间。教科书出版格局的变化,促使教科书生态系统运行更加均衡、良性。[②]

二、教科书生态系统的能量流

(一)能量流的相关理论

1. 能量流动的定义

生态系统的能量流动是指生态系统中能量输入、传递、转化和散失的过程。生态系统中的能量有动能和势能两种。生物与环境之间以传递和对流的形式进行传递、转化的是动能,包括热能和光能;通过食物链在生物之间传递、转化的是势能。生态系统中一切能量都来自太阳。

能量是生态系统的动力,是一切生命活动的基础。如果能量转化消失,生命和生态系统也就不存在了。

[①] 张勉. 全国中小学生共用一套教材的局面成为历史·中小学教材出了三个版本[N]. 环球时报,2001-09-04(20).

[②] 石雷. 谁来分蛋糕:新课标重组市场[J]. 出版参考,2005(10):49-51.

2. 能量流动的特征

（1）能量在生态系统内的传递和转化服从热力学的两个定律。热力学第一定律认为"在自然界发生的所有现象中，能量既不能消灭也不能凭空产生，它只能以严格的当量比例由一种形式转变为另一种形式"。该定律又称"能量守恒定律"。热力学第二定律指出，在能量的传递和转化过程中，除了一部分可以继续传递和做功的能量外，总有一部分不能继续传递和做功，以热能的形式消散。

（2）能量流动的特点——单向流动和逐级递减。单向流动是指生态系统的能量流动只能从第一营养级流向第二营养级，再依次流向后面的各个营养级。一般不能逆向流动。这是由生物长期进化所形成的营养结构确定的，如狼捕食羊，但羊不能捕食狼。逐级递减是指输入一个营养级的能量不可能百分之百地流入后一个营养级，能量在沿食物链流动的过程中是逐级减少的。能量沿食物链传递的平均效率为10%—20%，即一个营养级中只有10%—20%的能量被下一个营养级所利用。

（3）能量流动通过食物链形成生态金字塔。生态金字塔包括能量金字塔、数量金字塔、生物量金字塔三种类型。其中能量金字塔所提供的情况较为客观、全面。能量金字塔是指将单位时间内各营养级所得到的能量数值，按营养级由低到高绘制成的图形成金字塔形，故称为能量金字塔。从能量金字塔可以看出，在生态系统中，营养级越多，在能量流动过程中损耗的能量也就越多，得到的能量也就越少。在食物链中营养级一般不超过5个，这是由能量流动规律决定的。[①]

（二）教科书生态系统的能量输入

教科书生态系统要有效地运行，依赖于以下能量。

（1）自然能。教科书生态系统同其他生态系统一样，也要依赖于自然能的输入来维持基本运行。这里的自然能主要指在自然界现成存在的能源，包括太阳能、风能、水能等，也叫天然能源。

（2）物资能。在教科书生态系统里，教科书的生产者、发行者、选用者、使用者、评价者等，所有的人相加，人数非常庞大，他们需要消耗大量的生活物资，其耗费物资的数量和质量直接影响教科书生态系统的稳定和运行。

---

① 戈峰. 现代生态学[M]. 2版. 北京：科学出版社，2008：379–381.

(3) 资源能。教科书生态系统的资源能主要是指教科书编辑场所，教科书的制版、印刷、装订等技术和设备，教科书的印装材料，教科书的使用场地及其他辅助设施等。在教科书生态系统中，教育教学资源作为一种独特的能量输入，在维持其生态系统的平衡与发展中有着独特的地位和作用。①

（三）教科书生态系统的能量输出

教科书生态系统的能量耗散促使教科书生态系统能量的转换和输出，其能量种类主要为以下三种。

（1）智力能量。教科书是知识的载体。知识是人们对客观事物属性及其联系的认识，是人类在社会实践中积累起来的经验。智力是指人们认识客观事物，并运用知识解决实际问题和适应环境的多种能力的总和，是人本身的聪明才智。尽管知识和智力是两个不同的概念，但两者互相依存、互相促进。知识是智力形成和发展的基础，而掌握知识的难易和速度，又依靠智力水平的高低。在教科书生态系统里，教科书蕴含了丰富多样的知识，为学生智力发展提供了广阔的领域，可以说学生的智力是在学习和掌握知识、解决问题的实践过程中，随着知识经验的不断丰富得到完善和发展的。

一般来说，知识的掌握比较容易，增长速度也相对较快。但智力关乎多种因素，其中观察能力、思维能力和操作能力的培养则是多年之功，并且受到理想、兴趣、情感、意志、性格等心理活动的制约，因而其发展相对慢一些。

（2）精神能量。教育不仅要向学生传递知识，开发学生智力，更要培养学生的优良品性、高尚情操。雅斯贝尔斯在《什么是教育》中提到"教育是人灵魂的教育，而非理性知识和认识的堆积""教育就是一棵树摇动一棵树，一朵云推动一朵云，一个灵魂唤醒另一个灵魂"。从某种意义上说，教育的本质就是培养学生积极的态度。

总的来说，在教科书生态系统里，学生学习知识的主要目的不仅是学以致用，还有学习知识过程本身，在于通过学习而成为一个聪明、文明、有高尚精神生活的人。教科书不仅能传承知识，更重要的是能促进学生品性的养成、人格的完善。

---

① 高志强，郭丽君. 学校生态学引论[M]. 北京：经济管理出版社，2015：176.

（3）社会能量。教育作为社会的一个子系统，首先，具有育人的功能；其次，通过育人功能实现其社会功能，影响和促进社会的延续和发展。教育的社会功能主要体现在推动社会变迁和促进社会流动等方面。

教科书是社会主流文化和国家主流意识形态的重要载体，通过学校教育系统，促进学生社会意识、社会责任感的培养，积聚社会能量，促进整个社会的发展。

三、教科书生态系统的物质循环

（一）物质循环概述

1. 物质循环的相关概念

生态系统的物质循环是指无机化合物和单质通过生态系统的循环运动，生态系统中的物质循环可以用"库"和"流通"两个概念来加以概括。[①]"库"是由存在于生态系统某些生物或非生物成分中的一定数量的某种化合物所构成的，又可分为两类：贮存库和交换库。前者容积大、活动慢，一般为非生物成分；后者容量小、活跃，一般为生物成分。对于某一种元素而言，存在一个或多个主要的蓄库。在"库"里，该元素的数量远远超过正常结合在生命系统中的数量，并且该元素通常只能缓慢地从蓄库中放出。物质在生态系统中的循环实际上是在"库"与"库"之间流通的，在单位时间或单位体积的转移量就称为"流通量"。

一般来说，生态系统的物质循环可分为三大类型，即水循环、气体型循环和沉积型循环。

2. 物质循环的特征

与能量流动的单向性不同，物质循环的特点是循环式。具体表现为：第一，往复循环，即物质循环遵循"物质不灭"定律，物质在生态系统流动过程中，只是改变形态而不会被消灭；第二，反复利用，即物质在生态系统中不同的子系统或生物或环境之间循环反复利用。在生态系统中能量流动和物质循环是相互依存、相互制约、密不可分的。两者的关系见表5-1。

---

① 李宏. 物质循环[M]. 沈阳：辽海出版社，2011：3.

表 5-1　能量流动与物质循环的关系

项目	能量流动	物质循环
特点	单向流动、逐级递减	全球性、往复循环
范围	生态系统各营养级之间	生物群落与无机环境之间
联系	(1) 同时进行、相互依存 (2) 物质是能量流动的载体 (3) 能量是物质循环的动力	

（二）教科书的循环使用

循环使用教科书，在许多国家早已成惯例。例如，在澳大利亚，课本跟桌椅一样，是公共财产，学生只能借阅；在英国，教科书循环使用遵循自愿原则，但很多人都大力支持；在美国，教科书不属于个人，学校将其与桌椅一起进行编号。但在我国，目前教科书循环利用还处于探究阶段。

1. 教科书循环使用的意义

教科书循环使用意义非同一般，具体有以下四个方面。

（1）延长教科书的使用寿命。循环使用后的教科书寿命明显增加，如美国教科书平均使用寿命为 5 年，日本为 10 年，每本教科书使用人数高达 8—10 人。而我国绝大多数教科书是一次性的，使用寿命只有半年。正因为这样，大家对教科书循环使用的呼声越来越高。

（2）节约资源，减少能源消耗。据统计，2018 年我国在校的中小学生约 1.89 亿人，平均每年用掉教科书 30 亿册。如果按每本 15 元来计算，教科书循环使用 1 年可节约 450 亿元；如果能循环使用 5 年，就可节约 2250 亿元。按每人每学期课本平均重 1500 克计算，如果连续使用 5 年，可节约 528 万吨文化纸，生产这些纸要耗费 300 万亩木材、5.28 亿吨水和 633.5 万吨煤。[①] 可见，教科书循环使用，可以节约资源，减少能源消耗。

（3）减轻国家财政负担，推进免费义务教育。21 世纪以来，为了保证贫困地区的适龄儿童能上得起学，国家拨付专款，提供"两免一补"。在 2004 年试验的基础上，2005 年中央财政继续拨款 40 亿元，对 1000 万名农村贫困生实行"两

---

① 沈峰. 教科书循环使用值得鼓励[N]. 太原晚报，2017-02-16.

免一补"。若能循环使用教科书,势必大幅度降低国家的教育成本,减轻国家财政负担。以山东省青州市为例,它是山东省第一批教科书循环使用试点市。2004—2005学年上学期,学校回收保存完好的《健康教育》课本,回收率在35%以上,节约资金9.6万元。2004—2005学年下学期开始,该市各年级少订教科书64万册,共节约资金302万元。根据专家分析,如果所有教科书循环使用,可以帮助1000万失学儿童重新走进课堂。[1]

(4) 有利于学生的素质培养。教科书循环使用,不仅可以培养学生的节俭习惯,还能借此增强学生的环境保护意识,有利于生态环境的改善。同时,它对培养学生尊重人、理解人、关心人的美德以及培养学生养成文明行为习惯,都有非常重要的意义。实践证明,教科书的循环使用,在勤俭节约、生态保护等方面给青少年学生一个看得见、摸得着的效果和榜样。

2. 教科书循环使用的实施

2006年6月,十届全国人大常委会二十二次会议修订的《中华人民共和国义务教育法》在规定"义务教育免收学费、杂费"的同时,增加了"国家鼓励教科书循环使用"这一条款(第四十一条)。新修订的《中华人民共和国义务教育法》已于2006年9月1日开始执行。

2006年8月,上海市教委宣布:上海市从秋季开学起正式进入教材循环使用的试点阶段,首先进行试点的科目为初中音乐。另外,山东省、河南省等从2007年起,在部分学校也开始试行教科书循环使用。

2007年12月,教育部、财政部联合发布了《教育部、财政部关于全面实施农村义务教育教科书免费提供和做好部分教科书循环使用工作的意见》,进一步推动了教科书的循环使用。

从2008年春季学期开始,我国建立部分中小学国家课程教科书的循环使用制度。纳入循环使用的教科书包括小学的《科学》《音乐》《美术》(或《艺术》)《信息技术》,初中的《音乐》《美术》(或《艺术》)《体育与健康》《信息技术》。

教科书的循环使用率先在农村中小学展开,教科书只对学校配备,由学生在

---

[1] 何勇. 教科书循环使用:有喜亦有忧[N/OL]. 人民日报,2005-10-27. http://culture.people.com.cn/GB/40494/40495/3804777.html.

本学期使用，在学期结束时归还学校，供下一级学生使用。为了保证循环教科书的质量，中央财政每年安排循环教科书款约三分之一的资金，用于教科书的补充更新。同时，地方课程免费教科书也被鼓励循环使用。省级教育行政部门负责组织实施本地区免费教科书的循环使用工作，制定循环使用教科书的登记、发放、回收、统计、消毒、保管以及更新等管理规定。

当然，中小学教科书循环使用以来，各方表现了不同的态度，各地出现了不同的声音。这说明教科书循环使用在我国任重而道远。

四、教科书生态系统的信息流

生态系统除了能量流动、物质循环外，还存在着许多的信息联系。在生态系统各组成成员之间及各成员内部之间都存在着信息交流，彼此间进行着信息传递。这种信息传递又称为信息流。教科书主要功能之一是信息的储存与传递。就教科书生态系统而言，其信息的交流和传递同时存在。

（一）信息及信息流

信息一词，源于通信工程科学，通常是指包含在信号、消息、情报、指令、数据与图像等传播形式中新的知识内容。[①]

20世纪40年代，信息的奠基人香农将信息定义为：信息是用来消除随机不定性的东西。控制论创始人维纳认为"信息是人们在适应外部世界，并使这种适应反作用于外部世界的过程中，同外部世界进行互相交换的内容和名称"，这被作为经典性定义加以引用。

信息是现实世界物质客体间相互联系的形式，以相互联系为前提，多个信息过程相连就形成了信息网。当信息在信息网中不断被转换和传递时，就形成了信息流。生态系统中的信息传递就构成了生态系统的信息流。

生物的信息传递、接受和感应特征是长期进化的结果。信息传递是生态系统的基本功能之一。生态系统中生物与环境、生物与生物之间，通过一系列信息取得联系，生物的反应和行为随信息的变化而变化。生态系统各要素在信息的影响下，各居其位、各司其职，确保生态系统有条不紊，维持生态平衡。

---

① 曹凑贵. 生态学概论[M]. 北京：高等教育出版社，2006：222.

一般来说，信息流有广义和狭义之分。广义信息流是指某一组信息在时空上向同一方向运动，它们有共同的信息源和信息接收者，即由一个信息源向另一个单位传递的全部信息的集合。狭义信息流是指信息的传递运动，这种信息传递运动是按照一定要求通过一定渠道进行的。

随着信息技术的发展，信息海量出现。大数据时代，信息流错综复杂、瞬息万变；这种流动可以在人与人之间、人与机构之间、机构内部及机构与机构之间发生，包括有形流动和无形流动。有形流动如报表、图纸、书刊等，无形流动如电信号、声信号、光信号等。

（二）教科书生态系统中的信息传播

教科书的主要功能之一是信息的储存和传递，教科书本身就是一个信息系统。就教科书生态系统而言，其信息的传播十分复杂。在这一系统中，信息的传播者主要是指广大教师和教育工作者。传播内容主要是指人类在发展过程中长期积累起来的知识经验、风俗习惯、文化传统等。传播渠道主要是教科书、教辅资料、图片、音像材料、多媒体课件等。传播的对象主要是全体学生。传播的效果主要是指促进所有受教育者的社会化进程，使他们获得有效的成长。

总之，教科书生态系统的信息传播，依托教科书生态系统内部信息网络体系，利用系统外的信息输入和系统内部的信息流过程，实现系统内部的信息资源增值和系统的信息输出。

第二节　教科书生态系统的教育功能

教科书生态系统的教育功能主要表现为传承科学文化知识、促进学生全面发展、提高学校教育质量等。

一、传承科学文化知识

（一）传播科学知识

邵瑞珍在《教育心理学》一书中曾说，"教科书作为一种最普通同时也是最重要的媒体，在传播知识方面发挥了非常重要的作用。在学校教育中，教科书是学生获取知识的主要来源和教师教学的主要依据"。事实上，教科书凝结了人类自然科学、社会科学、思维科学的精华，是学校教育所特有的知识载体，是影响学生学习非常重要的外在因素。对于学生来说，教科书是最容易利用的知识内容资源，具有其他任何知识来源不可替代的作用。

以物理为例，物理科学是自然学科中最重要的学科之一。无论是牛顿时代的经典力学，还是现代物理中的相对论和量子力学，它们不仅深化了人类对自然界的认识，而且促进了物质文明的进步。物理教科书承载和体现了物理科学发展的主要历程和成果。

以初中物理教科书为例，我国2016年修订的《全日制义务教育物理课程标准》提到，通过初中物理课程的学习，在义务教育阶段，学生必须掌握以下物理知识和技能。①认识物质的形态及变化、物质的属性及结构等内容，了解物体的尺度、新材料的应用等内容，关注资源利用与环境保护的关系。②认识机械运动、声和光、电和磁等自然界常见的运动和相互作用，了解这些知识在生活、生产中的应用。③认识能量、能量的转化与转移、机械能、内能、电磁能以及能量守恒等内容，了解新能源的开发与应用，关注能源利用与环境保护、可持续发展等问题。④了解物理学及其相关技术发生发展的历程，知晓一些重要的物理学家的事迹和成果，了解历史上一些重要的物理实验及其对科学进步与社会发展的影响。⑤具有初步的实验操作技能，会使用简单的实验仪器和测量工具，能测量一些基本的物理量。⑥会记录实验数据，知道简单的数据处理方法，会写简单的实验报告，会用科学术语、简单图表等描述实验结果。

此外，物理教科书还要传播前沿知识、先进技术、尖端成果等。以刘炳升等主编、由江苏科学技术出版社2004年出版的初中物理教科书（实验教科书，八、九年级上下各一册）为例，这套物理教科书增加了以下内容：超声波速度测定仪、超声波清洗器、氢燃料电池、纳米碳管（一种装电的容器，使用方便）、红外线的应用、望远镜的发展、人工降雨等。该套教科书特别关注与科学有关的热点问题（环境、能源、生态、材料等），如噪音、光污染、紫外线与臭氧层等，还关注反映物理基础与现代化的联系的内容，如"哈勃"望远镜、同步卫星、光纤通信、磁悬浮列车等。一些内容涉及高科技的领域，如全球卫星定位系统

（GPS）、模拟通信和数字通信、航天飞机上的机械臂等。①

（二）传承人类文化

任何国家和政府都非常重视学校教科书对人类文化的传承，尤其是对本国民族优秀传统文化的传承。语文教科书由于其本身的特点，在文化传承方面肩负重任。

1. 传承中华民族优秀传统文化

2014年9月10日，习近平总书记在中华人民共和国第30个教师节去北京师范大学慰问师生，针对当时一些地区的一年级语文课本删掉了旧版本中全部8首古诗引起争议之事，习近平明确表示"我很不赞成把古代经典诗词和散文从课本中去掉"。

2018年1月16日，教育部举办新闻发布会介绍普通高中课程方案和语文等学科新课程标准的相关情况。此次课程标准修订的一个重要内容就是加强中华优秀传统文化教育。新修订的普通高中语文课程标准要求中华优秀传统文化方面的内容贯穿必修、选择性必修和选修各个部分。"诵读篇目的建议"改为"古诗文背诵推荐篇目"，推荐篇目数量也从14篇增加到72篇。新课标从2018年秋季开始执行。

其实，根据《义务教育语文课程标准（2011年版）》和《普通高中语文课程标准（2017年版）》，中小学阶段所有需要背诵的古诗文共有208篇，各个阶段的分布情况：1—6年级75篇、7—9年级61篇、10—12年级72篇。

以高中阶段为例，高中语文教科书中需要背诵的72篇古诗文包括文言文32篇，诗词曲40篇。

32篇文言文中包括：必修10篇，分别为《〈论语〉十二章》《劝学》《屈原列传》《谏太宗十思疏》《师说》《阿房宫赋》《六国论》《答司马谏议书》《赤壁赋》《项脊轩志》；选择性必修10篇，分别为《子路、曾皙、冉有、公西华侍坐》《报任安书》《过秦论（上）》《礼运》《陈情表》《归去来兮辞（并序）》《种树郭橐驼传》《五代伶官传序》《石钟山记》《登泰山记》；选修12篇，分别为《〈老子〉八章》《季氏将伐颛臾》《大学》《中庸》《礼记》《〈孟子〉一则》

---

① 张翔. 中美二套初中物理教材比较研究[D]. 苏州：苏州大学，2008.

《逍遥游》《谏逐客书》《兰亭集序》《滕王阁序》《黄冈竹楼记》《上枢密韩太尉书》。

40 篇诗词曲为《静女》《无衣》《离骚》《涉江采芙蓉》《短歌行》《归园田居（其一）》《拟行路难（其四）》《春江花月夜》《山居秋暝》《蜀道难》《梦游天姥吟留别》《将进酒》《燕歌行》《蜀相》《客至》《登高》《登岳阳楼》《琵琶行（并序）》《李凭箜篌引》《菩萨蛮·小山重叠金明灭》《锦瑟》《虞美人·春花秋月何时了》《望海潮·东南形胜》《桂枝香·金陵怀古》《江城子·乙卯正月二十日夜记梦》《念奴娇·赤壁怀古》《登快阁》《鹊桥仙·纤云弄巧》《苏幕遮·燎沉香》《声声慢·寻寻觅觅》《书愤》《临安春雨初霁》《念奴娇·过洞庭》《永遇乐·京口北固亭怀古》《菩萨蛮·书江西造口壁》《青玉案·元夕》《贺新郎·国脉微如缕》《扬州慢·淮左名都》《正宫·端正好·长亭送别》《朝天子·咏喇叭》。

可见，高中语文教科书传承中华优秀传统文化的内容比较全面、丰富，除保留原有《论语》《孟子》《庄子》外，增加了《老子》《史记》等文化经典著作，覆盖先秦到清末各个时期。学生通过广泛阅读各类古诗文，领悟博大精深的中华民族传统文化。

2. 展示外国优秀文化

一个国家及其民族文化的发展，除了要发扬和光大本身的优秀传统文化之外，还应广泛吸收其他各国的文化精华。中学语文教科书，不仅要传承我国优秀文化，也要展示外国优秀文化，具体说就是在语文课本中选用一些外国优秀的文学作品。

在教科书多样化政策实行以后，随着我国基础教育改革的不断深入，2001年 6 月《全日制义务教育语文课程标准（实验稿）》出台，2003 年 4 月《普通高中语文课程标准（实验）》制定完成。在课程标准的指导下，各实验区开始使用新版本语文教科书，下面以实验区部分不同版本的中学语文教科书为例来说明。其中人教版、苏教版、语文版的中学语文教科书的统计数据包括初中语文教科书和高中语文教科书，具体见表 5-2；而粤教版、鲁教版的中学语文教科书的统计数据仅限普通高中语文教科书，具体见表 5-3。

表 5-2　人教版、苏教版、语文版的中学语文教科书中外国文学作品选文数量统计表

版本	初高中语文教科书选文总量/篇	外国文学作品选文数量/篇	所占比例/%
人教版	304	58	19.1
苏教版	303	65	21.5
语文版	230	30	13.0

表 5-3　粤教版、鲁教版普通高中语文教科书中外国文学作品选文数量统计表[①]

版本	普通高中语文教科书（必修）选文总量/篇	外国文学作品选文数量/篇	所占比例/%
粤教版	128	15	11.7
鲁教版	87	21	24.1

由上述两个表格可知，在 2001 版和 2003 版课程标准指导下所编辑的课本，展示外国文化的作品所占比例均高于 10%。人教版、苏教版、鲁教版中学语文教科书中外国文学作品的入选比例均在 20% 左右，鲁教版最高，达到了 24.1%，而语文版、粤教版为 13% 以下。

可见，语文教科书从各方面、多视角展示外国文化中先进的东西，让学生透过教科书这扇窗，拓宽视野，开阔心胸，了解世界的多样、宽广和复杂，熟悉外国先进的、优秀的文化，领悟多元文化；这对当代青少年学生完善知识结构、塑造更健全人格有较大的帮助，使他们明白作为一个现代人面对全球化的冲击该如何尊重多样文化。

二、促进学生全面发展

教科书具有教育性，它担负着提高学生素养和实现国家教育目标的重任。可以说，教科书的一个基本职能就是要促进学生全面发展。

（一）拓宽学生认知视野

教科书具有系统性，它系统地体现了人类千百年来积累的优秀文化成果和当

---

① 仇晓健. 中学语文中外国文学作品教学研究[D]. 天津：天津师范大学，2005.

代最新科学成就,凝聚着人类认识自然、改造自然汇集起来的基本经验,而且教科书本身的形成就是一个系统工程的结晶。教科书可以使学生超越时空界限、从微观到宏观、从外部到内部、从远到近、从古代到现代、从当下到未来,全方位、多角度同时又非常便利地了解与认识世界。

以地理教科书为例,它描述地理现象,讲述地理知识。例如,我国绝大部分的地理教科书中的"河流"一节,均是逐一描述我国的几条大江大河,对于每一条河流叙述的都是该河流从何处起源,流向何方,在何处与哪条河流相汇,然后于何处出现改向,之后又在何处与哪条河流相汇,最后流入哪个海,以及该河流经过哪些地方、河道宽窄、两岸的山脉等内容。[①]这样可以加深学生对祖国大好河山的认识。

再以高中历史教科书为例,普通高中历史必修课分为历史(Ⅰ)、历史(Ⅱ)、历史(Ⅲ)3个学习模块,包括25个古今贯通、中外关联的学习专题,分别反映人类社会政治、经济、思想文化、科学技术等领域的重要历史内容。历史选修课分为"历史上重大改革回眸""近代社会的民主思想与实践""20世纪的战争与和平""中外历史人物评说""探索历史的奥秘""世界文化遗产荟萃"6个模块。通过历史教科书的学习,学生学会从不同角度认识历史发展中全局与局部的关系,辩证地认识历史与现实、中国与世界的内在联系等。

就高中生物教科书而言,高中生物分为必修和选修两个部分。必修部分包括"分子与细胞""遗传与进化""稳态与环境"3个模块;选修部分包括"生物技术实践""生物科学与社会"和"现代生物科技专题"3个模块。必修部分选择的是生物科学的核心内容,同时也是现代生物科学发展最迅速、成果应用最广泛、与社会和个人生活关系最密切的领域。所选内容能够帮助学生从微观和宏观两个方面认识生命系统的物质和结构基础、发展和变化规律以及生命系统中各组分间的相互作用。因此,必修部分对于提高高中学生的生物科学素养具有不可或缺的作用。选修部分是为了满足学生多样化发展的需要而设计的,有助于拓宽学生的生物科技视野,增进学生对生物科技与社会关系的理解。

可以说,中小学不同的学科,从不同的侧面,给学生描绘了大千世界的画

---

① 刘师培. 刘师培经典文存:中国地理教科书[M]. 扬州:广陵书社,2016.

面，极大地拓宽了学生的认知视野。

（二）提高学生综合能力

教科书所特有的概括性、直观性、应用性，对学生由感性上升到理性、由特殊上升到一般、由具体上升到抽象地认识事物，提升学生的综合能力具有重要的作用。

以数学教科书为例，数学是研究空间形式和数量的科学。在义务教育阶段，为体现数学课程的整体性，一般将九年学习时间划分为三个学段：第一学段（1—3年级）、第二学段（4—6年级）、第三学段（7—9年级）。紧紧围绕发展学生的数感、符号意识、空间观念、几何直观、数据分析观念、运算能力、推理能力、模型思想、应用意识和创新意识等来安排教学内容，在各学段中，均安排了四个部分的课程内容，即"数与代数""图形与几何""统计与概率""综合与实践"。其目的是培养学生综合运用有关知识与方法解决实际问题的能力，培养学生的问题意识、应用意识和创新意识，帮助学生积累活动经验，提高学生解决现实问题的能力。

其中运算能力主要是指能够根据法则和运算律正确地进行运算的能力。推理是数学的基本思维方式，也是人们学习和生活中经常使用的思维方式。推理一般包括合情推理和演绎推理，合情推理是从已有的事实出发，凭借经验和直觉，通过归纳和类比等推断某些结果；演绎推理是从已有的事实（包括定义、公理、定理等）和确定的规则（包括运算的定义、法则、顺序等）出发，按照逻辑推理的法则证明和计算。在解决问题的过程中，合情推理用于探索思路，发现结论；演绎推理用于证明结论。虽说运算能力和推理能力的发展都应贯穿整个数学学习过程，但是运算能力的培养主要通过"数与代数"这部分内容来完成，推理能力主要在"图形与几何"这一内容中进行训练。

高中阶段，数学分必修和选修两大部分。其中必修部分包括5个模块，即：①集合、函数概念与基本初等函数Ⅰ（指数函数、对数函数、幂函数）；②立体几何初步、平面解析几何初步；③算法初步、统计、概率；④基本初等函数Ⅱ（三角函数）、平面向量、三角恒等变换；⑤解三角形、数列、不等式。选修部分由B，C，D，E，F系列课程组成。高中数学教科书，可提升学生观察、比较、分析、综合、抽象、概括的能力，使其会运用归纳、演绎和类比进行推理，学会合乎逻辑、准确地表达自己的思想和观点，能运用数学概念、思想和方法，辨明数学关系，形成良好的思维品质，培养逻辑思维能力。另外，数学教科书还可以引导学生把数学知识应用到相关学科和社会生活、生产的实际中去，切实培养他们解决实际问题的能力。

再以生物教科书为例，生物是研究生命现象和生命活动规律的科学，是自然科学中的一门基础学科，它是农业科学、医药科学、环境科学及其他有关科学和技术的基础。生物教科书着重培养学生三方面的能力：一是能够正确使用一般的实验器具，掌握采集和处理实验材料，掌握生物学实验操作、生物绘图等技能；二是能够利用多种媒体搜集生物学的信息，学会鉴别、选择、运用和分享信息；三是发展科学探究能力。

就初中生物教科书而言，人教版九年义务教育初中生物教科书的编写是课文、作业、图像三大系统的有机结合。以新课标人教版七年级生物教科书上册为例，为达成教学目标，教科书在编排上，设置了"观察与思考""资料分析""技能训练""实验""调查""探究""进一步探究"和"课外实践"等栏目。另外，本册教科书安排了95幅有图名的图，加上小图和其他体系中的图，共188幅图。[①]这些栏目和插图是服务于知识和活动的，非常有利于七年级学生学习兴趣的激发和各种能力的培养。具体来说，通过以下六方面培养学生能力。

第一，插图。教科书图文并茂，在形象生动的插图上直接标注了简短的说明，增加了其可读性、趣味性，符合学生认知特点。学生很容易就能归纳出所学知识要点，理解其意义或功能，既减轻了学生阅读工作量，又有利于提高学生的观察能力和分析能力。

第二，观察与思考。教科书让学生观察实物，练习观察方法，培养观察能力。如对一些生物或非生物进行比较观察，观察花的结构等，这有利于培养学生的思维能力。

第三，实验。教科书让学生通过动手操作来增加感性认识，加深对所学知识的理解，培养学生的动手操作能力。

第四，探究。教科书让学生参与和体验科学探究的一般过程，包括提出问

---

① 李维卓. 初中生物教材知识体系有利于培养学生能力[J]. 黑龙江教育, 1996 (4): 48.

题、做出假设、制订计划、收集证据、得出结论、表达与交流等，以培养学生的科学探究能力，如探究"种子萌发的环境条件"等。

第五，资料分析。教科书给学生提供图文资料，让学生进行分析，得出结论，培养学生处理生物科学信息的能力和发展学生思维水平。

第六，调查、课外实践、技能训练等。教科书强调学生走出课堂，注重实践性。目的在于引导学生通过亲身体验自行掌握知识，调动学生学习的积极性，培养他们的实际操作能力。

总之，人教版初中生物教科书图文结合、层次清晰、形式多样，为学生手脑并用、学思结合提供了丰富的机会，最大限度地调动了学生学习的积极性，加强了对学生各种能力的培养。

（三）培养学生爱国情怀

教科书是"从一定社会文化里选择出来的材料"①，是经过特殊筛选，加以定式化、组织化的社会共同经验。无论哪一门功课，都有完成思想教育的任务。这个任务，在语文科更显得重要。② 1949 年 9 月，《中国人民政治协商会议共同纲领》明确指出，"中华人民共和国为新民主主义即人民民主主义的国家，实行工人阶级领导的、以工农联盟为基础的、团结各民主阶级和国内各民族的人民民主专政"③。于是，中华人民共和国成立伊始，教科书就致力国家形象的宣传，国民爱国情感的培养。

国家形象作为反映在媒介和人们心中对于一个国家及其民众的历史、现实、政治、经济、文化、生活方式以及价值观的综合印象，是国家的外部公众和内部公众对国家本身、国家行为、国家的各项活动及其成果所给予的总的评价和认定，其中既包含着对于国家的认识，同时也包含着理性评价和感性态度，具有极大的影响力、凝聚力，是一个国家整体实力的体现。④ 因此，在中小学人文学科

---

① 劳顿. 课程设置的两大理论[J]. 外国教育资料，1982（4）：20-23.
② 宋云彬，朱文叔，蒋仲仁，等. 初级中学语文课本（第二册）[M]. 北京：人民教育出版社，1950.
③ 有林，郑新立，王瑞璞. 中华人民共和国国史通鉴·第一卷·1949—1956 [M]. 北京：当代中国出版社，1993：424.
④ 管文虎. 国家形象论[M]. 成都：电子科技大学出版社，2000：23.

类教科书尤为重要。

2016年11月16日，澳门特别行政区第四任行政长官崔世安在澳门特别行政区立法会的答问大会上说："澳门教育暨青年局与内地将共编中学历史教科书，该套教科书将在2019—2020学年全面使用，以培养青少年爱国情怀。"

以人教版第十一套小学语文教科书为例，对学生爱国情怀的培养主要从以下三个方面入手。

(1) 对祖国河山、名胜古迹的赞美。课文内容由广及微，教科书既有宏观层面的课文《祖国的河山》《可爱的祖国》《祖国多么广大》等，又有具体描述地方美景的课文《美丽的小兴安岭》《黄山奇石》《迷人的张家界》《桂林山水》《富饶的西沙群岛》等，能让学生对祖国河山产生亲近心理。课文内容由古至今，教科书既有描写古代绝伦建筑的课文《长城和运河》《赵州桥》《颐和园》，又有描写现代城市和建筑的课文《北京》《南京长江大桥》《参观刘家峡水电站》等，让学生感受祖国千年的巨变。

(2) 对领袖人物、民族英雄的歌颂。小学语文教科书中有《敬爱的毛主席》《朱德的扁担》《周总理的睡衣》《"两弹"元勋邓稼先》《狼牙山五壮士》《董存瑞》《王二小》《我的弟弟"小萝卜头"》《我的战友邱少云》《黄继光》等课文，通过这些课文教导学生要热爱中国共产党，让学生认识到今天的幸福生活来之不易，是无数革命先烈用热血和生命换来的。

(3) 对国家标志、国家庆典的宣传。国家标志一般是指由宪法和法律规定的，代表国家主权、独立和尊严的象征和标志。狭义的国家标志主要是指国旗、国歌、国徽，广义的国家标志还包括国家成立日、国家庆典、国家标志性的建筑等。小学语文教科书中选有《国旗》《中华人民共和国国歌》《天安门》《开国大典》《人民大会堂》等课文，这些课文能激发学生强烈的爱国情感。

总之，小学语文教科书通过传承爱国主义，增强了国家的影响力、凝聚力，培养了学生对祖国传统文化的热爱，提高了学生对祖国的认同感，并唤起了学生对祖国未来发展的憧憬，不断激励学生为之奋斗。

(四) 陶冶学生审美情操

情操陶冶与审美教育息息相关。审美教育是陶冶情操、净化心灵的教育，是培养学生正确的审美观点、审美情操和鉴赏美、表达美与创造美能力的教育。

"美育"一词，始于德国启蒙运动时期的美学家席勒。他在《美育书简》中提出"如果要把感性的人变成理性的人，唯一的路径是先使他成为审美的人"[①]。梁启超认为"古来大宗教家大教育家，都最注意情感的陶冶，把情感教育放在第一位。情感教育的目的不外将情感善的、美的方面尽情发挥，把恶的、丑的方面渐渐压服淘汰下去。这种功夫做得一分，便是人类一分的进步"[②]。黑格尔也曾指出"审美带有令人解放的性质"[③]。上述观点说明，美育是一种情感教育，要消除现代社会带给人类的负面影响，最好的方式和途径就是审美教育和情感教育。

音乐作为一种情感表达和情感力量的艺术形式，有着巨大的美感能量。因此，音乐教育从本质上来说就是情感和审美教育。《普通高中音乐课程标准》中指出："以音乐审美为核心的基本理念，应贯穿于音乐教学的全过程，在潜移默化中培养学生美好的情操、健全的人格。音乐基本知识和基本技能的学习，应有机渗透在音乐艺术的审美体验之中。音乐教育应该是师生共同感受、鉴别、判断、创造、表现和享受音乐美的过程。"可以说，音乐教科书在陶冶学生审美情操、造就完美人格方面有无可替代的作用。例如，音乐教科书中的《黄河大合唱》《游击队之歌》《义勇军进行曲》等歌曲能让学生感受到催人奋起的民族救亡激情；《梦驼铃》让学生感悟歌词中长亭、古道、夕阳、笛声的意境以及送别难舍之情；《大海啊，故乡》让学生感受大海的气息，领略大海的壮观与温柔；《让我们荡起双桨》让学生感受音乐情境之美。

总之，音乐教科书通过训练学生对音乐作品情绪、格调、人文内涵的感受和理解，培养学生欣赏音乐的能力，使其养成健康向上的审美情趣，在真善美的艺术世界里享受高尚情操的陶冶，从而使人格得以完善。

再以语文教科书为例。首先，语文教科书选入了大量的诗词，其行文大都词语优美，意境开阔，其艺术美体现在每首诗所蕴含的哲理中，其感染力和学生的

---

① 席勒. 审美教育书简[M]. 北京：北京大学出版社，1985：3.
② 梁启超. 中国韵文里头所表现的情感[M]//夏晓虹. 梁启超文选（下册）. 北京：中国广播电视出版社，1992. 23.
③ 王坤. 走向文学的美学：从审美带有令人解放的性质说起[J]. 中山大学学报（社会科学版），2004（6）：57-63.

情趣特点相符合，十分有利于学生审美能力的培养。其次，语文教科书还选入了许多文质兼美的描写大自然的散文，它们通过细致地描绘自然形象，展示了自然之美。同时，语文教科书中的人物形象，栩栩如生，他们的性格各具特色，潜移默化地影响着学生的人格形成。

总之，语文教科书能激发学生的学习兴趣，提高学生的审美情趣，学生能在审美过程中接受知识、启迪智慧、开发思维并逐渐提升欣赏美、创造美的能力。

（五）养成学生正确的"三观"

"三观"一般来说是指世界观、人生观和价值观。世界观，也叫宇宙观，是人们对整个世界的看法和观点；人生观是指对人生的看法，也就是对于人类生存的目的、价值和意义的看法，人生观的形成是在人们实际生活过程中逐步产生和发展起来的，受人们世界观的制约，不同社会或阶级的人有不同的人生观；价值观是指人们在认识各种具体事物的价值的基础上，形成的对事物价值的看法和观点，一方面表现为价值取向、价值追求，凝结为一定的价值目标，另一方面表现为价值尺度和准则，成为人们判断价值事物有无价值及价值大小的评价标准。一个人的价值观一旦确立，便具有相对稳定性。价值观和价值观体系是决定人行为的心理基础。

中小学各科教科书对学生"三观"的形成具有塑造和促进作用，尤其是思想品德（2016年起义务教育阶段更名为"道德与法治"）教科书。我国中小学思想品德（2016年起义务教育阶段更名为"道德与法治"）教科书的根本任务是引领学生了解社会，参与公共生活，热爱生命，感悟人生，逐步形成正确的世界观、人生观、价值观和基本的善恶、是非观，过积极健康的生活，做对社会、国家、世界有见识和负责任的合格公民。

以语文教科书为例，书中选有不少寓言和成语故事，它们都以一种简短的故事，或精辟的固定词组来寄托深刻的思想意义。寓言的最大特征是教训和讽刺，毫不留情地揭露坏人的丑恶凶残，教育人们提高警惕，多加防范，联合一致打击坏人，如《东郭先生和狼》的故事就十分鲜明地体现了这一特点。有时教科书中的课文也用辛辣的讽刺嘲笑那些自私、虚伪、愚蠢、懒惰的人，如《南郭先生》《画蛇添足》等故事。这些寓言和成语故事让学生在学习中增长知识，在笑声中沐浴道德教育，吸取经验教训，避免走弯路；同时，它们也是人们劝诫他人与自我教育的有效形式，学生在其深刻思想的指导下逐渐树立自己正确的世界观、人生观和价值观。

（六）促进学生身心健康

中共中央国务院《关于深化教育改革，全面推进素质教育的决定》强调，学校教育要树立"健康第一"的指导思想，面向全体学生实施素质教育。在"健康第一"这一理念指导下，《基础教育课程改革纲要（试行）》指出，教材内容的选择，既要有利于学生身体健康、心理健康和社会适应的全面发展，又要有利于激发学生学习的兴趣，提高学生的自学能力。

以中小学体育与健康教科书为例，"体育与健康"以前称"体育"。2000年，由于九年义务教育教学大纲的调整，中小学"体育"课程名称变更为"体育与健康"。中小学体育与健康教科书对于全面实施素质教育，促进学生身心健康成长具有重要的意义。具体来说，中小学体育与健康教科书能促使学生掌握体育与健康的基础知识、基本技能与方法，增强体能；学会学习和锻炼，发展体育与健康实践和创新能力；体验运动的乐趣和成功，养成体育锻炼的习惯；发展良好的心理品质、合作与交往能力；加强自觉维护健康的意识，基本形成健康的生活方式和积极进取、乐观开朗的人生态度。

此外，我国中小学目前已将心理健康教育课列入教学计划中，各地相应出版了各种颇具特色的心理健康教育教科书。心理健康教育教科书的使命就是提高全体学生的心理素质，培养他们积极乐观、健康向上的心理品质，充分开发他们的心理潜能，促进学生的身心和谐可持续发展，为他们的健康成长和幸福生活奠定基础；使学生学会学习，正确认识自我，提高自主、自助和自我教育能力，提高调控情绪、承受挫折、适应环境的能力，培养学生健全的人格和良好的个性心理品质；对有心理困扰或心理问题的学生进行科学有效的心理疏导，及时实施必要的危机干预，提高其心理健康水平。

教科书是自然科学、社会科学、思维科学精华的凝结，是学校教育所特有的知识载体，具有其他任何知识来源不可替代的作用。作为学生学习的基本知识源，教科书既要为学生提供认知的主要对象，又要对学生的全面发展起到重要、潜隐的影响。虽然学生可通过现代的多种媒介和渠道认识事物，但基础性的影响仍来自教科书。教科书所特有的概括性、直观性、应用性，对学生由感性上升到理性、由特殊上升到一般、由具体上升到抽象地认识事物具有重要的作用。简言之，教科书理应促进学生个性的全面发展。

三、提高学校教育质量

影响学校教育质量的因素有许多，教科书的品质就是其中重要的一项。

（一）中华人民共和国成立初期，中小学仿效苏联教科书，促进了教育质量的提升

中华人民共和国成立前夕，全国学龄儿童入学率为20%左右，全国人口中80%以上是文盲，其中农村人口中文盲比例更大。① 1949—1952年，在三年的改造与建设中，我国基础教育虽有很大发展，但整体质量不高。据统计，1953年全国投考高等学校的高中毕业生，每科成绩不足40分的占46%，其中20多分以下的竟占23%。② 中华人民共和国成立初期，教育底子薄、起点低。

为了改变上述状况，我国开展了一系列的教育改革行动，向规范化、科学化迈进，其中仿效苏联编写中小学课本，规范教科书建设是一项重要举措。

东北区是我国最先解放的地区，那里资源丰富，工业基础较好，交通便利，经济相对来说比较发达，加上邻近苏联，东北人民政府在向苏联学习，建立新型正规学校教育制度方面有较大的优势。1949年，东北人民政府副主席林枫在东北第四次教育会议上指出，提高中等教育需要学习苏联经验。时任东北教育部副部长的董纯才在《论东北教育的改革》中讲到，苏联的课本，是用新的观点和方法编写的，是值得学习的。1949年4月，东北人民政府教育部组织一批编译人员，根据苏联"十年制"学校的数学和自然科学教材，翻译、改编了初、高中自然科学新课本14种及10科习题集，包括算术、代数、平面几何、物理、化学、动物、植物、人体解剖生理学等，并从1950年起在东北各地中学开始试用。1950年下半年，东北人民政府教育部一方面修改了初中用书，另一方面又编译出版了高中用书。

以东北人民政府教育部编译的高级中学教科书《代数学》为例，此书是根

---

① 卓晴君，李钟汉. 中小学教育史[M]. 海口：海南出版社，2000：17-18.
② 何东昌. 中华人民共和国重要教育文献（1949—1975）[M]. 海口：海南出版社，1998：277.

据苏联"七年制"中学及"十年制"中学 8—10 年级代数教科书编译的。原书为苏联吉西略夫所著，编译者为东北人民政府教育部，出版单位为东北人民出版社，1952 年出版。该课本有以下三个方面的优点。

第一，教科书中一般都贯穿了从具体到抽象、从特殊到一般的精神。例如，讲"无理数"从线段有无公度讲起，讲"函数"时引入购买物品的事例说明何为常量、变量。

第二，教科书把变数间函数的关系作为一个中心内容讲授，一次函数、二次函数各有专章，并且叙述与图像并列，既详尽又具体。

第三，教科书深入浅出。理论本身并不浅易，但由于掌握从具体到抽象的原则，降低了学生的理解难度。例如，讲"极限"便从无穷级数讲起，自然地引至"极限"的概念，补充章节里则具体而周详地叙述了"极限"的性质，证明了几个基本原理。[①]

《东北教育》由此发表了《短论》，把编译这套新课本誉为"中学教学上的革命"。1950—1951 年，《东北教育》共发表学习和研究新教材的文章 53 篇。

时任东北人民政府教育部副部长的董纯才在《东北教育工作 1950 年的基本总结》中对这套中学自然科学教科书有中肯的评价。

总之，这套简称"东北本"的自然科学教科书很快风靡全国，为各地所采用。后来人民教育出版社出版的第一套全国通用教科书中的中学数理化教科书也基本上是以东北人民政府教育部编译的这套教科书为蓝本，此套教科书极大地促进了我国中学教育质量的提升。

（二）改革开放后，教科书编辑逐渐与国际接轨，学校教育质量稳步提高

1966—1976 年的十年间，我国教育事业遭受到破坏。人民教育出版社被解散，中小学教科书由各地自行编写。很多自编的教科书既未经过学校的试验，也未经过教育行政主管部门审定，便开始使用；难免泥沙俱下，质量难以保证。另外，当时的教科书大多片面强调"突出政治"和"联系实际"，导致广大中小学生的基础知识、基本技能被严重削弱。

1976 年，我国各行各业开始重新梳理，进而实行改革开放，教科书的建设

[①] 熊崇望. 对于中学数学教科书、参考书及教法的意见[J]. 数学通报，1953（12）：28.

也迎来了春天。1977年7月,党的十届三中全会全面恢复了邓小平同志党内外一切职务,他自告奋勇提出分管教育和科技工作。在教育方面,他具体抓两件事:一是恢复全国高考,二是恢复全国中小学统编教材。邓小平同志指出:教材既要反映出新的科学文化的先进水平,同时又要合乎我国的实际情况;教材很重要,要统一教材。

1978年4月22日,邓小平同志在全国教育工作会议上强调:我们要在科学技术上赶超世界先进水平,不但要提高高等教育的质量,而且首先要提高中小学教育的质量,按照中小学生所能接受的程度,用先进的科学知识来充实中小学的教育内容。[①] 为了促进这一事情的落实,邓小平同志又明确批示:要引进一批外国教材(自然科学的),吸收外国教材中有益的东西。这里的"外国",并不仅限于社会主义国家,更特指西方发达资本主义国家,并且他还亲自指示,在外汇储备十分紧张的状况下拨专款10万美元,责成中国驻美国、英国、联邦德国、法国、日本等国使领馆协助选购一大批最新的中小学教科书,尽快空运回国,供教材编写人员研究参考。自此,我国中小学教科书资源得到了极大的丰富,中小学各科教科书的编辑视野有所拓宽,教科书编写开始与国际接轨,"教育要面向现代化、面向世界、面向未来"的理念得到体现。

在邓小平同志的关怀下,中华人民共和国成立以来第五套统编全日制十年制中小学教科书于1978年正式出版,直至1980年,小学、初中、高中才全套出齐,1993年本套教科书全面"退役"。这套教科书虽然经历了几次修订和改编,但基本风格与结构被延续下来;高中部分的教科书,更是一直被沿用到20世纪末。这套在我国用了将近二十年的教科书,影响了无数学子,促进了我国中小学教育质量的稳步提升。

---

① 李润泉,陈宏伯,蔡上鹤,等. 中小学数学教材五十年(1950—2000)[M]. 北京:人民教育出版社,2008:282-283.

第三节 教科书生态系统的社会功能

教科书生态系统的社会功能主要表现在培养政治认同、维持政权合法化,宣传国家主流意识形态、形塑国民意识形态,维持社会稳定、构建和谐社会等方面。

一、培养政治认同,维持政权合法化

(一) 政权合法性与认同

任何政权的存在都有一个合法性问题,合法性主要关心的问题是统治、政府或政权怎样及能否在社会成员心理认同的基础上进行有效运行,即如何使政治统治取信于民。合法性形成了政权的基础,是法治体制中开展政治活动的基础。合法性作为政治利益的表述,它标志着它所证明的政治体制是尽可能正义的,而且是不言而喻和必需的。① 由此可见,合法性被看作是有效统治和政治稳定的基础。同时,这个合法性不可能一劳永逸。如何维护和加强合法性,是任何一个政权必须认真对待的问题,否则政权就会出现危机。

合法性源于拉丁语 legitimare,即"宣称合法",最初含义是指国王有权即位是因为他们的"合法"出身。广义的理解,合法性就是统治者的正统性和正当性。合法性的英文是 legitimacy,意指"拥有为普遍的行为标准所承认的正当理由状态"。《布莱克维尔政治学百科全书》对"合法性"的释义是:它是一种特性,这种特性不是来自正式的法律和法令,而是来自由有关规范所判定的、"下属"据以给予积极支持的社会认可和"适当性"。② 这里"法"是指规律、公认的规则,与"非法操作"的"法"的含义相同,不是指当局的法律条文。如果某一公民都愿意遵守当权者制定和实施的法规,而且不仅是因为若不遵守就会受到惩

---

① 思古德,王雪梅. 什么是政治的合法性?[J]. 外国法译评,1997 (2):12-19.
② 米勒,波格丹诺. 布莱克维尔政治学百科全书[M]. 北京:中国政法大学出版社,2002:410.

处，而是因为他们确信遵守是应该的，那么，这种政治权威就是合法的。正因为当公民和精英人物都相信权威的合法性，使人们遵守法规就容易得多。所以事实上所有的政府，甚至最野蛮、最专制的政府，都试图让公民相信，他们应当服从政治法规，而且当权者可以合法地运用强制手段来实施这些法规。① 可见，合法性意味着对一种政治秩序的认同，它涉及的是在政治权力中权力主体与权力客体的内在关系。一个政权取得合法性，就意味着社会成员对政权体系的高度心理认同和服从行为自觉地发生，也就意味着该政权的统治权力被认可。

在现代汉语中，认同有两种含义：一是认为跟自己有共同之处而感到亲切；二是承认、认可。② 如果根据"认"和"同"含义的复合来说，"认同"还有赞同、同意的意思，其义与承认有相似之处。显然，只有那些美、善、正义的事物、事件、行为等才可能获得公众的认可、赞同和承认。

认同也是建构主义理论中的一个重要概念。认同是社会行为主体在社会交往活动中形成的一种自我认知。认同不仅是一种心理层面的自我感受，而且具有重要的社会政治功能。它关系我们是谁，我们归属何处，谁是我们的同类，谁在我们团体之中，谁又被排除在这个团体之外。③

（二）认同培养

如前所述，合法性是一个政权乃至社会稳定的基础，而合法化的前提是认同，那么，一个政权要怎样才能得到人民大众的广泛认可、赞同、忠诚和服从呢？

一般而言，作为执政党可以通过多种途径来培养、建构一个社会的认同体系，如掌握国家机器（军队和警察），提高执政绩效（政治民主化程度、社会公正的实现程度），拥有文化领导权（令人信服的理论和意识形态），具有良好的经济绩效等。其中令人信服的理论和意识形态是建构社会认同的核心手段，也就

---

① 白钢，林广华. 论政治的合法性原理[J]. 天津社会科学，2002（4）：42-51.
② 中国社会科学院语言研究所词典编辑室. 现代汉语词典[M]. 7版. 北京：商务印书馆，2017：1102.
③ FARRANDS C. Society, modernity and social change: approaches to nationalism and identity [M]//KRAUSE J, RENWICK N. Identities in international relations. London: Macmillan Press, 1996: 1.

是说，一个国家的政治体系想维护其政治权威的合法性认同和维持稳定的政治秩序，首先要使其意识形态建立并得到国民的接受，发挥主流意识形态在社会政治生活中的作用，整合政治力量凝聚社会成员的功能。意识形态构筑起政权体系合法性基础的根基。正如意大利葛兰西所说，统治集团主要依靠说服、教育等意识形态一致化的途径来实现对从属集团的精神和道德领导。而德国哈贝马斯也曾指出，社会文化系统是政治合法性的基础。在社会文化系统中，人们在自发的社会关系中进行社会整合；这样，人们在日常交往中就会获得一种群体认同，这种群体认同就是对一种政治秩序的认同，这是社会文化获得充分发展的结果。公民文化获得充分发展后，将自然地为政治秩序保持一种忠诚的信念。因此，哈贝马斯认为政治合法性只能从社会文化系统中去寻找。社会文化系统的发展，使得一套普遍有效的价值规范得以确立，从而保证一种有效的群体认同，进而政治权力在民众中取得一种广泛的信仰、忠诚和支持。[①]由于学校教育的教科书在政治认同培养中有独特的作用，可以说教科书是维持政权合法化的主要渠道。

二、传播国家主流意识，形塑国民意识形态

（一）意识形态的发展及内涵

每个社会都有意识形态，作为形成"大众想法"或共识的基础，而社会中大多数的人通常都看不见它。意识形态这个词是由法国哲学家德·特拉西于1796年在其著作《意识形态原理》中首先提出并使用的，被用来界定一种"观念的科学"。原意是指建构知识的合理理论，因而含有正面而积极的科学探究意义。但后来在言语的使用上，"意识形态"经常被赋予负面的价值判断，表现出负面的意涵。直到知识社会学的出现，人们才开始以比较中立、客观的态度来看待意识形态。

根据《简明不列颠百科全书》的解释，"意识形态"是社会哲学或政治哲学的一种形式。它是一种观念体系，旨在解释世界并改造世界。社会主流意识形态是指反映该社会占统治地位的经济制度和政治制度，并为其服务的意识形态，它

[①] 马宝成. 试论政治权力合法性的意识形态基础[J]. 东方论坛（青岛大学学报），2000（2）：30-36.

是该社会的精神标志。①

(二) 教科书塑造国民的意识形态

任何国家为了本身政权的稳定与发展，都要在其政权体制内传播单一的政治意识形态，教导下一代服从国家所设定的信仰系统。例如，中华人民共和国的成立标志着在中国共产党领导下的新民主主义革命取得基本胜利；随着革命的胜利，过去激烈的阶级斗争形式更多地表现为新与旧的对立和价值观念的冲突，思想斗争成为阶级斗争的新战场。为巩固新政权，加速社会变革的完成，执政的中国共产党必须重构新的意识形态，指导和统一人们的思想，解决转型时期价值冲突和思想混乱问题。

中华人民共和国成立后，为建立民族、科学、大众的先进文化，中华人民共和国确立了新的文化教育方针：人民政府的文化教育工作，应以提高人民文化水平，培养国家建设人才，肃清封建的、买办的、法西斯主义的思想，以发展"为人民服务"的思想为主要任务，提倡爱祖国、爱人民、爱劳动、爱科学、爱护公共财物为中华人民共和国全体国民的公德。② 因此，宣传学习马克思列宁主义、毛泽东思想，确立其在意识形态领域中的指导地位，成为中国共产党重构意识形态的主要内容。当然，要真正在全社会范围内确立以社会主义为主导的意识形态，用马克思列宁主义、毛泽东思想占领思想阵地，除了利用广播、电台、报纸等媒体大量地进行宣传之外，学校教育也被认为是实现这一目标的途径之一。可以说，教科书是传播国家主流意识形态的主要媒介。

阿图舍认为学校是一个"意识形态的国家机构"，国家通过统一教科书，把统治阶级倡导的价值理念、意识形态渗透在教科书中，通过教科书的发行及课堂中的具体教学，广大青少年学生的思想意识被潜移默化，进而国家的价值理念在全社会范围内逐步推行，促进社会、个人和国家的政治话语的一致。

三、维持社会稳定，构建和谐社会

教育是促进人社会化的过程，著名社会学者涂尔干在1956年曾指出，教育

---

① 张小虎. 中国20世纪社会主流意识形态更迭与语文教育[D]. 呼和浩特：内蒙古师范大学，2002.

② 瞿葆奎. 中国教育改革[M]. 北京：人民教育出版社，1991：3-4.

的目标在于发展儿童身体、知识及道德的能力，使其能适应社会生活的要求。一方面，教科书通过传承主流社会的行为规范及价值标准，协助儿童社会化，使儿童接受并形成社会所期望的一整套行为准则，使他们能顺利融入社会群体中，并以此来规范所有社会成员的行为，人人都照章办事，整个社会就井然有序。另一方面，教科书培养了个人对社会国家的认同感，这种认同感，是促进社会安定团结的基础。

另外，学校教育及课程具有分化功能，不同的工作与生活所需要的课程是不一样的。学校的课程、教科书通过提供一些必要的知识使学生能顺利从事某种职业。学校通过对学生实施不同层次、不同类别的教育，把学生分配到不同职业层次的不同岗位上，让他们发挥各自的优势。就社会结构功能论的观点，教育具有正面的生产功能，教科书是维持社会团结安定的重要手段。

教育的主要功能之一是政治社会化。所谓政治社会化，是指"社会成员在政治实践活动中逐步获取政治知识和能力，形成政治意识和政治立场的过程。它是社会成员与政治体系相互联系、相互影响的互动过程，是社会意识继承与创新的统一，是一个持续不断的过程。"从历史上看，任何社会的统治阶级都会将其认可的价值理念和规范等当作是正确、合理、合法的知识写入教科书，让学生接受并内化。

第六章

教科书生态系统的适时调控

教科书生态系统是一个人工管理的生态系统，既有自然生态系统的属性，又有人工管理系统的属性。教科书生态系统在很大程度上受人类各种技术手段的调节。充分认识教科书生态系统的调控机制及调控途径，有助于改进和完善教科书生态系统的结构，强化和丰富学校生态系统的功能，建立高效、稳定、整体功能良好的教科书生态系统，促进教科书生态系统的健康和可持续发展。

第一节　教科书生态系统的调控

一、生态系统的调控及稳态机制

（一）生态系统的自然调控机制

自然调控机制是从自然生态系统中继承下来的生物本身、生物与生物、生物与环境之间的机制。生态系统各组分在结构和功能上的配合是在进化史中逐步完善的。生态系统越成熟，信息沟通越丰富，控制系统特有的协调、稳定等特点也表现得越明显。一般来说，生态系统的自然调控机制主要有以下四种类型。

（1）随动调控。像雷达追踪飞机一样，随动调控是指动、植物的运动过程也能跟踪一些外界目标。如向日葵的花跟着太阳转动，植物的根向着有水的方向伸展。

（2）最优调控。最优调控是生物在生存环境中达到最佳状态的调控。如鱼类的流线型体态结构是减少流体阻力的最优结构；旱生植物具有发达的贮水组织；水生植物具有发达的通气组织。

（3）程序调控。程序调控是指生态系统不同的水平层次均形成一种按一定程式来调控发展的机制。如在个体水平上，植物种子到种子的生命史就是一种典型的程序调控，是由遗传基因所决定的有序调控。另外，在群落水平上，群落的演替也是一种程序调控。

（4）稳态调控。稳态调控是指生态系统形成了一种在发展过程中趋于稳定，干扰中维持不变，受破坏后迅速恢复原态的稳定性。这种稳态受到多种机制的调控，主要靠系统功能组分冗余及系统负反馈作用，在基因、酶、细胞器、组织直到个体、种群、群落及生态系统各个层次都有丰富的表现。

（二）生态系统稳态及稳态机制

1. 稳态及相关概念

（1）稳态。稳态是指生态系统通过多种内部调节作用阻止变化，保持自身相对稳定性（即保持平衡）的倾向。具体表现如下：一是结构相对稳定，生态系统中动、植物种类及数量不是不变的，而是在一定范围内波动，但不会变化太大；二是功能相对稳定，生物群落能量的输入与输出保持相对平衡，物质的输入与输出保持相对平衡。生态系统的一个重要特征就是它常常趋向于稳态，使系统内部所有成分相互协调、保持稳定。

（2）生态阈值。生态系统在遇到生态环境变化较大时，由于系统自身的调节，具有恢复和保持稳定的能力，但是任何生态系统内在调节能力是有限的。生态阈值是指生态系统在不降低和破坏自动调节能力的前提下所能忍受的最大限度的外界压力。外界压力既包括自然灾害、外界环境因子的强烈变化，也包括人类的获取、改造和破坏。

生存与发展的辩证关系表明，在一定限度内，发展是对生存的完善和促进，但超过这一限度，发展就反过来对生存构成了威胁。发展有"度"，这个"度"，既包括发展规模也包括发展速度，体现在自然界，就是地球生态系统吐故纳新或自我修复的能力范围，也就是生态阈值。

（3）生态容量。生态系统对某种物质（有毒、有害物质）的最大容纳量，即生态系统对有毒、有害物质的生态阈值。生态阈值的大小取决于生态系统的成熟性。生态容量的大小，受有毒、有害物质的性质以及生态系统本身抗毒自净能力的影响。

2. 生态系统的稳态机制

所谓稳态机制是指系统内维持生态系统处于相对稳定状态（即稳态）的各种调节作用。生态系统稳态机制有以下两种类型。

（1）冗余调控。冗余调控是生物以超过正常需要的功能组分量来完成特定功能的调控方式，有时又称为多元重复补偿；具体指在生态系统中，有一个以上的组分具有完全相同或相近的功能，或者说在网络中，处在相同或相近生态位上的多个组分，其中一个或几个组分被外来干扰破坏，另外一个或几个组分可以在功能上给予补偿，从而相对地保持系统的输出稳定不变。功能组分冗余的好处在于即使生态系统受到干扰，也能维持正常的能量和物质转换。稳态机制使得自然界几乎没有"商品滞销"或"停工待料"的现象。

（2）反馈调控。反馈是控制论的基本概念，指将系统的输出返回到输入端并以某种方式改变输入，它们之间存在因果关系的回路，进而影响系统功能的过程。在这种情况下，我们可以说系统"反馈到它自身"。

反馈包括负反馈和正反馈。负反馈是指使系统输出的变动在原变化方向上减速或逆转的反馈，它使输出起到与输入相反的作用，减小系统输出与系统目标的误差，使系统趋于稳定。正反馈是指使系统输出的变动在原变动方向上被加速的反馈，它使输出起到与输入相似的作用，使系统偏差不断增大、振荡，可以放大控制作用。

在生态系统中，生物常常利用正反馈机制来迅速接近"目标"，如延续生命、占据生态位等，而负反馈则可使系统在"目标"附近获得必要的稳定。

对负反馈的研究是控制论的核心问题。调节机制有很多是负反馈调节，调节的结果都是抑制和减弱最初发生的变化，这种调节机制叫负反馈调节。负反馈调节在生态系统中普遍存在，它的作用能使生态系统达到和保持稳定，因此我们说负反馈调节是生态系统自我调节功能的基础。

维持生态系统的稳定主要靠负反馈，负反馈产生的调节作用是抑制最初影响因素的作用，从而抑制或减弱对系统的最终破坏影响；正反馈是让最初影响因素的作用得到加强，往往使系统更加远离稳态。

生态系统中的反馈控制和冗余调控往往同时存在，正因如此，系统的稳定性才能有效地保持下去。这些自然调控相对人为调控来说，往往更为经济、可靠和有效，对保护生态环境更为有利。

二、教科书生态系统的调控原则

教科书生态系统的调控主要是人工调控，但人工调控必须依据生态学原理来进行，这样才能既满足目前的需要，又促进生态系统的良性发展，具体来说，可遵循以下原则。

（一）协调共生原则

协调共生原则是指教科书生态系统中各子系统之间、各元素之间是互相联系、互相依存的，在调控中要保证它们的共生，达到综合平衡。共生可以节约能源、资源，带来更高的效益。比如，国家教材、地方教材、校本教材如何配置？各个出版社、各个学科之间的市场份额如何均衡？

（二）循环再生原则

循环再生原则是指注重综合利用课本，建立教科书循环使用制度，注意生态、环保等，把中小学课本变为能够被再次利用的资源，促进教科书生态系统有序、高效、健康发展。

（三）持续自生原则

持续自生原则是指在考虑编辑、出版社、资金、设备等资源状况的条件下，在一定的阈值范围内，使系统保持具有自我调节和自我维持稳定的机制，或者说使人能够控制教科书生态系统。教科书生态系统的控制主要是人为的，而并非像自然生态系统依靠负反馈机制。其系统自我调节能力的强弱主要取决于信息反馈的准确性和迅速程度，以及管理决策部门的判断水平。如果信息失真或不通畅，决策跟不上，就会造成失误。

三、教科书生态系统调控的途径

1. 设计与改造生态工艺

设计与改造生态工艺是指根据自然生态最优化原理设计和改造教科书生态系统的工艺流程，用来疏浚物质、能量流通渠道，开拓未被有效占用的生态位，提高系统的经济、生态效益。其基本内容包括出版结构的改造，知识资源的利用，教科书循环与再生，共生结构的设计，资源开发管理对策，教科书生产生态工艺以及教科书生态设计等。

设计与改造生态工艺特别要注意以下两个方面：一是突出多样化的组成，如果一个生态系统的构成要素数量丰富，结构复杂，则系统内所包含的正、负反馈机制多，它们使各要素保持平衡的同时，也是生态系统稳态的基础；二是注重生态位的分化，使各出版社、各学科教科书和谐相处，互相补充，避免由于某一种或几种教科书的膨胀或缺失而对整个教科书生态系统的稳定造成影响。

2. 规划与协调生态关系

规划与协调生态关系是指运用系统的科学方法、计算机工具和相关专家的经验知识，对教科书生态系统的结构与功能、优势与劣势、问题与潜力进行辨识、模拟和调控，为中小学教科书整体规划、建设和管理提供决策支持的软科学研究过程。常用的系统分析方法有统计分析法、模型模拟法、数学规划法等传统硬方法及近年发展起来的一些软方法，如系统动力学法、层次分析法、环分析法和专家系统法等。

生态规划的最终目标是要调整、改革教科书管理体制，增强和完善教科书共生功能并改善教科书决策手段，建立灵敏有效的决策支持系统。

3. 普及与增强生态意识

教科书生态系统受人的行为所支配，而人的行为又受其观念、意识所支配。因此，在教科书管理部门及教师和学生中普及和增强生态意识（包括系统意识、资源意识、环境意识和持续发展的意识等），倡导生态哲学和生态美学，最终克服决策、经营及管理行为的短期性、盲目性、片面性及主观性，从根本上提高教科书的自组织、自调节能力，是教科书生态调控最迫切、最重要的一环。

当然，调控的难点在于面对教科书这个综合体怎样进行综合。人与生物圈国家委员会于1984年指出，"综合"二字有三方面的含义：一是组织上的综合，研究的组织自始至终都要有决策者、技术人员、研究人员及公众等多学科人员参加；二是方法上的综合，要从自然科学、社会科学等各个领域汲取营养，从系统的横向关系、过程（流）及网络结构入手进行深入全面的探讨；三是成果上的综合，在方法、技术上要有普遍性、可比性和可行性，要促进各类出版社、各学科之间的情报交流和信息共享，相互了解怎样确定问题和解释结果。综合研究具体可以从多方面展开。

将中央、地方和学校作为一个复合系统，研究大范围内的教科书分布格局。教科书研究必须与地方教育规划相结合，把环境数据纳入经济决策方程，建立一套可行、可比的评价教科书价值的生态指标体系，将一些无形、难以定量的生态因子综合进去。不能只根据现状作静态研究，要考虑 5—20 年的中长期尺度作动态研究。开展跨行业、跨部门的子系统间相互关系及相互冲突目标的研究，规划及执行过程中，自始至终要将社会、经济和自然变量综合考虑，进行全局性判断，而不是偏向某一具体部门。系统分析和模拟，是决策者不通过实际试验就能预测发展趋势的有力工具，应大力提倡；研究结果应向决策者提供一系列可供选择的替代方案，并将其向公众宣传，以发动广大民众参加决策咨询。要将人的价值观、创造性、直觉等主观因素综合进去。

第二节 教科书生态系统的危机及应对

教科书生态系统是由教科书编审人员、教师、学生以及各级各类教科书出版、发行机构构成的生态主体与环境之间不断进行物质、能量、信息交换的动态、开放的生态系统。教科书生态系统的发展离不开一定的自然环境、社会环境和文化环境。生态安全是教科书生态系统可持续发展的关键。良好的、可持续发展的生态系统应具备几个要素：一是该生态系统内部组成成分及结构与生态功能高度统一和协调平衡；二是该生态系统与生态环境高度一致与协调平衡，系统与环境相互促进、相互发展；三是具有自我诊断、自我调节、自主管理与发展的机制。

在生态系统的发展过程中，它也可能受外界侵扰而出现危机。从某种意义上说，危机的出现不可避免，面对危机，如果主体不能及时、有效地应对，就可能被淘汰、退出历史舞台。当然，危机也并不可怕，成功地化解危机，正是人类在成长过程中必不可少的历练。我们研究危机、认识危机，是为了更好地应对和处理危机。

一、危机，生态危机，教科书生态危机

(一) 危机

1. 危机的定义

危机是突然发生或可能发生的危及系统或组织形象、利益、生存的突发性或灾难性事故、事件等。这些事故、事件等一般都能引起媒体的广泛报道和公众的广泛关注，对系统或组织的正常工作造成极大的干扰和破坏，使系统或组织陷入舆论压力和困境中。处理和化解危机事件，将危机转化为契机是对系统或组织最具挑战性的考验。

关于危机的界定，不同学术领域、不同的学者看法各异，可谓"仁者见仁，智者见智"。

在西方，危机一词源于希腊语中的医学术语"Krlnein"。原始含义是指"人濒临死亡、游离于生死之间的那种状态"。[①] 研究危机的先驱赫尔曼给出的经典定义是"危机是威胁到决策集团优先目标的一种形势，在这种形势下，决策集团做出反应的时间非常有限，且形势常常向令决策集团惊奇的方向发展"。[②]

管理学层面界定"危机"是一种决策形式，在此形式下，组织的利益受到威胁，任何拖延均可能会导致失控而造成巨大损失。[③]

社会学层面界定"危机"是对一个社会系统的基本价值和行为准则架构产生严重威胁，而且是在有时间压力和不确定性极高的情况下，必须对其做出关键决策的事件。[④]

心理学层面界定"危机"为心理危机，人的一生总会面临各种各样的严重应急事件，一旦自己不能解决或处理时，则会发生严重的心理失衡，这种失衡状态便称为危机。[⑤] 简言之，危机意味着稳态的破坏。

[①] 毛静燕. 学校危机管理的研究[D]. 上海：华东师范大学，2006：6.
[②] 毛静燕. 学校危机管理的研究[D]. 上海：华东师范大学，2006：6.
[③] 李云宏，吕洪兵. 浅析危机管理[J]. 冶金经济与管理，2000 (5)：32-33.
[④] 薛澜，张强，钟开斌. 危机管理[M]. 北京：清华大学出版社，2003：5-6..
[⑤] 陶玉芳，江立成. 试论大学生心理危机应急"绿色通道"的构建[J]. 淮海工学院学报（社会科学版），2006 (1)：97-100.

在我国《新版现代汉语词典》中，对危机的解释包括两个方面：一是指危险的祸根；二是指危险、困难的关头。① 《辞海》中的解释包括三个方面：一是潜伏的祸机；二是生死成败的紧要关头；三是特指某一类型的危机，如经济危机。②

我国学者朱德武对危机一词的定义为"危机是指事物由于量变的积累，导致事物内在矛盾激化，事物即将发生质变和质变已经发生但未稳定的状态，这种质变给组织或个人带来了严重的损失。为阻止质变的发生或减少质变带来的损失，需要在时间紧迫、人财物资源缺乏和信息不充分的情况下立即进行决策和行动"。③

综合以上各种定义，我们认为危机有两层含意：一是危机处于隐性状态，也就是只在潜伏状态，还没有表现出它的巨大破坏性；二是危机处于显性状态，对事件的破坏性已非常明显。正如吴林富所言，"冰冻三尺，非一日之寒，许多危机的发生，都是渐变、量变，最后才形成质变，而一旦质变发生之时就是危机的形成与爆发之时"。所以，危机包括隐性危机和显性危机两种。对于隐性危机，人为干预的重点在于"如何尽量避免危机的发生"；对于显性危机，人为干预的重点在于"如何减轻危机对人类及事物的影响与破坏"。

2. 危机的特点

危机形成的过程大致分为三个阶段：危机前状态、易感期和重整期。危机有以下五个特点。

（1）必然性。危机就像死亡和纳税一样是不可避免的。但危机的发生又是偶然的，组织的任何薄弱环节都有可能因某个偶然因素导致危机发生。这就是危机防不胜防、容易给组织带来混乱和惊慌的原因。因此，我们必须防患于未然，做到居安思危。

（2）突发性。危机爆发的具体时间、地点、实际规模、具体态势和影响深度都是始料未及的，特别是自然灾害、科技新发明等带来的冲击是难以预料的。

---

① 《新版现代汉语词典》编委会. 新版现代汉语词典[M]. 长春：吉林出版集团有限责任公司，2009：774.
② 辞海编辑委员会. 辞海[M]. 上海：上海辞书出版社，1980：458.
③ 朱德武. 危机管理：面对突发事件的抉择[M]. 广州：广东经济出版社，2002：5.

（3）聚焦性。随着信息时代的来临，现代媒体传播十分发达，危机的信息传播比危机本身发展要快得多。危机一旦发生，其情况会迅速公开化，成为各种媒体热评的素材；同时公众不仅关注危机本身，更关注组织的处理态度和采取的行动。媒体对危机报道的内容和对危机报道的态度影响着公众对危机的看法和态度。

（4）紧迫性。对社会或系统来说，危机一旦爆发，其破坏性的能量就会被迅速释放，并呈快速蔓延之势，如果不能及时控制，危机会急剧恶化，使社会或系统遭受更大损失。

（5）危害性。由于危机常具有"出其不意，攻其不备"的特点，不论什么性质和规模的危机，都必然不同程度地给社会或系统造成破坏，造成混乱和恐慌。而且决策的时间以及信息有限，往往会导致决策失误，从而造成无可估量的损失。

当然，危机的处理过程也是体现组织决策能力、应变能力的时机，更是展示组织形象、塑造组织形象的难得机遇。如果组织能抓住这个机会，就会坏事变好事，迅速提高组织的知名度、美誉度。

（二）生态危机

1. 生态危机的定义

目前，在生态学中，尚未见到生态危机的确切定义。《辞海》将其解释为生态系统的结构和功能严重破坏，从而威胁人类生存和发展的现象，是人类盲目和过度的生产活动所致。在其潜伏期间，人们往往不易察觉，如水土流失、沙漠化等，一旦生态危机形成，几年、几十年、甚至上百年都难以恢复。[1]

我国学者吴林富认为，如果生态系统受到的外力长期或突然作用，人类对生态系统的不合理开发利用和管理等，超过了系统的自我调节能力，使系统失去平衡，无法恢复或需要漫长时间才能恢复的状态，称为生态危机。[2]

所以，对生态危机的理解同样需要从两个层面入手，即生态危机的显性状态和隐性状态。理解生态危机的隐性状态有助于进行早期人为干预，将危机消灭于

---

[1] 魏娜. 网络学习环境的生态危机与对策研究[D]. 保定：河北大学，2010.
[2] 吴林富. 教育生态管理[M]. 天津：天津教育出版社，2006：192.

萌芽之际。理解生态危机的显性状态有助于了解生态危机各自不同的特征、危害性，从而为生态危机隐性状态的人为干预提供理论和实践依据。

2. 生态危机的特征

生态危机具有人为性、潜伏性和全球性等主要特征。

（1）人为性。当今世界，科技、经济都已取得跨越性的发展，生产的规模和速度史无前例，人类开发和探索自然的能力大大提高。同时，人类也面临着空前的生态危机，世界范围内的水资源、矿产资源、石油资源等短缺，生态环境被破坏，如森林被破坏、雾霾形成等。人类对大自然的贪欲和无情，最终使人类自作自受。恩格斯说："我们不要过分陶醉于我们人类对自然界的胜利。对于每一次这样的胜利，自然界都对我们进行报复。"①

联合国政府间气候变化专门委员会（Intergovernmental Panel on Climate Change，IPCC）旨在提供有关气候变化的科学技术和社会经济认知状况、气候变化原因、潜在影响和应对策略的综合评估。自 1988 年成立以来，IPCC 已编写了五套多卷册评估报告。五次报告表明，生态危机的形成与人类活动息息相关。IPCC 第一次评估报告（1990 年）提出人类活动引起的大气中温室气体的浓度排放正在显著增加，推动了 1992 年《联合国气候变化框架公约》（以下简称《公约》）的签署和 1994 年《公约》的生效。IPCC 第二次评估报告（1995 年）提出气候变化是可辨识的，为系统阐述《公约》的最终目标提供了坚实依据，推动了 1997 年《京都议定书》的通过。IPCC 第三次评估报告（2001 年）指出过去 50 年的大部分变暖现象可能（66% 以上概率）主要由人类活动引起。IPCC 第四次评估报告（2007 年）指出过去 50 年的气候变化很可能（90% 以上概率）由人类活动引起，推动了"巴厘路线图"的诞生。IPCC 第五次评估报告（2014 年）指出，过去 50 年的气候变化极可能（95% 以上概率）归因于人类活动。②

（2）潜伏性。美国海洋生物学家、现代环境保护运动先驱蕾切尔·卡森在《寂静的春天》中论述了生态危机的潜伏性。蕾切尔·卡森指出，化学药品被撒向农田、森林和菜园后，会长期停留在土壤里，有时化学药品会随着地下水流悄

---

① 马克思，恩格斯. 马克思恩格斯选集：第 4 卷[M]. 北京：人民出版社，1995：383.
② 杨发庭. 生态危机：特征、根源及治理[J]. 理论与现代化，2016（2）：32-37.

悄转移，等到再次出现时，它们会在空气和阳光的作用下结合成为可以杀伤植物和家畜的新物质，这些新物质进入生物组织内部，进入生长的谷物、小麦里，进入人的体内，在很大程度上这一邪恶的环链不断传递且难以逆转。① 生态危机具有很强的潜伏性，从短期来看，人们不容易察觉环境的变化，认为平时的污染行为不会造成什么影响，甚至有人不负责任地认为环境问题可以让后人解决，这是缺乏生态危机意识的表现；从长期来看，生态问题积聚到一定程度就会大规模爆发，致使人们慌忙应对。因此，人类必须要有忧患意识，未雨绸缪，早作防范。

（3）全球性。当代人们所面临的生态危机已经不再是地区性的个别的生态危机，而是世界范围内的所有国家和地区共同面临的生态危机。某一地区的生态危机会随着自然和人口的流动在全世界范围内传播，而且发达国家和地区的生态危机解决策略中，不排除将污染迁移到相对落后的国家或地区以缓和当地人与自然的矛盾，使得生态危机由其本国扩散到世界其他地区，所以，生态危机的影响是全球性的。全球气候变暖、极端天气频发、资源能源短缺、生物多样性减少、臭氧层破坏、海平面上升、酸雨等生态恶化现象，严重威胁全人类的生存和发展。尹希成在《全球问题与中国》一书中指出，"以往的生态危机是局部的，我们的祖先可以用迁移的办法摆脱；现代生态危机是全球性的，我们已无处可逃"。② 随着对生态危机认识的逐步加深，国际社会采取有效的应对行动，通过合作和对话共同应对挑战，应对生态危机已经成为一场"国际运动"。

(三) 教科书生态危机

生态危机如果发生在自然界，属于自然生态危机；如果发生在社会系统，就是社会生态危机；如果发生在教育系统，则称为教育生态危机。

教科书生态系统作为教育生态系统的一个子系统，外界环境、各种教育问题等深深地影响着教科书系统的发展。若系统遭受突如其来、出人意料的打击，或受到出版经费短缺、编辑力量不够、纸张之类的资源匮乏等生态问题的威胁，或由于自身原因出现目标危机、信誉危机、发展危机等，都会引发教科书生态系统危机。

---

① 卡森. 寂静的春天[M]. 上海：上海译文出版社，2008：6.
② 尹希成. 全球问题与中国[M]. 武汉：湖北教育出版社，1997：11.

所谓教科书生态系统危机，是指在系统中出现的影响或危害其正常运行的行为、现象，是系统内部、外部生态因子长期不良作用使得系统出现违背人们意愿的"失衡与变异"，使系统不可持续发展的变化事件。

二、教科书生态危机的表征及成因

（一）教科书生态危机的表征

1. 蓄意篡改，隐瞒事实，歪曲历史，混淆视听

这种情况在文科类教科书，尤其是历史教科书中比较突出。最典型的是日本教科书事件，日本政府对历史教科书的审定采取"不进行政治干预的方针"，日本"新历史教科书编撰会"（以下简称"编撰会"）编写了歪曲历史真相的中学历史教科书。

20世纪80年代以来，受日本右翼分子的煽动和影响，日本编撰会及教科书审定委员会，在历史教科书中蓄意篡改、隐瞒历史事实，否定南京大屠杀、否定慰安妇等历史事实。2004年年底，日本负责教科书审定的文部科学省大臣中山文彬宣称"从军慰安妇等记述从教科书中消失太好了"，在媒体压力下道歉之后，2005年1月他再次表明"日本的教科书是自虐性的"。

在日本政府的支持下，编撰会编写的教科书进一步歪曲历史、推卸日本的战争责任、隐瞒加害事实，将侵略战争描写为自存自卫的战争。不仅如此，编撰会以外的历史教科书中关于侵略、慰安妇和南京大屠杀的记述被删除；在英语教科书等历史教科书以外的教科书中，侵略记述也被删除。此外，日本编撰会还与地方议会勾结，向教育委员会插入编撰会的推进者，虽然教科书的选定权在教育委员会，但是教育委员是地方议会选定的，这样选出的教科书不可能公正。学校的教师被剥夺了选择教科书的权力，而历史教科书由教育委员会直接选定。

近年来，由于日本政治生态的恶化，教科书事件愈演愈烈。2015年4月6日，日本中学生教科书的审定结果显示，这次通过审定的教科书将钓鱼岛和独岛（日本称"竹岛"）都称为是"日本固有领土"，并更改了对南京大屠杀的表述。对于日本文部科学省在初高中教科书编写指南中写明钓鱼岛是"日本固有领土"，中国政府表示严重关切，已向日方提出严正交涉。

日本政府一意孤行，置国际舆论的谴责于不顾，在教科书中"去侵略化"，

造成恶劣的影响。教科书不仅仅是涉及日本国内教育问题，更关系下一代日本人如何认识战争性质，建立什么样的历史观。也就是说，历史教育关系一代乃至数代人的人生观、世界观，影响着日本的政治走向，必须受到高度重视，对歪曲历史的教科书必须进行批判，遏制右倾化教科书的选用，绝不允许错误史观在学校教育中通行。

2. 崇洋媚外，内容西化，去思想化

中华人民共和国成立早期，在全面向苏联学习的口号下，我们的教科书也曾"全面苏化"，从形式到内容，乃至学科名称，全方位照搬苏联，这尽管在教科书的规范化、科学化方面取得了一定成效，但是也让我们吞下了"教条主义"的苦果。我国在1957年后抛弃了苏联经验，开始自主探索之旅。

教科书承载着一定社会的价值观，尤其是语文、历史、政治教科书，其意识形态属性都比较强。

3. 审查不严，监管不力，教科书风波频发

近年来，由于对教科书的审查不严、监管不力，中小学教科书引发的风波越来越频繁、性质越来越严重、社会反响越来越强烈。如京版语文教科书中的选文《上帝创造宇宙》引发人们关于教科书的讨论。2002年，北京教育科学研究院组织编写的京版义务教育语文教科书，在第13册神话单元课后练习题中收录了练习材料《上帝创造宇宙》；2015年年底，北京教育科学研究院组织专家对该语文教科书进行修订时，将上述材料删除，2016年秋季开学使用修订后的教科书。

2016年，国际学校教科书疏于监管的问题引发了人们极大的担忧。国际学校（中外合作办学）是近年来产生的一种新的办学模式，是教育国际化的产物。截至2016年，国内共有661所国际学校，在校生总人数约为43万。国际学校聘请外籍教师授课，大部分采用国外课程体系，使用国外原版教科书，实施外国学制。如深圳瑞得福国际学校采用美国原版教科书，全外教授课。不可否认，这些原版教科书，绝大多数对于提高学生的外语水平、了解国外的科学发展等是有积极意义的，但使用国际学校教科书存在潜在风险。

首先，国际学校教科书难以让学生形成社会主义核心价值观。国际学校教科书或多或少以传播西方价值观念为主，也可能包含其他与我国核心价值观相冲突的内容。其次，国际学校教科书容易导致民族国家认同危机。以上海东方外国语

学校为例，该校完全采用美国基石学校的课程体系，使用美国加州原版教科书，实施纯美式教学模式。这种情形下，不少国际学校的学生不知道中国的国旗、国歌、国土面积等，国情教育缺失。

对这一领域的教科书，目前主管部门没有实质性的规定和监管举措，这些潜在风险一旦爆发出来，会引起较大的社会风波。

4. 教科书循环使用阻力重重，导致资源浪费、环境污染严重

因受各方面的影响，我国主科教科书的循环使用难以实施。2018年，我国中小学生约1.89亿人，平均每年用掉30亿册教科书，耗费大量纸张。此外，我国环境污染严重，造纸业也有一定的责任，造纸业带来的有机物排放污染量占全国工业排放量的40%左右。[①]

由于教科书循环使用在我国还没有落实，教科书每多印制一轮，造纸、印刷、运输等所有环节都将增加一轮资源耗费和环境污染。在我国人均资源相对匮乏的情况下，此种消耗令人心痛和惋惜。

（二）教科书生态危机的成因

1. 危机意识淡薄，危机干预缺失

教科书无小事，教科书影响着年轻一代，影响着国家的未来。教科书牵一发而动全身，哪怕是一个小小的错误，经网络的聚焦，也能酝酿成大的危机。然而，在现实生活中，一些教科书编审人员、教育行政主管部门，无视问题的存在，缺乏危机意识。当危机来临时，他们不知所措，缺乏各类应对危机的预案和预警机制；危机信息系统不健全，危机识别能力差，尤其是对潜在的危机不敏感，也未能在危机的萌芽状态将其消灭，在其发生时，因准备不充分，危机干预能力不强。

2. 部分编审者责任心不强，相关机构疏于监管

从京版语文教科书风波、国际学校教科书潜在的风险等情况来看，危机的发生大多是教科书的编审者和相关管理机构责任心不强、监管不到位引起的。责任心是最起码的职业道德。然而，一些身处重要岗位的人责任心不足；一些主管机构，也因利益驱动，审查走过场，监管敷衍了事。这些才是最大的安全隐患。

---

① 汪丞. 我国推行中小学教科书循环使用制度研究[J]. 教育学术月刊, 2008 (3): 53-56.

3. 教科书系统自身调节功能较弱

教科书生态系统毕竟不是自然生态系统，作为一个人工系统，虽然有一定的调节能力，但是，涉及教科书的相关利益者众多，教科书生态系统不仅受制于教育本身，还要受制于政府干预、社会舆论、出版利润、家长压力等，自身调节能力相对较弱。同时，教科书生态系统并不是封闭的，它与外界环境有着各种各样的联系，环境的危机或社会的危机，也会影响教科书生态系统的正常运行，导致危机的发生。

4. 生态环保意识不强，绿色教育理念没有贯彻落实

绿色教育的主体是科学教育和人文教育的融合，培养科学和人文精神，追求教育的灵性。绿色教育更应关注人，关注学生素质发展，培养良好的教育生态环境，促进学生的持续发展。从生态学视角来看，国家现在大力倡导实行教科书循环使用制度正是为了努力贯彻落实国家推行的"绿色教育"环保理念，此举是践行节约资源和保护生态环境的重要组成部分，可以节约大量重要资源，减少污染物的排放，达到保护环境的最终目的。然而，经过四十多年改革开放，尽管我国的经济取得了飞速发展，但同时也带来了许多"阵痛型"问题。到目前为止，我国的生态环境形势十分严峻，资源浪费的现象非常普遍。就教育领域而言，生态环保意识不强，绿色教育理念没有全面深入普及，国家对忽视生态环境重视不足，导致资源短缺和环境污染等问题的发生。

总之，教科书生态危机的产生很难说是具体哪一个因素在起作用，而是各种因素综合所致，所以对其成因的分析，也要从整体、全面、动态、综合的视角来审视。

三、教科书生态危机的应对

（一）危机管理的含义及目的

1. 危机管理的含义

危机管理是为了应对突发的危机事件，预防突发的灾难事变，尽量使损害降至最低点而事先建立的防范手段、处理体系和应对措施。关于危机管理的内涵，不同的学者有不同理解。

张成福指出，危机管理是一种有组织、有计划、持续动态的管理过程，政府

或组织针对潜在的或者当前的危机，在危机发展的不同阶段采取一系列的控制行动，以期有效地预防、处理和消弭危机[①]。苏伟伦认为，危机管理是指组织通过危机监测、危机预控、危机决策和危机处理，达到避免或减轻危机产生的危害，甚至将危机转化为机会的目的。[②] 何志武等认为，危机管理就是对没有预料到的且对公共安全和公共利益形成重大威胁的事件的管理。[③]

在某种意义上，任何防止危机发生的措施、任何消除危机产生的风险的努力，都是危机管理。危机管理就是要在偶然性中发现必然性，在危机中发现有利因素，把握危机发生的规律性，掌握处理危机的方法与艺术，尽力避免危机所造成的危害和损失，并且能够缓解矛盾，变害为利，推动组织的健康发展。

2. 危机管理的目的

我国正处在社会转型时期，各种社会矛盾也直接或间接影响到学校教育系统。教科书作为学校教育最重要的文本，涉及多方面的利益，所以教科书风险、危机的产生，从某种意义上说是不可避免的。开展教科书危机管理的目的是提高教科书生态系统应对危机的能力，减少、阻滞或回避危机的发生，把危机带来的对组织、系统、人的损害降到最低程度，保障教科书系统安全、持续、有效地发展。

著名危机公关专家游昌乔将危机管理的目的总结为六个方面：预防危机，控制危机，解决危机，在危机中恢复，在危机中发展，实现组织的社会责任。

(二) 危机管理的理论

1. 危机管理4R模式理论

美国危机管理专家罗伯特·希斯在《危机管理》一书中提出4R模式理论，4R代表的是缩减力（reduction）、预备力（readiness）、反应力（response）、恢复力（recovery）。

（1）缩减管理。这是危机管理的核心。它是指运用一定的管理方式来降低风险的发生概率，有效利用时间，提高资源使用率，可以减少危机产生的影响和

[①] 张成福. 公共危机管理：全面整合的模式与中国的战略选择[J]. 中国行政管理，2003（7）：6-11.

[②] 苏伟伦. 危机管理：现代企业实务管理手册[M]. 北京：中国纺织出版社，2000：1.

[③] 何志武，贾蓉治. 政府危机管理述评[J]. 理论月刊，2004（1）：70-71.

损失。缩减管理，主要是从环境、结构、系统和人员四个方面来进行。

（2）预备管理。它是指有效地使用监视和预警系统，通过训练来提高组织和组织内成员的危机反应能力。预警系统的功能包括危机始发时能更快反应、保护人和财产、激活积极反应系统。

（3）反应管理。它是指面对正在进行的危机时，危机管理者通过何种反应来应对危机。一般包括危机确认、危机隔离、危机处理等步骤，并通过有效的内外部沟通，妥善地处理危机。

（4）恢复管理。这主要包括两个方面：第一是当危机发生并得到控制后，总结经验教训，对危机预案进行必要的修改，为今后的危机管理提供可靠的经验和依据；第二是通过恰当的方式来恢复受损的组织形象。[①]

2. 芬克的四阶段生命周期模型

史蒂文·芬克在《危机管理：对突发事件的准备》一书中，最先提出了危机生命周期理论。他认为危机同人一样，都是存在生命周期的，包括从诞生、成长、成熟到死亡等不同的阶段。生命周期具体可分为以下四个时期。[②]

（1）征兆期。危机的发生很多情况下并非空穴来风，事先会有一些迹象或征兆，因此需要对一些细微的信息多加关注，加强对危机征兆的敏感度，以防止小危机演变为大危机。

（2）发作期。当危机事件的发生无法避免，其爆发就像火山喷发一般难以制止，此时需要在第一时间采取有效措施加以应对。危机事件演变迅速，如果不能立即恰当处理，将会造成无法估计和预料的损失与伤害，并引发连续性的危机。

（3）延续期。危机爆发后，其造成的损害和影响具有持续性，不会在短时间内消失，需要对每一个遗留的损害和影响加以妥善处理。这一阶段又被称为善后期，是努力清除危机影响的过程。

（4）痊愈期。危机事件已经完全解决，由危机事件带来的损害和影响也得到妥善处理，此时需要对危机进行总结，完善危机应对机制，以达到在下一次危

[①] 希斯. 危机管理[M]. 北京：中信出版社，2001：142.
[②] 王庄越. 高校校园危机应对研究[D]. 南京：南京工业大学，2013.

机爆发时能够更好、更迅速地化解危机的目的。

史蒂文·芬克认为危机管理需要动员、统筹、协调组织的所有资源，从战略角度控制问题的发展。其危机生命周期理论为我们处理和应对危机提供了很好的借鉴。

（三）危机管理的策略

根据危机的发生、发展，我们可以把教科书危机的管理分成三个阶段：危机发生前的管理、危机发生时的管理和危机发生后的管理。

1. 危机发生前的管理

危机管理的重点在于预防危机。正所谓"冰冻三尺，非一日之寒"，几乎每次危机的发生都有预兆。危机发生前的管理也叫事前管理，本阶段的重点是要做好危机的预知、预测和预防、回避等工作。

（1）强化危机意识。生于忧患，死于安乐；居安思危，未雨绸缪。这些都是危机管理理念所在。要伴随着教科书的建设和发展长期坚持不懈地预防危机，绝不能把危机管理当作一种临时性措施和权宜之计。在教科书的编审、印制、发行、选用、评价等过程中，要重视与教师、学生、家长等沟通，同时与出版社、新华书店、学校、教育行政主管部门保持良好关系。教科书编审内部要沟通顺畅，消除危机隐患。总之，只有将危机预防作为日常工作的一部分，牢固树立危机意识，才能提高抵御危机的能力，有效地防止危机产生。

（2）做好危机预测工作。第一，建立有效的信息情报管理系统。依托这一系统广泛地收集各种与教科书有关的信息情报，然后将收到的信息情报进行详细的分析和评价，并将得出的结论迅速上报或呈送相关的教育行政主管机构或决策者。第二，保持信息传递渠道畅通。危机非常复杂，大多是多因素构成和多方向扩散，因此，必须时刻保持危机情报系统的信息传递渠道畅通，一般来说，除了常规的渠道之外，还必须有一些非常规的渠道。对于手握决策权的危机管理者来说，为防止有价值的信息因"系统梗塞"被搁置或延误，最好是除官方渠道之外，还要有一定的私人渠道，以保证决策的迅速、及时、有效。

（3）建立危机预警系统。教科书生态系统不是孤立封闭体系，而是与外界环境有密切联系的开放系统。预防危机必须建立高度灵敏的危机预警系统，随时收集教科书的各种反馈信息。一旦出现问题，要立即跟踪调查，加以解决；要及时掌握政策决策信息，研究和调整教科书的发展战略、经营方针；要准确把握教科书在教师、学生和家长心目中的形象，分析掌握大众对教科书的编辑审查、印制定价、出版发行、选用使用等方面的评价，从而发现大众对教科书的态度及其变化趋势；要认真研究竞争对手的现状、实力、潜力、策略和发展趋势，经常进行优劣对比，做到知己知彼；要重视收集和分析教科书自身的信息，进行自我诊断和评价，找出薄弱环节，采取相应措施。

（4）把握两个基本要领。第一，也是头等重要的事情，要依据所收集的信息和情报，准确地判别当前所面临的突发性重大事件究竟是危机还是机遇。如果是机遇，一般不在危机管理的范畴内；如果是危机，就必须把危机中发生的重要事项纳入监控目标。第二，不要盲目乐观，宁可把势态想得更严重一些，做好最坏的打算，做到"有备无患"。

（5）进行危机管理的模拟训练。模拟训练应包括心理训练、危机处理知识培训和危机处理基本功演练等内容。定期模拟训练不仅可以提高应对危机的快速反应能力，强化危机管理意识，还可以检测已拟定的危机应变计划是否切实可行。

2. 危机发生时的管理

危机发生时的应急处理，也叫事中管理。本阶段的主要任务是如何有效地防止和减轻危机、控制危机的发展以及有效地解决危机。应对危机的具体措施如下。

（1）调整心态，积极应对。危机发生后，当事人要保持镇静，在前期"悲观地准备"的基础上，充分调整好心态，保持自信心，积极应对危机，"乐观地实施"，采取有效的措施隔离危机，防止危机事态继续蔓延，迅速找出危机发生的原因。

（2）成立危机管理小组，制订危机处理计划。成立危机管理小组，是顺利处理危机，协调各方面关系的组织保障。危机管理小组的成员应尽可能选择熟知教科书领域的专家和有较强公关能力的专业人士组成。他们应具备善于沟通、严谨细致、处乱不惊、有亲和力等素质，便于总览全局，迅速制订出危机处理计划。

（3）采取恰当的危机处理策略。危机处理的主要策略包括四个方面。第一，危机中止策略。要根据危机发展的趋势，审时度势，主动中止承担某种危机损失。例如"上海历史教科书事件"中，经教育部有关专家审查，上海高中历史教科书在使用一年后被叫停，成为我国改革开放后使用寿命最短的教科书。第二，危机隔离策略。由于危机发生往往具有关联效应，一种危机处理不当，就会引发另一种危机，因此，当某一危机产生之后，应迅速采取措施，切断危机同其他经营领域的联系，及时将爆发的危机予以隔离，以防扩散。如"温立三教科书事件"中，温立三被人民教育出版社清除出编辑队伍，他所主编的语文教科书也被禁用。第三，迅速决断策略。一般来说，在处理日常事务时，大家常常采用比较温和的办法，耗时较长。但是，在处理危机事件时，不能用"渐进式增兵"的方法，必须采取高压政策，必须以最快的速度启动危机应变计划，果断行动，力求在危机损害扩大之前控制住危机。如果初期反应滞后，就会导致危机蔓延和扩大，势如决堤，一溃千里。第四，避强就弱策略。危机管理的主要职能是防止和减轻危机给系统或组织带来的损害，但是要想完全避免损害几乎是不可能的，由于危机损害程度强弱有别，在危机一时不能根除的情况下，要选择危机损害小的策略。

（4）注重公共关系，树立良好形象。应对危机时，要高度重视公共关系，尤其是与大众传媒的关系。处理得好，有助于危机的处理；处理不当，就会对危机管理带来诸多不利的影响。这也是妥善处理危机的关键环节。要随时关注事态的发展，全面掌握相关情况；积极主动与新闻媒体沟通，及时提供真实信息，以避免虚假不良信息带来的消极影响增加处理危机的难度；加强舆论管理，树立良好的公众形象。人民教育出版社自成立以来，每当教科书出现风波时，都能随机应变，相关处理措施及时得当，维持和巩固了其在教科书出版方面"领头羊"的地位。

3. 危机发生后的管理

危机发生后的管理是整个危机管理的最后环节，也叫事后管理，主要包括危机总结、危机的免疫和系统恢复管理等。

危机所造成的巨大损失会给系统或组织带来一定的教训，所以很有必要对危机管理进行认真、系统的总结，反思经验教训，对应急预案做出相应的改进，增强组织对危机的免疫功能,防止危机的再次发生。①

(1) 调查。这是指对危机发生原因和相关预防处理的全部措施进行系统调查和分析,明确责任,完善措施。

(2) 评价。这是指对危机管理工作进行全面评价,包括对危机预警系统的组织和工作内容,危机管理的规范化、制度化程度,危机管理小组的领导能力,危机应变计划的执行,危机沟通和信息传递的效果,危机决策和相关的处理等各方面的评价。评价要详尽地列出危机管理系统的薄弱环节和危机管理工作中存在的各种问题。

(3) 整改。这是指在调查和评价的基础上,对危机管理中存在的各种问题综合归类,由危机管理小组分别提出整改措施,责成有关部门和人员按要求逐项落实。

(4) 反思。这是指将历史上发生过的各种危机,分门别类地整理归档,归纳、整理好危机管理过程中的各种会议记录、预警方案、执行方案、实施考核报告、善后处理报告等,并组织危机管理的决策者和执行者等相关人员进行审核、学习和反思,从中吸取经验教训,不断提高他们应对危机的能力,提升他们的危机管理水平。

第三节　教科书生态系统的可持续发展

教科书作为一个生态系统,可持续发展是其内在的要求。从生态学视角来看,我国教科书的可持续发展有赖于国家通用教科书、地方适用教科书、学校自主编写的教科书的系统规划,有赖于各层次生态系统中生态主体之间的协同进化,有赖于生态主体和生态环境的和谐共处。也就是说,教科书生态系统的可持续发展有赖于各层次生态系统的可持续发展。

---

① 吴林富. 教育生态管理[M]. 天津:天津教育出版社,2006:206-207.

一、教科书生态系统的良性运行

人类生活的世界是一个自然、社会、生理、心理、环境等各种因素相互依存的世界。在教科书的建设和发展中，我们既要注重系统观、生态观，强化关联，避免割裂；又要促使教科书生态的改善，通过强化教科书生态主体的生态意识，平衡各生态主体的行为，建设适宜的生态环境，使教科书充满生长活力，助力青少年学生健康成长。

（一）牢固树立教科书生态意识

教科书生态意识的树立，需要教科书编审人员、教科书出版发行部门、教科书使用人群、教科书主管部门等生态主体视教科书为促进青少年学生发展的有生命力的文本，而不是把教科书作为一种牟利的工具。要把和谐、共生、环保、均衡、开放、竞争等观念融入教科书的建设当中，促进教科书的和谐发展。

1. 和谐、共生

生态学认为，在生态系统中，虽然每个物体在生态系统中的位置和作用是不一样的，但是对于整个生态系统而言，它们都是同样重要的，是平等的。例如，尽管语文、数学、政治、历史、地理、英语、物理、化学、生物、音乐、美术、体育与健康等教科书各自在教科书生态系统中的位置和作用都不相同，但是它们对学生的发展都很重要。它们在培养学生的核心素养和综合能力方面是不可或缺的，它们之间应该是和谐、共生的，而不是相互排斥的。

2. 环保、均衡

环保，即环境保护，是指人类为解决现实或潜在的环境问题，利用环境科学的理论和方法，协调人类与环境的关系，保障经济社会的持续发展而采取的各种行动的总称。其具体是通过采取行政、法律、经济、科学技术等多方面的措施，合理地利用自然资源，防止环境的污染和破坏，以求保持和发展生态平衡，促进人类社会的发展。就教科书而言，坚持教科书的循环使用，或积极发展数字教科书，可以大量地节约纸张，减少对森林的砍伐，有效地保护生态环境。

另外，依照生态观点，均衡是指生态系统的结构与功能、物质和能量的输入和输出都处于相对稳定状态。一旦生态系统自身的调节能力减弱，不敌外界干扰时，会导致生态系统功能失调，生态均衡被打破，即失衡。均衡与失衡是生态系统中错综复杂的生态关系的两种表现形式，它们既是生态主体与其环境关系的反映，也是不同生态主体之间关系的反映。教科书生态系统也不例外，它同样要经历由彼此均衡到失衡，再到新均衡的发展过程。

3. 开放、竞争

开放性是生态系统的重要特性，开放也是生态的教科书的重要指标。生态的教科书必然是动态、开放的教科书。这不仅体现在教科书的编写、审查、出版、发行、评价、选用等方面是开放的，更体现在学校、校长、教师、学生等主体的开放。

此外，竞争是生物之间的关系之一（无论是同种还是异种，有时也可能是以族群为单位）。生活在同一群落的同种或异种生物共用相同的资源，当资源不足以满足所有生物的需求时便会出现竞争。在实行教科书多样化的今天，教科书之间的竞争普遍存在，首先表现在同类教科书之间的竞争，如不同版本的语文教科书之间的竞争；其次，也表现在同级教科书之间的竞争，如小学教科书之间、中学教科书之间的竞争。当然，竞争本身也是为了发展，对于教科书生态系统来说，优化内外部生态环境，提高生态主体适应环境的能力，是其提高自身竞争力，获得持续发展的重要方面。

总之，和谐、共生、环保、均衡、开放、竞争，等等，从不同侧面反映了教科书生态系统与各种环境要素之间、不同教科书生态主体之间盘根错节的关系。这些关系有助于我们更好地运用生态学的原理与方法来研究教科书。

（二）科学建构教科书生态系统

1. 明确教科书生态系统的功能

教科书生态系统作为人工生态系统，其基本特征之一就是有鲜明的目的性，即实现其教育的功能，为人的发展和社会的发展服务。教科书生态系统的服务功能主要包括人才服务、资源服务、环境改造服务、支持服务四个方面。在此基础上，还需要建立生态补偿机制，对于那些破坏生态环境、影响生态系统服务功能实现的生态主体，应该采取生态补偿措施，纠正生态主体的不当行为。

2. 科学规划教科书生态主体

从宏观、系统层面来看，教科书可以分为国家通用教科书、地方适用教科书和学校自主编写的教科书。国家通用教科书在保证学生的核心素养和综合能力的培养方面具有重要作用，地方适用教科书在传承传统文化、弘扬民族精神、养成青少年学生爱国情怀方面功不可没，学校自主编写的教科书在补充乡土知识、促使学生热爱本土家园等方面奠定了坚实的基础。对于三者在教科书生态系统中的组织架构、所占比例等，需要有全面、系统的观念，进行科学的规划。

3. 科学建构教科书生态环境

生态环境与生态主体关系密切，良好的生态环境能够对生态主体产生深刻的影响。教科书生态系统作为一种人工生态系统，其所依存的生态环境大多可以由生态主体构建，如政策环境、经济环境、文化环境等。因此，我们在构建教科书生态环境时，要顺应社会的大环境，使教科书生态系统的小环境能够很好地融入社会大环境之中。

事实上，中华人民共和国成立后，党中央、国务院历来高度重视教科书建设。特别是党的十八大以来，党中央明确提出教材建设是国家事权，要健全国家教材制度，强调要重点编好中小学的道德与法治、语文、历史三科教材，实行国家统编、统审、统用。国家明确规定，教科书编写要坚持正确的政治方向，以马克思主义为指导，全面贯彻党的教育方针，落实立德树人的根本任务，充分体现党中央治国理政的新理念、新思想、新战略；坚持德育为先，以德塑魂；坚持以学生为本，易教利学；坚持继承发展，守正创新；引导学生增强中国特色社会主义的道路自信、理论自信、制度自信、文化自信，为培养中国特色社会主义事业建设者和接班人打好基础。可见，国家目前在努力打造良好的教科书生态环境。

二、教科书生态系统的维持与稳定

依据生态学理论，一般来说，生态系统越成熟，其自我调节控制能力就越强。维持生态系统的稳定状态要通过自我调节反馈来进行。系统的稳定性与结构的复杂性息息相关。在生态学家看来，系统的复杂性有助于其稳定性。分散风险，增强稳定性，要依赖多元化的结构和多样化的产品。生态系统的稳定性越强，生态系统抵御外界干扰的能力就越强，生态系统的生命力也就越强。

（一）加强沟通，注重合作，促进教科书编审的和谐发展

目前，我国实行教科书的"审定制"，教科书的编写和审查是分离的。当然，这种制度对于保证教科书编写工作的科学性、促进教科书发展的多样化、提

升教科书品质、提高教育教学质量、体现和传承国家意志等具有积极的意义。但教科书的编写主体和审定主体是两种不同的群体，各自的学术背景、立场、观点不同，教科书的编写者和教科书的审定者对同一学科的课程标准及学科本身的理解有差异，导致审定过程出现许多矛盾，对于教科书内容的取舍时有争论；加上监督机制不到位，审定权会被滥用；公开透明度不够，审定工作会出现比较严重的腐败。这些问题也可能使教科书质量难以完全得到保障。

为此，教科书的编写主体和审定主体首先必须要有一致的理念，不是一方压倒另一方，而要加强沟通，注重合作，力争在对学科本身及学科的课程标准把握等方面达成共识，促进教科书编审和谐健康发展。

（二）坚持主导性和多样性相结合，促进教科书均衡发展

在教科书多样化的今天，教科书的发展要坚持主导性和多样性相结合。国家要从宏观层面加强调控，对于意识形态属性较强的人文学科教科书，国家可集中优质资源，组织该方向的知名专家进行编写，统一思想，确保国家意志的贯彻落实，保证人才质量。国家通用教科书在教科书生态系统中引领教科书的发展方向，是其他教科书学习的榜样。

同时，国家也应该统筹和平衡各个层次、各个门类教科书的发展，避免出现一家独大的局面。为兼顾实现教育公平的目标，国家应努力创造条件，为地方适用教科书和学校自主编写的教科书留出发展的空间，扶持落后地区，促进教科书的均衡发展。

（三）借鉴生态位原理，促进合理、有序的教科书竞争

作为生态学的核心概念，生态位是指群落内一个物种的资源利用情况，它揭示了生态个体、种群和物种之间生存与竞争的普遍规律。它不仅对生物界适用，对人类、企业同样适用。20世纪80年代，社会科学研究领域开始借助这一概念展开分析和研究，取得了丰硕的成果。因此，要促进合理、有序的教科书竞争，各出版社必须提升自我。

1. 准确定位，开展错位经营

首先，各出版单位要根据自身的效率组合和利用资源，明确自己的生态位，准确定位，再选择有别于竞争对手的发展重点进行生产和经营。其次，各出版社在经营过程中，应依照生态位分化原理开展错位经营，形成彼此错落有致、相辅

相成、相互依存的态势，从而避免残酷的价格战、产品战和广告战，寻求共同的发展。

2. 顺应时势，拓展和调整生态位

各出版单位在发展过程中，必须根据形势的变化，对自己的生态位进行控制和优化。一个出版社要成功地发展必须发挥自身优势，对外部资源和力量进行有效整合，善于拓展和调整生态位，以适应和改造生态环境，在竞争中占据有利地位。当然，生态位的拓展有良性拓展和恶性拓展之分，我们要鼓励和发展良性生态位拓展，坚决抑制恶性生态位拓展。

（四）加强政府监督，严格规范教科书的出版、发行和选用

规范教科书的出版、发行和选用，首先，要强化政府作为，国家新闻出版部门应出台一系列政策法规，约束、规范教科书出版单位的销售行为，严厉处罚违法行为。其次，要规范教科书选用制度，真正发挥教科书选用委员会的作用，让更多的一线教师、家长，尤其是学生本人实际参与教科书的选用，这样，教科书出版单位只能凭着质量和口碑取胜。唯有如此，才能最大限度地保障学生的利益，教育事业也将获得良性发展。

三、教科书生态系统的反思和评价

教科书生态系统的可持续发展，有赖于对教科书生态系统的反思和评价。这样的反思和评价，有助于我们准确把握教科书生态系统所存在的问题，对于完善教科书生态系统具有重要的意义。

（一）教科书生态系统的反思

对教科书生态系统的反思，就是从生态学角度审视教科书。教科书生态中既有相互竞争，又有相互依存；既有单独发行，又有协同合作；既有开放性，又有均衡性。教科书生态系统的有效运行，必须注意以下六点。

1. 增强自身机能，防止出现"花盆效应"

花盆效应，又称局部生态环境效应。花盆是一个半人工、半自然的小生态环境。首先，它在空间上有很大的局限性；其次，由于人为地创造出非常适宜的环境条件，在一段时间内，花盆里的个体或群体可以很好地成长，但同时，它们的生态阈值也会随之下降，生态幅变窄。一旦离开人为的环境，个体或群体就会丧

失生存能力。在教科书生态中,花盆效应会削弱生态主体的创造性、发散思维能力、生存能力,抹杀教科书的个性,导致教科书内容僵化、封闭等。

2. 倡导良性竞争,避免竞争排斥

所谓竞争排斥,是指生态位相似的两个物种,通过竞争而导致其中一个消失,或者两个物种处于不同生态位的现象。换言之,竞争排斥是指不同物种在对同一种短缺资源的竞争中,使一个物种在竞争中被排斥或被取代的现象。

现实生活中,"得教材者得天下",一些出版单位为追逐高额利益,不惜以违规甚至违法手段抢占市场。有些地方在选用教材时,无视"不得行政干预教材"等规定,采取恶性竞争策略,出现了选用质量不高的教科书、频繁更换教科书等现象。例如,2010 年,安徽省阜阳、宿州、蚌埠、滁州、淮南等 5 个地市的 26 个县,近 100 万八年级和九年级的学生,在学期中被更换教科书;2011 年,黑龙江省的齐齐哈尔、黑河、绥化 3 市多年使用未获批教科书的事情被曝光;2014 年 9 月 9 日,广东省清远、河源两市临时更换英语教科书,导致 10 余万名学生人手两本教科书,对于教学时该用哪一本,学校也是一头雾水。

上述教科书之乱局,是地方保护主义、利益集团等多种政治、社会、经济因素共同作用的结果。问题的解决绝非一朝一夕的事,需要多方的努力,其中最重要的一点,就是必须开展良性竞争,避免竞争排斥。

3. 遵循"耐度与最适度"原则,量力而行

耐度定律是美国生态学家谢尔福德于 1913 年提出的。任何一种环境因子对每一种生物都有一个耐受性范围,范围有最大限度和最小限度,一种生物的机能在最适点或接近最适点时发生作用,趋向这两端时作用就减弱,然后被抑制。也就是说,任何一个生态因子在数量或质量上不足或过多,即当其接近或达到某种生物的耐受限度时,这种生物就会衰退或无法生存。

教育发展的数量、规模和速度要在国民经济可承受范围之内,否则教育即使发展了,还是要衰退的。量力而行,尽力而为才是符合耐度定律的,教科书也是如此。教科书生态系统发展到一定阶段,对周围生态环境的各种生态因子都有自己适应范围的上限和下限,在此范围内主体能很好地发展,否则将走向反面。因此,教科书的发展应该遵守"耐度与最适度"原则。

4. 准确定位，力戒低位高攀

所谓低位高攀，是指角色错位，定位不准。具体到教科书领域，是指一些出版单位不切实际，盲目跟风，以牺牲教科书的个性和质量为代价。

据《南方周末》报道：2006 年，某地方出版社出版的小学课本被发现有 60 余处错误，某中央级出版社出版的语文教科书上，韩愈生卒年显示他只活了 15 年；课本插画上，战国时代的荀子"穿越"到了汉代，看起了纸质书。广东省江门市教育局某负责人向《南方周末》记者展示了该市 2011 年和 2012 年英语中考成绩表，120 分的满分卷，平均分为 59 分和 65.5 分，优良率仅 19.6% 和 21.74%。江门市教育局认为，学生成绩差和他们使用某出版社的英语教科书有很大关系。该出版社的七年级英语课本从 26 个字母开始零基础教学，而江门小学三年级就已开设英语课，初中又重复小学阶段学过的内容，到了八年级，英语课程难度突然增加，学生难以适应；英语课本里竟有活页广告，介绍了录音带、语法讲解教辅、点读笔、英语字典等，这些产品均由课本的出版单位研发。①

2009 年 9 月 4 日，时任国务院总理的温家宝在北京市第三十五中学听课时，指出了地理教科书中的错误，该校选用的地理教科书把陕西、甘肃划入华北地区。该教科书已使用十多年。

为此，各出版单位在教科书建设中必须依据自身情况，准确定位，集中精力，做好自己能做的教科书，极力避免上述错误，努力提高教科书质量。

5. 注重特色，避免同位相类

所谓同位相类，在这里指的是某类学科的教科书缺乏特色，重复建设。21 世纪以来，我国推行中小学教科书多样化。到目前为止，我国使用的中小学教材的版本有 13 个，分别是人教版、北师大版、苏教版、西师版、鲁教版、外研版、粤教版、岳麓版、科教版、中地版、浙科版、牛译版、湘教版等。同一省市，也会使用不同版本的教材。如北京市，地理教科书就至少 3 个版本，西城区用的是中图出版社编写的教科书，而海淀区使用的是人民教育出版社编写的教科书，还有的区县使用的是北京师范大学出版社编写的教科书。

---

① 赖竟超，李思文. 逐利的教材[N/OL]. 南方周末，2014 – 11 – 28. http：//www. mzyfz. com/html/752/2014 – 11 – 28/content – 1091864. html.

虽然现有教科书品种繁多，但许多学科的教科书版本不过是简单重复，内容、体系大同小异，不同版本教科书并未形成自身独有的优势和特点，难以真正满足不同地区、不同学校的多样化、个性化需求。概言之，教科书的多样化实际只是多本化。教科书构建自己的特色非常重要，唯有如此，才能在多样化的竞争中处于有利地位。

6. 打造个性，注重边缘效应

1942 年，生物学家贝切尔提出边缘效应这一概念，他发现两个或多个生物群落交界处，生态结构往往复杂，生物种类多，而且特别活跃，种族密度变化也较大，生产力相应就比较高。边缘效应以强烈的竞争开始，以和谐共生结束，各种生物之间由激烈地竞争发展到各司其职、各得其所，相互作用，它们共同构成一个多层次、高效率的物质和能量共生网络。

目前，我国中小学教科书同质化现象比较严重，这样很不利于教科书的健康发展。为此，教科书，尤其是地方教科书、乡土教科书等必须找准定位，打造个性，突出特色，注重边缘效应，形成和谐共生的教科书网络。

（二）教科书生态系统的评价

对教科书生态系统的评价，应遵循生态评价的法则。所谓生态评价，是指应用生态系统的观点以及生态学、环境科学、系统科学等学科的理论和技术方式，对评价对象的组成、结构、生态功能与主要生态过程、生态环境的敏感性与稳定性、系统发展演化趋势等进行综合评价分析，以认识系统发展的潜力与制约因素，评价不同的政策和措施可能产生的结果。[①]

教科书生态系统的评价，就是以不同版本、不同类型、不同层次的教科书为对象，依据一定的教育目标，利用一切可行的评价技术和手段，广泛收集资料，对教科书的运行和使用效果给予价值上的判断，为提高教科书的品质提供可靠依据。我们具体可以从生态系统的再生能力、共生能力、自主能力、竞争能力等几个方面设计评估指标体系，进行生态评价。

---

① 曾祥跃. 网络远程教育生态学[M]. 广州：中山大学出版社，2011：15.

主要参考文献

1. 高志强，郭丽君. 学校生态学引论[M]. 北京：经济管理出版社，2015.
2. 戈峰. 现代生态学[M]. 2版. 北京：科学出版社，2008.
3. 杨持. 生态学[M]. 2版. 北京：高等教育出版社，2008.
4. 孙儒泳，李博，诸葛阳，等. 普通生态学[M]. 北京：高等教育出版社，1993.
5. 李维炯. 生态学基础[M]. 北京：北京邮电大学出版社，2005.
6. 章家恩. 生态学常用实验研究方法和技术[M]. 北京：化学工业出版社，2007.
7. 中国大百科全书编辑部. 中国大百科全书·教育卷[M]. 北京：中国大百科全书出版社，1985.
8. 辞海编辑委员会. 辞海·教育心理分册[M]. 上海：上海辞书出版社，1985.
9. 中国社会科学院语言研究所词典编辑室. 现代汉语词典[M]. 7版. 北京：商务印书馆，2017.
10. 曾天山. 教材论[M]. 南昌：江西教育出版社，1997.
11. 钟启泉. 现代课程论[M]. 上海：上海教育出版社，2003.
12. 石鸥. 百年中国教科书论[M]. 长沙：湖南师范大学出版社，2013.
13. 高峡. 小学社会课研究与实验[M]. 北京：北京师范大学出版社，2004.
14. 周士林. 世界教科书概况[J]. 教材通讯，1985（6）.
15. 江山野. 简明国际教育百科全书·课程[M]. 北京：教育科学出版社，1991.
16. 巴拉诺夫. 教育学[M]. 北京：人民教育出版社，1976.
17. 筑波大学教育学研究会. 现代教育学基础[M]. 上海：上海教育出版

社，1986.

18. 石鸥，李祖祥. 教科书的空无内容与教师的应对[J]. 现代教师教育研究，2009（2）.

19. 石鸥，石玉. 论教科书的基本特征[J]. 教育研究，2012（4）.

20. 石鸥，吴小鸥. 中国百年教科书图说[M]. 长沙：湖南教育出版社，2009.

21. 欧用生. 课程改革：九年一贯课程的独白与对话[M]. 台北：师大书苑有限公司，2001.

22. 钟启泉，崔允漷，张华. 为了中华民族的复兴 为了每位学生的发展：《基础教育课程改革纲要（试行）》解读[M]. 上海：华东师范大学出版社，2001.

23. TYSON-BERNSTEIN H. A conspiracy of good intentions: the textbook fiasco[J]. American Educator the Professional Journal of the American Federation of Teachers，1988.

24. 陈月茹. 中小学教科书改革研究[M]. 北京：教育科学出版社，2009.

25. 国务院办公厅. 国务院办公厅关于成立国家教材委员会的通知[EB/OL].（2017-07-03）. http://www.gov.cn/zhengce/content/2017-07/06/content_5208390.htm.

26. 石鸥. 教科书评论（2015）[M]. 北京：首都师范大学出版社，2016.

27. 石鸥. 教科书评论（2016）[M]. 北京：首都师范大学出版社，2017.

28. 石鸥，吴小鸥. 中国近现代教科书史（上册）[M]. 长沙：湖南教育出版社，2012.

29. 石鸥，方成智. 中国近现代教科书史（下册）[M]. 长沙：湖南教育出版社，2012.

30. 张晓娇. 如何科学调整中小学教材难度[N]. 光明日报，2014-05-20.

31. 颜庆祥. 教科书政治意识形态分析：两岸高（初）中历史教科书比较[M]. 台北：五南图书出版有限公司，1997.

32. 史静寰. 走进教材与教学的性别世界[M]. 北京：教育科学出版社，2004：11.

33. 乔晖. 小学语文教科书的性别偏见：从女性主义视角出发[J]. 教育学术月刊, 2008 (7).

34. 方成智. 艰难的规整：新中国十七年（1949—1966）中小学教科书研究[D]. 长沙：湖南师范大学, 2013.

35. 刘丽群, 刘景超. 我国中小学教科书出版现状、问题及发展探讨[J]. 出版广角, 2012 (6).

36. 张英, 林怡静. 多家出版社联合反对发改委教材租型招标[N]. 南方周末, 2008-03-06.

37. 胡军. 中小学教材选用机制之我见[J]. 教育理论与实践, 2004 (10).

38. 《基础教育教材建设丛书》编委会. 中小学教材选用情况的调查报告[M]. 北京：人民教育出版社, 2008.

39. 韩冬云. 中小学校教材选用存在的问题及其对策[J]. 教学与管理, 2007 (19).

40. 吴鼎福, 诸文蔚. 教育生态学[M]. 南京：江苏教育出版社, 1998.

41. 范国睿. 教育生态学[M]. 北京：人民教育出版社, 2000.

42. 贺祖斌. 高等教育生态研究述评[J]. 广西师范大学学报（哲学社会科学版）, 2005 (1).

43. 邓小泉, 杜成宪. 教育生态研究二十年[J]. 教育理论与实践, 2009 (5).

44. 王玲, 胡涌, 粟俊红, 等. 教育生态学研究进展概述[J]. 中国林业教育, 2009 (2).

45. 克莱恩. 跨越边界：知识 学科 学科互涉[M]. 南京：南京大学出版社, 2005.

46. 沈双一, 陈春梅. "课堂教学生态系统"新概念刍议[J]. 历史教学问题, 2004 (5).

47. 方莹. 高职院校学科生态系统内涵、特征和结构研究[J]. 黑龙江史志, 2009 (24).

48. 徐飞飞, 蒋园园. 网络课程的生态系统结构及模型[J]. 软件导刊, 2013 (4).

49. 王恩岭. 课程管理视角的职业院校课程生态系统的研究[D]. 石家庄：

河北师范大学，2012.

50. 李桂林，戚名琇，钱曼倩. 中国近代教育史资料汇编·普通教育［M］. 上海：上海教育出版社，1995.

51. 叶立群. 课程教材改革探索［M］. 北京：人民教育出版社，1997.

52. 中央教育科学研究所. 中华人民共和国教育大事记［M］. 北京：教育科学出版社，1984.

53. 卓晴君，李仲汉. 中小学教育史［M］. 海口：海南出版社，2000.

54. 黄品良. 建国初期我国出版业调整述论［J］. 广西社会科学，2006（6）.

55. 柏万良，毛艳琴，袁江，等. 柏万良：八十载辉煌历程 新时期文化先锋 庆祝新华书店成立80周年［EB/OL］.（2017-04-26）. http：//www.xhsdzd.com/Item/858.aspx.

56. 中华人民共和国中央人民政府. 中华人民共和国教师法［EB/OL］.（1994-01-01）. http://www.gov.cn/banshi/2005-05/25/content_937.htm.

57. 崔崇. 教辅出版应该实行准入制［J］. 出版参考，2008（15）.

58. 王明建. 中小学教科书选用的理解与操作［J］. 教学与管理，2008（34）.

59. 高凌飚. 教材分析评估的模型和层次［J］. 课程·教材·教法，2001（3）.

60. 蔡秋实. 英国OCR考试局编制的A-level《Biology》教材研究［D］. 上海：华东师范大学，2010.

61. 任长松. 课程教材编制过程中的评价［J］. 课程·教材·教法，1996（7）.

62. 顾涛. 论中国最早的石刻教科书：《熹平石经》［J］. 兰台世界，2013（14）.

63. 韦石. 世界最大的教科书：我国古代的石经［J］. 中小学管理，1991（1）.

64. 课程教材研究所. 新中国中小学教材建设史1949—2000研究丛书·出版管理卷［M］. 北京：人民教育出版社，2010.

65. 陈桄，龚朝花，黄荣怀. 电子教材：概念、功能与关键技术问题［J］. 开放教育研究，2012（2）.

66. 胡畔，王冬青，许骏，等. 数字教材的形态特征与功能模型［J］. 现代远程教育研究，2014（2）.

67. 赵志明. 重新定义教科书［D］. 长沙：湖南师范大学，2014.

68. 管新春. 电子教科书的出版与发展研究［J］. 出版广角，2013（Z1）.

69. 蒋建梅. 电子教科书的发展现状、存在问题及解决对策[J]. 广东开放大学学报, 2015（6）.

70. 孙立会, 李芒. 日本电子教科书研究的现状及启示[J]. 课程·教材·教法, 2013（8）.

71. 孙立会. 关于电子教科书的争议、正确理解与科学使用[J]. 课程·教材·教法, 2014（3）.

72. 阿普尔. 教育与权力[M]. 2版. 上海：华东师范大学出版社, 2008.

73. 黄忠敬. 知识·权力·控制：基础教育课程文化研究[M]. 上海：复旦大学出版社, 2003.

74. 郝明君. 论课程知识的社会控制[J]. 重庆师范大学学报（哲学社会科学版）, 2007（4）.

75. 刘丽群. 论知识准入课程中的国家介入[D]. 长沙：湖南师范大学, 2007.

76. 中共广东省委, 广东省人民政府. 广东省教育厅主要职责内设机构[EB/OL].（2017-06-20）. http://www.gdhed.edu.cn/publicfiles/business/htmlfiles/gdjyt/jgzn/201310/67611.html.

77. 埃尔. 文化概念[M]. 上海：上海人民出版社, 1988.

78. 倪文锦. 中国百年语文教材的文化选择[J]. 中学语文教学, 2008（8）.

79. 刘学利. 初中语文教科书的文化构成分析[J]. 教育探索, 2015（12）.

80. 郑金洲. 教育文化学[M]. 北京：人民出版社, 2000.

81. 钟朋. 教科书属性的多元理解[J]. 当代教育科学, 2011（11）.

82. 冯天瑜. 中华文化辞典[M]. 武汉：武汉大学出版社, 2001.

83. BERRY JW. Cross-cultural psychology: a symbiosis of cultural and comparative approaches[J]. Asian Journal of Social Psychology, 2000（3）.

84. 葛文静. 美国小学语文教科书《阅读长廊》文化取向研究[D]. 上海：华东师范大学, 2016.

85. 贵州省教育厅. 教育须中国化案[M]//中华民国大学院. 全国教育会议报告·丙编. 上海：商务印书馆, 1928.

86. 舒新城. 道尔顿制研究集[M]. 上海：上海中华书局, 1924.

87. 赵心人. 初中新外国史（下册）[M]. 上海：上海世界书局，1937.

88. 张静静. 民国时期中小学历史教科书的文化取向研究[D]. 信阳：信阳师范学院，2014.

89. 阿普尔，史密斯. 教科书政治学[M]. 上海：华东师范大学出版社，2005.

90. 马世骏，王如松. 社会—经济—自然复合生态系统[J]. 生态学报，1984（1）.

91. 戚春林. 热带农业生态学[M]. 北京：中国农业出版社，2008.

92. 曾祥跃. 网络远程教育生态学[M]. 广州：中山大学出版社，2011.

93. 裹杰. 知识生态学[J]. 社联通讯，1988（4）.

94. PRO G, MOLLOY J. Nurturing systemic wisdom through knowledge ecology [J]. The Systems Thinker, 2000（8）.

95. MALHOTRA Y. Information ecology and knowledge management：toward knowledge ecology for hyperturbulent organizational environments [EB/OL]. (2002). http：//www.brint.org/KMEcology.pdf.

96. 汪社教，沈固朝. 知识生态学研究进展[J]. 情报理论与实践，2007（4）.

97. 周文臣，严春友. 知识生态学论纲[J]. 潜科学，1994（16）.

98. 李涛，李敏. 知识、技术与人的互动：知识生态学的新视角[J]. 科学学与科学技术管理，2001（9）.

99. 陈清硕. 知识生态系统非平衡稳态的调节[J]. 知识工程，1992（1）.

100. 魏火艳. 论知识生态学在体育教学中的运用[J]. 河南教育（基教版），2005（12）.

101. 蔺楠，覃正，汪应洛. 基于Agent的知识生态系统动力学机制研究[J]. 科学学研究，2005（3）.

102. 孙振领，李后卿. 关于知识生态系统的理论研究[J]. 图书与情报，2008（5）.

103. 叶培华，徐宝祥. 企业知识生态系统的复杂适应性研究[J]. 情报杂志，2008（2）.

104. 毕小青，周忠磊. 企业知识共享模型研究[J]. 情报杂志，2007（11）.

105. 唐艺. 知识生态位理论探析[J]. 知识经济, 2008（9）.

106. 薛晓芳, 覃正. 虚拟企业的知识创新机制及其知识生态位研究[J]. 情报杂志, 2008（8）.

107. 牛陇菲, 张一凯. 知识生态学: 对人类与知识实体关系的新探索[J]. 兰州大学学报, 1990（1）.

108. 孙振领. 国内外知识生态学研究综述[J]. 情报科学, 2011（3）.

109. 耕香. 知识生态学[J]. 国外社会科学, 2002（3）.

110. 恩格斯. 马克思恩格斯全集（第20卷）·自然辩证法[M]. 北京: 人民出版社, 1979.

111. 钟文华. 生态哲学的历史探究及其当代意义[D]. 福州: 福建师范大学, 2005.

112. 余谋昌. 生态哲学[M]. 西安: 陕西人民教育出版社, 2000.

113. 李世雁. 生态哲学之解读[J]. 南京林业大学学报（人文社会科学版）, 2015（1）.

114. 包庆德. 生态哲学的研究对象与性质[J]. 内蒙古社会科学, 1998（2）.

115. 胡振亚, 秦书生. 生态哲学: 可持续发展时代的世界观[J]. 东北大学学报（社会科学版）, 2003（4）.

116. 叶敦平. 马克思哲学原理（理工类本科试用本）[M]. 北京: 高等教育出版社, 2000.

117. 邓捷. 生态哲学: 生态文明时代的灵魂[J]. 新疆社科论坛, 2000（3）.

118. 王宏康. 西方的深生态运动: 生态危机的困惑和反思[J]. 自然辩证法通讯, 1999（6）.

119. 黄新华. 论生态社会主义的"绿色政治学说"[J]. 当代世界社会主义问题, 1999（3）.

120. 李森, 王牧华, 张家军. 课堂生态论: 和谐与创造[M]. 北京: 人民教育出版社, 2011.

121. 朱坦. 环境伦理学: 理论与实践[M], 北京: 中国环境出版社, 2001.

122. 贾丁斯. 环境伦理学[M]. 北京: 北京大学出版社, 2002.

123. 裴广川. 环境伦理学[M]. 北京: 高等教育出版社, 2002.

124. 格里芬. 后现代精神[M]. 北京：中央编译出版社, 1998.

125. 王牧华, 勒玉乐. 生态主义课程思潮引论[J]. 辽宁师范大学学报（社会科学版）, 2000（4）.

126. 靳玉乐. 论基础教育课程发展的新理念[J]. 教育理论与实践, 2002（4）.

127. 车铭洲. 现代西方哲学源流[M]. 天津：天津教育出版社, 1988.

128. 皮亚杰. 结构主义[M]. 北京：商务印书馆, 1986.

129. 张楚廷. 课程与教学哲学[M]. 北京：人民教育出版社, 2003.

130. 刘放桐. 新编现代西方哲学[M]. 北京：人民出版社, 2000.

131. 何谐. 生态平衡理论视域下优化高校科研管理的路径[J]. 长春教育学院学报, 2013（11）.

132. 孙儒泳, 李庆芬, 牛翠娟, 等. 基础生态学[M]. 北京：高等教育出版社, 2002.

133. 朱春全. 生态位态势理论与扩充假说[J]. 生态学报, 1997（3）.

134. 牛翠娟, 娄安如, 孙儒泳, 等. 基础生态学[M]. 2版. 北京：高等教育出版社, 2007.

135. 明德. 读点经典大全集[M]. 北京：中国华侨出版社, 2011.

136. 钱文忠. 钱文忠解读《三字经》[M]. 北京：中国民主法制出版社, 2009.

137. 毕苑. 回望教科书：教科书在中国现代化进程中的独特作用[N]. 人民政协报, 2017-02-16（09）.

138. 石雷. 谁来分蛋糕：新课标重组市场[J]. 出版参考, 2005（10）.

139. 李水平. 新中国教科书制度研究[D]. 长沙：湖南师范大学, 2014.

140. 石鸥. 最不该忽视的研究：关于教科书研究的几点思考[J]. 湖南师范大学教育科学学报, 2007（5）.

141. 刘真福. 中小学教科书编审流程：以语文教科书为例[J]. 出版科学, 2007（2）.

142. 刘继和. "教材"概念的解析及其重建[J]. 全球教育展望, 2005（2）.

143. 李虹霞. 中小学教科书审定制度的研究[D]. 长沙：湖南师范大学, 2008.

144. 汪家熔. 蔡元培与商务印书馆[M]//商务印书馆. 商务印书馆九十年. 北京：商务印书馆，1987.

145. 张宏. 教材出版：现状及未来[J]. 现代出版，2012（5）.

146. 刘爱. 中小学教科书出版制度研究[D]. 济南：山东师范大学，2009.

147. 金铁宽. 中华人民共和国教育大事记（第2卷）[M]. 济南：山东教育出版社，1995.

148. 中华人民共和国教育部办公厅. 教育文献法令汇编（1949—1952）[M]. 北京：人民教育出版社，1958.

149. 杜一娜. 2012年全国新华书店销售额达799亿 增长12.3%[N/OL]. 中国新闻出版报，2012-11-19. http：//www.chinanews.com/cul/2012/11-19/4340620.shtml

150. 吴丕，袁刚，孙广厦. 政治监督学[M]. 北京：北京大学出版社，2007.

151. 侯晓明. 中国中小学教科书制度研究[M]. 武汉：武汉大学出版社，2012.

152. 《建立面向首都现代化的北京市中小学教科书制度的对策研究》课题组. 中小学教材发行：问题、挑战及趋向[J]. 出版发行研究，2004（7）.

153. 齐树同. 从世界教科书供应制度之比较看教科书租借制[J]. 教育科学研究，2005（11）.

154. 课程教材研究所. 教材制度沿革篇（上册）[M]. 北京：人民教育出版社，2004.

155. 孟娜，倪四义，许林贵. 免费义务教育：中国两千多年教育史的"里程碑"[N/OL]. 新华网，2006-04-27. http：//edu.people.com.cn/GB/8216/28350/63351/4344355.html.

156. 劳顿. 课程研究的理论与实践[M]. 北京：人民教育出版社，1986.

157. ORNSTEIN A C, HUNKINS F P. Curriculum：foundations, principles, and issues[M]. 2nd ed. Boston：Allyn & Bacon，1993.

158. 刘力. 如何建立规范有序的教科书选用机制：日美法等国经验及其启示[J]. 教育发展研究，2003（7）.

159. 《基础教育教材建设丛书》编委会. 基础教育教材建设丛书:中小学教材选用情况的调查报告[M]. 北京:人民教育出版社,2008.

160. 黄光扬. 教育测量与评价[M]. 上海:华东师范大学出版社,2012.

161. BISLAND B M. Towards a comprehensive method for evaluating social studies curriculum materials: with examples from the elementary school curriculum[J]. Elementary Education, 2002(11).

162. KARAMOOZIAN F M, RIAZI A. Development of a new checklist for evaluating reading comprehension textbooks[J]. ESP Word, 2008(3).

163. 陈昆. 内容分析法及其在比较教育学中的应用[J]. 文教资料,2009(22).

164. MIKK J. Textbook: research and writing[M]. New York City: Peter Lang, 2002.

165. WALBERG H J, HAERTAL G D. The international encyclopedia of educational evaluation[M]. Oxford: Pergamon, 1990.

166. 田学红. 教育科学研究方法指导[M]. 杭州:浙江大学出版社,2006.

167. 陈向明. 质的研究方法与社会科学研究[M]. 北京:教育科学出版社,2000.

168. 方红峰. 论教材选用视野中的教科书评价[J]. 课程·教材·教法,2003(7).

169. 田慧生,曾天山. 中小学课程教材改革与实验[M]. 成都:四川教育出版社,1997.

170. 张勉. 全国中小学生共用一套教材的局面成为历史·中小学教材出了三个版本[N]. 环球时报,2001-09-04(20).

171. 李宏. 物质循环[M]. 沈阳:辽海出版社,2011.

172. 沈峰. 教科书循环使用值得鼓励[N]. 太原晚报,2017-02-16.

173. 何勇. 教科书循环使用:有喜亦有忧[N/OL]. 人民日报,2005-10-27. http://culture.people.com.cn/GB/40494/40495/3804777.html.

174. 曹凑贵. 生态学概论[M]. 北京:高等教育出版社,2006.

175. 刘盛林,华朝阳. 生态系统的信息流[J]. 中学生物学,2007(8).

176. 张翔. 中美二套初中物理教材比较研究[D]. 苏州:苏州大学,2008.

177. 何岳球. 中学语文教材外国文学的选材和编排体系研究[D]. 武汉:华

中师范大学，2003.

178. 仇晓健. 中学语文中外国文学作品教学研究[D]. 天津：天津师范大学，2005.

179. 刘师培. 刘师培经典文存：中国地理教科书[M]. 扬州：广陵书社，2016.

180. 李维卓. 初中生物教材知识体系有利于培养学生能力[J]. 黑龙江教育，1996（4）.

181. 劳顿，吴棠. 课程设置的两大类理论[J]. 外国教育资料，1982（4）.

182. 宋云彬，朱文叔，蒋仲仁，等. 初级中学语文课本（第二册）[M]. 北京：人民教育出版社，1950.

183. 有林，郑新立，王瑞璞. 中华人民共和国国史通鉴·第一卷·1949—1956[M]. 北京：当代中国出版社，1993.

184. 管文虎. 国家形象论[M]. 成都：电子科技大学出版社，2000.

185. 席勒. 审美教育书简[M]. 北京：北京大学出版社，1985.

186. 梁启超. 中国韵文里头所表现的情感[M]//夏晓虹. 梁启超文选（下册）. 北京：中国广播电视出版社，1992.

187. 王坤. 走向文学的美学：从审美带有令人解放的性质说起[J]. 中山大学学报（社会科学版），2004（6）.

188. 何东昌. 中华人民共和国重要教育文献（1949—1975）[M]. 海口：海南出版社，1998.

189. 熊崇望. 对于中学数学教科书、参考书及教法的意见[J]. 数学通报，1953（12）.

190. 中央人民政府政务院文化教育委员会. 文教参考资料·丛刊·第十辑[A]. 1951.

191. 李润泉，陈宏伯，蔡上鹤，等. 中小学数学教材五十年（1950—2000）[M]. 北京：人民教育出版社，2008.

192. 思古德，王雪梅. 什么是政治的合法性？[J]. 外国法译评，1997（2）.

193. 米勒，波格丹诺. 布莱克维尔政治学百科全书[M]. 北京：中国政法大学出版社，2002.

194. 白钢，林广华. 论政治的合法性原理[J]. 天津社会科学，2002（4）.

195. FARRANDS C. Society, modernity and social change: approaches to nationalism and identity[M]//KRAUSE J, RENWICK N. Identities in international relations. London: Macmillan Press, 1996.

196. 马宝成. 试论政治权力合法性的意识形态基础[J]. 东方论坛（青岛大学学报），2000（2）.

197. 张小虎. 中国20世纪社会主流意识形态更迭与语文教育[D]. 呼和浩特：内蒙古师范大学，2002.

198. 瞿葆奎. 中国教育改革[M]. 北京：人民教育出版社，1991.

199. 毛静燕. 学校危机管理的研究[D]. 上海：华东师范大学，2006.

200. 李云宏，吕洪兵. 浅析危机管理[J]. 冶金经济与管理，2000（5）.

201. 薛澜，张强，钟开斌. 危机管理[M]. 北京：清华大学出版社，2003.

202. 陶玉芳，江立成. 试论大学生心理危机应急"绿色通道"的构建[J]. 淮海工学院学报（社会科学版），2006（1）.

203.《新版现代汉语词典》编委会. 新版现代汉语词典[M]. 长春：吉林出版集团有限责任公司，2009.

204. 辞海编辑委员会. 辞海[M]. 上海：上海辞书出版社，1980.

205. 朱德武. 危机管理：面对突发事件的抉择[M]. 广州：广东经济出版社，2002.

206. 魏娜. 网络学习环境的生态危机与对策研究[D]. 保定：河北大学，2010.

207. 吴林富. 教育生态管理[M]. 天津：天津教育出版社，2006.

208. 马克思，恩格斯. 马克思恩格斯选集：第4卷[M]. 北京：人民出版社，1995.

209. 杨发庭. 生态危机：特征、根源及治理[J]. 理论与现代化，2016（2）.

210. 卡森. 寂静的春天[M]. 上海：上海译文出版社，2008.

211. 尹希成. 全球问题与中国[M]. 武汉：湖北教育出版社，1997.

212. 汪丞. 我国推行中小学教科书循环使用制度研究[J]. 教育学术月刊，2008（3）.

213. 张成福. 公共危机管理：全面整合的模式与中国的战略选择[J]. 中国行政管理，2003（7）.

214. 苏伟伦. 危机管理：现代企业实务管理手册[M]. 北京：中国纺织出版社，2000.

215. 何志武，贾蓉治. 政府危机管理述评[J]. 理论月刊，2004（1）.

216. 希斯. 危机管理[M]. 北京：中信出版社，2001.

217. 王庄越. 高校校园危机应对研究[D]. 南京：南京工业大学，2013.

218. 赖竞超，李思文. 逐利的教材[N/OL]. 南方周末，2014-11-28. http://www.mzyfz.com/html/752/2014-11-28/content-1091864.html.

后记

教科书是学校教育中最重要的文本，肩负着传递社会价值、承载教育规程、支撑目标实现的重任。可以说有什么样的教科书，就会有什么样的年轻一代，就会有什么样的国家和未来。中华人民共和国成立以来，党和国家历来高度重视教科书建设，特别是党的十八大以来，党中央明确提出教材建设是国家事权。2017年，随着国家教材委员会、国家教材局等机构的相继成立和相关政策的出台，我国的教科书制度建设在逐步完善，国家对教科书的重视程度达到了前所未有的高度。

我国对教科书的理论研究起步较晚。20世纪80年代初，台湾、香港地区一批学者开始对意识形态与课程、教科书的社会学、教科书的编制设计等问题等进行探讨。随后，大陆学者也陆续开始教科书研究。如曾天山等研究了教科书的功能和地位，吴康宁等探讨了教科书的价值取向，高凌飚等探索了教科书的评价，毕苑等人分析中国近代教科书的发展。当然，目前影响最大的首推首都师范大学石鸥教授，其专著如《百年中国教科书图说》（上、下册）（2009年）、《中国近现代教科书史》（上、下册）（2012年）、《新中国教科书图文史》（六卷）（2015年）等，全面系统地描述了我国百年来教科书的发展，在海峡两岸暨香港、澳门产生了广泛的影响。近年来，教科书研究逐渐成为教育学领域研究的热门话题之一。

目前的教科书研究尽管成绩不俗，但多视角的理论研究成果依然较少，因此，我们需要探求新的教科书研究路径，不断提升教科书研究水平。

生态学最初是一门研究生物与环境相互关系的科学，自20世纪60年代人类面临人口、资源、环境等一系列问题以来，生态学已经成为应用性很强、多学科交叉的综合性的基础学科。生态学是自然科学与社会科学的交汇点，它广泛运用于各学科的研究，并逐渐成为一种时尚。将生态学的理论与方法引入教科书研究领域，无疑是一项具有开拓性的创新工作。它为教科书研究提供一种新的视角，同时拓展了生态学的应用领域，为学科的发展注入了新的活力。

本书是我近年来研究工作的初步总结，也是全国教育科学"十二五"规划教育部重点课题"失衡与均衡：中小学教科书生态系统研究"［DAA140200］的研究成果。本书的形成得到了我的博士生导师首都师范大学石鸥教授的悉心指导，也得到了湖南农业大学教育学院中我的领导、老师和同事们的关心和支持，千言万语难以表达我对他们的感激之情！

本书写作过程中，参阅了大量的文献，借鉴和引用了很多学者的研究成果。除了文中的注释和书后列出的参考文献之外，如有遗漏，敬请见谅，对此一并表示感谢！

诚然，教科书生态学作为一种新生事物，其发展和成熟需要持久、系统地展开研究。教科书生态学研究，任重而道远。从某种意义上说，本书只是这项研究的开始，其缺点和错误在所难免，恳请各位专家和学者批评指正。

方成智
2019年8月